U0115202

史學研究叢書‧歷史文化叢刊

聚斂謀國
——南宋總領所研究

雷家聖　著

王序

　　近五十多年來，研究宋史的學者，頗留意於南宋史的研究，南宋雖先有金朝的侵略，後有元朝的進逼，外患之嚴重，遠過於中古時代的東晉與南朝，但偏安淮河以南一百五十二年（1127-1279），享國之長，則遠過之。究其所以之故，明代大儒劉定之所著《宋論》明言：宋天子尊禮士大夫，以仁義守天下，而士亦崇尚氣節以天下興亡為己任，忠於君，死於社稷，故宋末有三傑成仁取義，為漢唐所不及。甚至元明清三朝亦受宋影響，但尊禮士大夫的君道則有所不如。

　　學友雷家聖博士畢業於國立臺灣師範大學歷史學研究所，博士論文《宋代監當官體系之研究》，曾於九十三年度榮獲中國歷史學會「李安史學研究基金」博士論文獎金，該論文經修訂後於九十八年三月由花木蘭文化出版社出版，列入古代歷史文化研究輯刊初編第十三冊，這是一部學位論文大叢書，學術價值很高，是深受海內外研究中國文史的學者所重視的。雷博士自九十三年以來，曾任教於佛光大學、逢甲大學、國立臺灣大學、中國文化大學及實踐大學，為兼任助理教授，講授宋代政治史及通識課程。又參加宋史座談會及宋代史料研讀會，曾擔任報告人，盡心盡力，是一位可敬的青年學者。近來又撰成一部專書——《聚斂謀國——南宋總領所研究》，洋洋十餘萬言，託我撰一序文，我拜讀了以後，深切知道南宋能偏安江南是要靠武力的，兩淮、京湖及四川是面臨強敵金朝及繼金的元朝先後兩大強敵，這樣長的國防線，要駐守數十萬大軍，平時養兵之費已很可觀，戰時就更龐大了。為了籌備經常軍費，特設總領所專司徵稅與統籌支應大軍所需要的費用。實際上，總領所掌控大軍的命脈，也產生了防制武將握

軍權而跋扈之作用。宋代對於武將是極不放心的,高宗於建炎三年
(1129)經歷苗傅、劉正彥之兵變,對武將更加猜疑,但因要抗禦強
敵,不得不重用能征善戰的大將韓世忠和岳飛,但內心不免有疑惑。
於是重用主和的秦檜為相,結合在鄂州的總領所,誣告岳飛部將張憲
謀據襄陽為變,再進一步陷害岳飛。

　　雷博士的大著雖只研究南宋的總領所,這只是一個地方理財機
構,但關係到南宋的國防,甚至內政、外交和紙幣流通,該著中都有
詳細的討論,所徵引的史料甚為廣博,討論明白,是極有意義的。本
專著末附總領年表,前後對觀,十分方便。另有附錄兩篇書評及一篇
介紹民國以來對宋代人物的研究,都有參考價值。總之,我對本專著
是肯定的。等出版後,尚盼各專家學者多多批評指教。

國立臺灣大學歷史學系名譽教授 豐縣 王德毅 謹序

民國一〇一年十二月

王序

　　屈指算來，與雷家聖先生相識，已有十餘年了。但畢竟相隔兩地，不可能朝夕相處。與雷先生數次接觸，特別是拜讀他的論著，卻給我印象頗深。他無疑是位既有足夠的學術勇氣，敢於從事跨時代、跨領域的研究，但又力求嚴謹細緻的治史者。特別是《力挽狂瀾——戊戌政變新探》一書，給我以頗深的震撼，表明他治學不拘一格一代，有相當寬的視野，這似乎是反映了電腦時代的新一代治史者應有的眼界和特點，即是應作古今貫通式的研究。蒙雷家聖先生厚意，將力作《聚斂謀國——南宋總領所研究》文稿寄我，並且請我作序。南宋總領所研究，當然是治南宋史的重要課題，它不僅涉及南宋的政治、軍事與官制、軍制，也涉及南宋經濟與財政，而冠以「聚斂謀國」之定性，無疑是十分貼切允當。專著貴於有系統性，依今存的史料，此作可說是將總領所的方方面面，都作了相當深入的論述，有相當高的學術水準和價值。尤其是南宋歷任總領的列表，是極費工力的勞作。我發掘出總領林大聲在謀害岳飛方面的作用，已有二十餘年，至今並無駁論，而雷家聖先生卻經推敲，認為謀害岳飛是汪叔詹，這是值得重視的新證。謹序。

中國社會科學院歷史研究所榮譽學部委員 王曾瑜
二○一二年十二月九日　一二九運動紀念日

目次

第一章
緒 論

第一節 繁榮或凋敝？——南宋經濟面面觀

　　對於南宋社會經濟的發展，劉子健先生在〈略論南宋的重要性〉[1]一文中，持肯定的態度，認為南宋的社會經濟發展奠定元明清經濟發展的基礎。因此，南宋似乎是一派經濟繁榮、社會富足的昇平圖像。

　　南宋時期的商業市鎮，更是欣欣向榮、蓬勃發展。根據梁庚堯教授〈南宋的市鎮〉一文指出：市鎮起源於定期聚集的市集或鄰近城郭的草市，原非行政中心，所以沒有城郭環繞，隨著商業的發展而形成固定、長期的交易中心。市鎮散佈於鄉村之中，使商品流通更為迅速便利。市鎮的人口少於城郭（千戶以上即為大鎮），但因商業發達，故宋朝在市鎮設有商稅務以徵收商稅，由監鎮官兼管。若干市鎮徵收之商稅甚至超過縣城。南宋的市鎮經濟較北宋更為發達，故新市鎮不斷出現，商稅收入亦增加數倍乃至數十倍。以蘇州（平江府）的常熟縣為例，北宋元豐年間，常熟縣治下有梅李、慶安、福山三鎮與練塘、支塘、甘草、塗菘四市。南宋紹興時增設許浦鎮，南宋末又增設直塘市與楊尖市。諸鎮皆置有商稅務，支塘市則有酒坊。

　　梁庚堯先生並指出：南宋的市鎮有三種類型：（1）生產型：由於某地附近盛產某種農產品或手工業產品，使得該地成為某種產品的

---

[1]　劉子健：〈略論南宋的重要性〉，《大陸雜誌》71 卷 2 期（1985 年 8 月），頁 13-15。

集散中心，如江西的景德鎮即為陶瓷的集散地。（2）轉運型：位於水路要衝之地，如臨安府外的澉浦鎮、泉州的外港石井鎮，運河沿岸也有許多此類市鎮。一般來說，轉運型的市鎮經常是土著人口少而外來人口多。（3）消費型：如太平州的采石鎮，因駐軍多，消費力強，故成為商旅聚集之地；又如常熟縣的福山鎮，有東嶽廟，為信徒朝拜之地，也因此帶動商業的繁榮。[2]

除了國內的市鎮經濟之外，南宋時期的國際貿易也相當發達。南宋的國際貿易，包括對北方金國的榷場貿易，以及東南沿海的市舶司貿易。榷場與市舶司，為管理外國商人與本國商人交易的機構。榷場設置於宋金的邊界，市舶司則設置於沿海的浙江、福建、廣南等路。

關於榷場貿易方面，南宋「紹興和議」之後，紹興十二年（1142），南宋於盱眙軍、光州、襄陽軍、安豐軍花靨鎮等地設置榷場，與金人進行貿易。[3] 此外，據學者漆俠、喬幼梅之研究，當時宋朝還在楚州北神鎮、楊家寨、淮陰縣之墨盤、安豐軍之水寨、霍丘縣之封家渡、信陽軍之齊冒鎮等地設置榷場，而以盱眙為中心。[4] 但是紹興二十九年（1159）時，高宗下詔：「存盱眙軍榷場外，餘並罷。」[5] 可見宋金之間的貿易，盱眙是最重要的榷場。

對於榷場中的貿易過程，盱眙榷場的情形可以作為參考。南宋商人所帶貨物價值一百貫以下者為小商，一百貫以上者為大商，均以十

2　以上關於南宋市鎮經濟功能的介紹，參見梁庚堯：〈南宋的市鎮〉，《宋代社會經濟史論集》（臺北市：允晨文化，1997 年），下冊。

3　李心傳：《建炎以來繫年要錄》（北京市：中華書局，1988 年）卷 145，紹興十二年五月乙巳，頁 2326。

4　參見漆俠、喬幼梅：《遼夏金經濟史》（二版，河北保定市：河北大學出版社，1998 年），頁 398-399。

5　馬端臨：《文獻通考》（臺北市：臺灣商務印書館，1987 年）卷 20〈市糴一〉，頁 201。

人為保，小商人將一半貨物存於榷場內，自攜一半貨物渡過淮河到金國的泗州進行貿易，易得貨物返回盱眙後，再攜帶另一半貨物去泗州貿易。大商人則在盱眙等待金人前來貿易。交易時雙方商人並不直接見面，而是透過牙人從中斡旋。紹興二十九年之前，每日交易一次，紹興二十九年之後則改為每五日開市一天。[6]

　　榷場之外，東南沿海另有市舶司，管理海外貿易。市舶司「掌蕃貨海舶征榷貿易之事，以來遠人，通遠物。」[7]北宋時期已有廣州、杭州、明州三市舶司。[8]南宋高宗紹興二十九年，浙江的提舉市舶司一度增設至五處，到孝宗乾道年間，將浙江諸市舶司加以裁撤，由轉運司兼領。只有福建泉州與廣南廣州的市舶司，為專職常設的機構。[9]根據日本學者桑原騭藏《蒲壽庚事蹟》（中譯本名為《中國阿剌伯海上交通史》）[10]一書指出：南宋時期市舶司主管的海上貿易相當繁榮，甚至阿拉伯商人也至中國貿易並定居，泉州成為南宋時期最大的國際商港。阿拉伯人的後裔蒲壽庚，甚至官至福建安撫沿海制置使。由於海外貿易的發達，宋人文獻中對於南洋地區記載也非常詳細，如南宋提舉泉州市舶司趙汝适所著《諸蕃志》一書，分上下兩卷，對於南洋諸國「列其國名，道其風土，與夫道里之聯屬，山澤之畜產，譯以華言，刪其污渫，存其事實，名曰《諸蕃志》。」[11]

　　從上述宋代國內商業市鎮的繁榮與海外貿易的發達來看，南宋似

6　李心傳：《建炎以來繫年要錄》卷 145，紹興十二年五月乙巳，頁 2326；並參見漆俠、喬幼梅：《遼夏金經濟史》，頁 399-400。

7　脫脫：《宋史》（標點本，北京市：中華書局，1986 年）卷 167〈職官七〉，頁 3971。

8　徐松（輯）：《宋會要輯稿・職官》（北京市：中華書局，1957 年）44 之 1。

9　《宋史》，卷 167〈職官七〉，頁 3971。

10　〔日〕桑原騭藏著，馮攸譯：《中國阿剌伯海上交通史》（臺一版，臺北市：臺灣商務印書館，1962 年）。

11　趙汝适：《諸蕃志》（臺北市：臺灣商務印書館，1983 年），頁 1。

乎是一片繁榮富庶的景象。

　　然而，全漢昇先生在〈略論宋代經濟的進步〉[12] 一文中，雖認為宋代經濟的發展與進步遠在當時世界其他各國之上，原因包括貨幣經濟的發達（年鑄錢六百餘萬貫，又有交子的使用）、眾多的人口、生產技術的進步（如煤用於燃料，使用指南針航海，印刷術的發達，火藥的使用等），然而，為什麼宋代在如此進步的情形之下，不能產生資本主義、工業革命？全漢昇先生認為：第一，煤礦運輸不便，無法大規模開採與運輸以支持重工業建設；第二，人口過剩，機械化生產變得沒有必要，甚至容易導致失業；第三，理學家提倡「存天理、去人欲」，不利資本主義精神。劉子健先生更指出：帝國的「重稅」高壓政策，對商業資本的發展不利；法律制度對商業也無獎勵之舉；富人希望子弟讀書仕宦，並以財富購買土地的習慣，使商業資本不易持續累積；平民家庭的分財產制，不利資本集中；金銀銅等通貨仍然不足。宋晞又引 Robert Hartwell 的意見，認為女真與蒙古的入侵，導致宋代經濟發展受到打擊。

　　對於劉子健先生所提「帝國的重稅政策，對商業資本的發展不利」的觀點，劉子健先生在〈包容政治的特點〉一文中更進一步提出：南宋時期，由於朝廷有財政的需求，所以對於地方官吏非法斂財的作為，也就睜一隻眼、閉一隻眼。劉子健將這種政治態度稱之為「包容政治」，這種包容式的行政，其實是從皇帝開始做起。宋高宗自己就一貫主張對於官僚輕罰，以後君主也大半如此。遇見小問題，就下一道命令，但官僚也知道，不必須嚴格遵守。有人再提，又來一道命令，重行申嚴。越是三令五申，越是反映行政效率低，不能令出如山，嚴辦

12　全漢昇：〈略論宋代經濟的進步〉，《中國經濟史研究》（臺北市：稻鄉出版社，1991年），下冊，頁 551-569。文中附有劉子健、蔣復璁、宋晞、楊樹藩、齊覺生、姚從吾、林瑞翰、趙鐵寒諸先生之討論意見。

嚴罰。皇帝既然也官僚化，官吏更不會彼此監督。[13]

　　筆者在博士論文《宋代監當官體系之研究》一書中，也曾提到南宋時期朝廷因財賦需求龐大，故想盡辦法刻剝百姓，因而產生種種弊端。[14] 當時由於軍費開支龐大，財政上需財孔急，因此中央與地方官府經常要求各種場務增加課利收入，並將歲額不斷增加，導致南宋各種苛捐雜稅名目繁夥，難以有完整的統計。南宋孝宗時，正言葛邲說道：

> 征榷歲增之害，如輦下都稅務，紹興間所趁茶鹽歲以一千三百萬緡為額，乾道六年後增至二千四百萬緡。成都府一務，初額四萬八千緡，今至四十餘萬緡，通四川酒額歲至五百餘萬緡，民力重困。至若租稅有定數，而暗耗日增，折帛益多，民安得不窮乎？願明詔有司，茶鹽酒稅比原額已增至一倍者，毋更立新額，官吏不增賞，庶少蘇疲氓。[15]

　　可見如商稅務、茶鹽、酒務，歲額數字不斷增加；百姓繳納正稅雖有固定數字，但卻又有各種附加稅（如折帛錢），使得百姓負擔越來越重。又如孝宗淳熙三年（1176）六月十日時：

> 臣僚言：「諸路漕司有一分五釐錢、二分折酒錢，於酒稅錢內每貫或取二百、或五十至八十，大郡一歲不下二三萬緡，小者亦不下萬餘緡，各令通判置歷拘收，往往撥入公帑，餽遺親舊。乞封樁以備水旱兵革之費。」戶部勘當：「欲依所請，取諸

---

[13] 劉子健：〈包容政治的特點〉，《兩宋史研究彙編》（臺北市：聯經出版公司，1987年），頁 66-67。

[14] 以下介紹南宋徵收商稅的種種弊端，參見雷家聖：《宋代監當官體系之研究》（臺北市：花木蘭文化，2009 年），頁 213-221。

[15] 《宋史》，卷 385〈葛邲傳〉，頁 11827-11828。

郡籍歷參校,每歲支用剩數具申朝廷,酌度令認數收管。」從之。[16]

也就是說,南宋酒務有陋規,於酒稅之中還附加「折酒錢」(每貫取五十至二百文),朝廷知道後,不是將陋規廢除,而是將之合法化。可見南宋中央與地方政府為了增加財賦收入,也就顧不得百姓疾苦。

在重稅政策之下,南宋朝廷對於地方官府的非法行為,採取了睜一隻眼、閉一隻眼的態度,例如地方官府私設場務,朝廷雖然要求加以裁撤,但是稅收數字卻不准減少。高宗於紹興二十二年(1152)的〈南郊赦〉說道:「州縣私設稅場,節次指揮已令放罷。……其稅場多緣增置專攔,百色侵漁,過數收稅,不上赤歷,非理破用,致物價增長。雖累有約束,尚有未竣去處,可令監司守臣嚴加檢察。」[17]紹興二十五年(1155),高宗在〈南郊赦〉中又說:「私置稅場節次指揮已令廢罷,訪聞州縣尚有依舊存留去處,及於私小路邀截客旅,重疊收稅。可令轉運司契勘,日下改正。」[18]可見高宗雖屢降指揮,要求廢罷私設場務,但私設場務仍然「依舊存留」。紹興二十六年(1156),尚書省奏言:「近年所在稅務,收稅太重,雖屢降指揮裁酌減免,而商賈猶不能行。蓋緣稅場太密,收稅處多。且如自荊南至純州才五百餘里,而稅場之屬荊南者四處。夔州與屬邑雲安、巫山相去各不滿百里,亦有三稅務。如此之類甚多。」其後高宗下詔減併稅場一百三十四處,減罷九處,免過稅五處。[19]但孝宗時,乾道元年(1165)正月,孝宗的赦文仍然說道:「州縣稅務,依法各有合置去處。近來又行私置,邀阻商

16 《宋會要輯稿·食貨》64之113-114。

17 《宋會要輯稿·食貨》17之41。

18 《宋會要輯稿·食貨》17之42。

19 《宋會要輯稿·食貨》17之42-43。

旅，於民為害。仰日下廢罷。令監司常切覺察。」[20] 可見情況實際上並未改善。同年十二月十日，更有上封事者言：「今也，有一務而分之至十數處者，謂之『分額』；一物而征之至十數次者，謂之『回稅』。」[21]

我們可以用孝宗乾道九年（1173）溫州平陽縣的私設場務為例：

> 溫州平陽縣有私置漁野稅舖，為豪右買撲，乘時於海岸琶曹、小鑊等十餘所置舖。瀕海細民兼受其害。昨來戶部住罷，已及三年。今豪民詭名，又復立價承買。平陽知縣林志屢乞行廢罷，如不欲虧失名錢，本縣自甘抱認發納。[22]

可見私設場務屢廢屢設的原因，在於朝廷「不欲虧失名錢」。平陽知縣林志為了將私設場務廢除，甚至情願將減少的課利收入「自甘抱認發納」。孝宗淳熙五年（1178）四月，有臣僚奏言池州雁汊等商稅場務的弊端：

> 池州雁汊、黃州、鄂州稅場之弊：一、舟船實無之物，立為名件，抑令納稅，謂之「虛喝」。一人攔頭，妻女直入船內搜檢，謂之「女攔頭」。一、所收商稅，專責見錢，商旅無所從得，苟留日久，即以物貨低價準折，謂之「所納」。一、巡攔之人，各持弓箭槍刀之屬，將客旅攔截彈射，或至格鬥殺傷。一、稅務依條自有纂節，攔頭多用小船，離稅務十餘里外，邀截客旅搜檢，小商物貨為之一空，稅錢並不入官，掩為己有。[23]

可見稅場吏人幾與盜匪無異。又如淳熙五年時，「兩浙、江西、湖北中

20　《宋會要輯稿·食貨》18之2。

21　《宋會要輯稿·食貨》18之2。

22　《宋會要輯稿·食貨》18之6。

23　《宋會要輯稿·食貨》18之9。

到人戶買撲場務,雖非吏部差官,緣係常平租額,收到錢皆是起發應
副大軍之數。詔且令依舊存留。揚州、高郵軍、盱眙軍亦以走失常平
官錢不便為請,亦許存留。」[24] 只要牽涉到朝廷的收入(如常平租額、
常平官錢等等),孝宗也只有網開一面,對這些私設場務採取睜一隻
眼、閉一隻眼的姑息態度。寧宗開禧元年(1205)六月二日廣東提舉陳
杲奏言:

> 廣州、肇慶府、惠州共管墟稅八十三場,皆係鄉村墟市,苛征
> 虐取,甚至米粟亦且收錢,甚為民害。近者台臣奏罷石淰、石
> 津二場,餘(八十)一場猶故。臣計漕司每歲墟稅所入通不過
> 二萬三千緡有奇,而三郡之民均受其害。若遽行廢罷,則養兵
> 之費無所措辦。昨降指揮經略司,每歲於鹽、舶二司各撥一萬
> 緡入椿積庫,以備緩急,乞移此以補漕計,將八十一墟悉行廢
> 罷。[25]

同樣是因為擔心「養兵之費無所措辦」,故不能將「苛征虐取」的場務
罷廢。只有等到經費可以從其他地方填補,罷廢場務才有可能實現。

寧宗嘉定五年(1212)四月,又有臣僚奏言:

> 廣中諸郡無名場務,在在有之,若循之湖頭,梅之梅溪,皆深
> 村小路,略通民旅,私立關津,公行收稅,所差罷吏姦胥,略
> 無顧藉。緡錢、斗粟、菜茹、束薪,悉令輸稅。空身行旅,白
> 取百金;紆路曲徑,指為透漏。官吏利其所入,悉為施行,抽
> 分給賞,斷罪倍輸,至有槖載而來,罄囊而歸者。[26]

24　《宋會要輯稿・食貨》18之10。
25　《宋會要輯稿・食貨》18之23-24。
26　《宋會要輯稿・食貨》18之24。

可見地方官府「利其所入」，用「罷吏姦胥」，在深村小路「私立關津，公行收稅」。而且「抽分給賞，斷罪倍輸」，官府以利益誘使姦吏搜刮商旅，與分贓無異，商人只能「罄囊而歸」了。

雖然朝廷屢次下詔裁撤、住罷私設場務，但是效果有限。例如紹興七年（1137）九月二十二日，「訪聞臨江軍管下新淦縣稅場，自住罷之後，依前收稅。已送戶部取問。」[27] 紹興二十九年（1159）三月十五日，戶部奏言：「近來商賈不行，蓋緣稅場太密。已令諸路運司裁酌減併。訪聞已併稅場有依舊差置監、專、拘攔收稅去處，乞日下住罷。」[28] 慶元六年（1200）四月八日，「詔建寧府建陽縣後山，并崇安縣黃亭稅務並住罷，今後不許復置。以守臣傅伯壽言：紹興、淳熙間已降指揮住罷，後來失於契勘，具申存留，今緣兩務專、攔等人，各係游手無圖之輩，所差官多係權攝，替罷不常，全無禁約，肆行剋剝，故有是詔。」[29] 嘉定八年（1215）二月三日，臣僚言：「遠方墟市之稅，曩嘗禁罷，州縣仍令鄉民買撲，其苛取反甚於州縣。」[30] 可見私設場務的裁撤並不徹底，許多私設場務在裁撤後仍然繼續存在。

有些私設稅場雖已罷廢，但地方官府卻另有辦法以維持財賦的收入。例如：淳熙七年（1180）三月二十三日，右正言葛邲言：「州郡雖已罷私置稅場，卻增起稅務則額。如湖北監司，按鄂州稅銀，每兩舊收錢八文，今增作四十八文。」[31] 這是將罷廢稅場的收入，併入現有的稅場之中，故現有稅場的徵稅標準大幅提高。

由上可知，由於朝廷為了軍費需求，需財孔急，對於地方官府的

27　《宋會要輯稿・食貨》17 之 36。

28　《宋會要輯稿・食貨》17 之 46。

29　《宋會要輯稿・食貨》18 之 22。

30　《宋會要輯稿・食貨》18 之 27。

31　《宋會要輯稿・食貨》18 之 11。

督催甚為急迫嚴峻，因此地方官府為了滿足上供財賦的需求，不得不採取一些巧取豪奪的手段，以達成朝廷的要求。地方官即使有心改革徵收商稅等弊政，也須以不減少財賦收入為前提，改革弊政才有可能實現。

第二節　問題的提出

由上述可見，南宋時期的社會經濟，與北宋相比，百姓的負擔更為沈重。據《宋史・食貨下八・商稅》記載：

> 光、寧嗣服，諸郡稅額皆累有放免，然當是時，雖寬大之旨屢頒，關市之征迭放，而貪吏並緣，苛取百出，私立稅場，算及緡錢、斗米、束薪、菜茹之屬，擅用稽察措置，添置專欄收檢。墟市有稅，空舟有稅，以食米為酒米，以衣服為布帛，皆有稅。遇士夫行李，則搜囊發篋，目以興販。甚者，貧民貿易瑣細于村落，指為漏稅，輒加以罪。空身行旅，亦白取百金。方紆路避之，則攔截叫呼。或有貨物，則抽分給賞，斷罪倍輸，倒囊而歸矣。聞者咨嗟，指為大小法場，與斯民相刃相靡，不啻讎敵，而其弊有不可勝言矣。[32]

可見當時官府濫設稅場，剝削百姓，成了百姓眼中的「大小法場」，對百姓造成甚大的痛苦。在重稅負擔的壓力之下，南宋的民變也較北宋為多，如黃寬重〈南宋茶商賴文政之亂〉[33]、劉馨珺《南宋荊湖南路的

---

32 《宋史》，卷186〈食貨下八・商稅〉，頁4547。

33 黃寬重：〈南宋茶商賴文政之亂〉，《南宋軍政與文獻探索》（臺北市：新文豐出版公司，1990年）。

變亂之研究》[34] 等文章或專書，都有詳細介紹，茲不贅述。

　　然而，為何「寬大之旨屢頒，關市之征迭放」，而地方吏治卻仍然是「貪吏並緣，苛取百出」呢？南宋劉克莊曾說道：

> 然賦入既狹，兵費浸闊，其取之於民者，終不能復祖宗之舊，而四總建焉。蜀稱趙開，昇、潤、鄂三王人，各極一時才臣能吏之選，百餘年間，酒茗鹽鐵，蒐求無遺蘊矣。於是用事者方以為未至，更出新智，以圖富強，卒之無他繆巧，不過籠商賈、困郡縣而已！蓋時賢所操之術，非獨（呂）惠卿、（呂）嘉問之所不肯談，（薛）向、（吳）居厚之所不敢為，亦（魏）伯芻輩之所不忍盡識者也。使其利歸公室，猶且為國聚怨，況或以潤其屋而肥其家乎？[35]

劉克莊指出：因為軍費開支龐大，故朝廷設置了蜀、昇、潤、鄂「四總」（即四川利州、淮東鎮江、淮西建康、湖廣鄂州四總領所），嚴格催促地方官吏提供軍需財賦。在這種「理財」官員的監督與壓力之下，地方官員的施政也以滿足財賦供應為優先，根本無法兼顧民生疾苦，因此才會出現「籠商賈、困郡縣」、「為國聚怨」的嚴重問題。北宋新舊黨爭時期，新黨之呂惠卿、呂嘉問、薛向、吳居厚、魏伯芻等人，已被批評是聚斂財賦的「言利之臣」；而南宋總領所的聚斂錢財，較之呂惠卿、呂嘉問、薛向、吳居厚、魏伯芻等人，更有過之而無不及。

　　從劉克莊的評論中，我們發現總領所制度為南宋重稅政策聚斂錢財、剝削百姓的重要關鍵。究竟總領所在南宋的財政體系當中，扮演何種角色？對政治經濟有何影響？這是本書所欲探討的問題。

34　劉馨珺：《南宋荊湖南路的變亂之研究》（臺北市：臺灣大學文史叢刊，1994 年）。

35　劉克莊：《後村先生大全集》（四部叢刊本，臺北市：臺灣商務印書館影印，1979年）卷 89〈淮東總領所寬廉堂記〉，頁 768。

近代學者對總領所的研究，已有相當多的成果。例如日本學者山內正博在〈南宋總領所設置に關する一考察〉一文中，認為紹興十一年（1141）設立總領所以來（四川設於紹興十五年，1145），由中央任命的錢糧官總領各地上供中央的財賦，除了主管軍費之外，更涉足軍政、行政等層面。山內正博氏指出，四總領所設置的原因，經濟上因南宋首都臨安的地理位置偏在東部，使得臨安不適合作為全國財賦的集散地；故設置其他集散地，並設立直屬中央的財務機關是必要的。此外，面對南宋初年以來日漸強大的地方武將勢力，也以財政為名設立總領所，對武將進行監察制御。可見在紹興十一年正式設立總領之時，總領似乎除了管理財賦的功能之外，還負有集權中央、收兵權的政治任務。[36] 日本學者長井千秋〈淮東總領所の機能〉則根據洪适〈淮東總領石記序〉一文，指出淮東總領所具有軍事、財政、監察三方面的機能，長井氏並進一步說明淮東總領所的財政機能包括錢米的調發，管理榷貨務都茶場，管理贍軍酒庫，管理營田、屯田、互市的收入，印造紙幣，救荒，興修水利，乃至處理鎮江府的民政事務。軍政機能則包括支付軍餉，購買戰馬，收藏兵器，建造營寨戰船，選募士兵，監察軍政，處理訴訟等。[37]

關於總領「理財」的職權方面，汪聖鐸在《兩宋財政史》一書中認為總領所的職權：「專門負責供軍的，而不是掌管某一地域全部財計的財政機構，其性質接近於戶部、司農寺的派出機構。其所掌賦入，則大部份是原先隸於朝廷或戶部的州軍上供財賦、封樁財賦及禁榷收

36 〔日〕山內正博：〈南宋總領所設置に關する一考察〉，《史學雜誌》64卷12號（1955年），頁81-83。

37 參見〔日〕長井千秋：〈淮東總領所の機能〉，《待兼山論叢》第22號史學篇（1988年），頁41-64。

入等，每歲係由朝省定額科降調撥。」[38] 即強調總領所的財政功能。此外，日本學者也有許多研究成果，如川上恭司〈南宋の總領所について〉提出總領所的財源包括課稅（正稅、雜稅）、事業收入（茶鹽酒專賣、紙幣發行、屯田、營田、市易等）、漕運，而支出則包括支給軍事俸糧、買馬等。[39] 金子泰晴〈荊湖地方における岳飛の軍費調達──南宋湖廣總領所前史〉一文，則指出紹興十一年總領所正式設立之前，岳飛軍中的總領財賦官，其管理之財賦包括鄂州公使庫、激賞庫、備邊庫、回易庫的收入，及鄂州關引、典庫、房錢、營田雜收錢，襄陽府酒庫、房錢、博易場錢，及營田稻穀等。[40]

　　對於總領所在南宋政府體系中的地位，學者持有兩種觀點：一派認為總領所是分割戶部權力的新機構，另一派則認為總領所僅是戶部的派出機構。主張總領所分割戶部的事權者，如內河久平〈南宋總領所考──南宋政權と地方武將との勢力關係をめぐって〉、郭正忠〈南宋中央財政貨幣歲收考辨〉可為代表，兩人皆以《朱子語類》卷一一一「凡諸路財賦之入總領者，戶部不得而預也」之語為證。[41] 另一說法認為南宋時期的東南三總領所（四川總領所除外）僅為戶部的派出機構，名稱雖新，但實質上不過是戶部的分司，此說的代表為張星久〈關於南宋戶部與總領所的關係──宋代財政體制初探〉、劉云〈南宋高宗時期

38　汪聖鐸：《兩宋財政史》（北京市：中華書局，1995 年），下冊，頁 558。

39　參見〔日〕川上恭司：〈南宋の總領所について〉，《待兼山論叢》第 12 號史學篇（1978 年），頁 1-29。

40　參見〔日〕金子泰晴：〈荊湖地方における岳飛の軍費調達──南宋湖廣總領所前史〉，收入宋史研究會編：《宋代の規範と習俗》（東京：汲古書院，1995 年），頁 155-190。

41　〔日〕內河久平〈南宋總領所考──南宋政權と地方武將との勢力關係をめぐって〉，《史潮》78・79 合併號（1962 年），頁 1-26。郭正忠〈南宋中央財政貨幣歲收考辨〉，收入中國社會科學院宋遼金元史研究室編：《宋遼金史論叢》第一輯（1985 年），頁 168-191。

的財政制度變遷〉。而袁一堂〈南宋的供漕體制與總領所制度〉雖認為兩種說法皆有未妥，但仍傾向認為總領所是中央派出，加強催督稅收的機構。[42]

實際上，總領所之名既然是古所未有，當然是一個新機構，其職掌範圍涵蓋數路，但是中央戶部對於東南三總領所（四川總領所除外）仍有指揮之權。個人認為，總領所的職責，在於催督賦稅，滿足御前諸軍的需求；戶部的職責，則在總領所無法達成上述目的時，調撥其他地區的財賦加以補充。總領代戶部監督地方監司州縣，戶部則有「宏觀調控」之責，因此增設新機構並不代表戶部職權的低落。

對於四川、淮東、淮西、湖廣四總領所的個案研究，也有許多研究成果。關於淮東總領所方面，前引日本學者長井千秋〈淮東總領所の機能〉一文，指出指出淮東總領所具有軍事、財政、監察三方面的機能。此外，長井千秋又在〈淮東總領所の財政運營〉一文指出：淮東總領所每年要提供軍糧米七十萬石，錢七百萬緡。米穀來自江南東路的秋稅上供米以及江南西路的和糴米，若遇臨時支用，則於兩浙西路、淮南東路進行和糴；軍馬飼料則由淮南東路、鎮江府購買，並將部分兩浙上供米折變為大麥，以供給之；至於錢幣，則一半由鎮江府榷貨務都茶場的茶鹽專賣供應，其他則仰賴兩浙的鹽榷收入，以及兩浙西路、江南東西路的雜稅收入。淮東總領所財賦的供應對象，包括鎮江都統司、楚州武鋒軍、以及屯駐、出戍淮東地區的三衙禁兵。[43] 至於淮西總領所，則目前尚未見專門的研究論文。

42　張星久：〈關於南宋戶部與總領所的關係——宋代財政體制初探〉，《中國史研究》1987 年 4 期，頁 9-16。劉云：〈南宋高宗時期的財政制度變遷〉，《中國社會經濟史研究》2007 年 2 期，頁 30-38。袁一堂：〈南宋的供漕體制與總領所制度〉，《中州學刊》第 4 期，1995 年，頁 132-135。

43　〔日〕長井千秋：〈淮東總領所の財政運營〉，《史學雜誌》101 編 7 號（東京：東京大學文學院，1992 年），頁 1-32。

　　湖廣總領所方面，日本學者金子泰晴〈南宋初期の湖廣總領所と三合同關子〉一文，討論了南宋朝廷於紹興二十九年時，因為金海陵帝可能南侵，為了整軍備戰，故於淮東、淮西、湖廣三總領所發行「三合同關子」以滿足軍費需求，並進一步討論湖廣總領所的財政收支問題。[44] 據日本學者加藤繁、中國學者彭信威、汪聖鐸等人的研究，這種「三合同關子」應該是一種政府發行的本票，是類似有價證券的東西，與唐朝的「飛錢」相近，並不是真正的紙幣。[45] 前引金子泰晴〈荊湖地方における岳飛の軍費調達──南宋湖廣總領所前史〉一文，則指出紹興十一年總領所正式設立之前，岳飛軍中的總領財賦官所掌管的軍需財賦來源。樋口能成〈南宋總領所體制下の長江經濟──湖廣總領所と四川との關係から〉一文，討論湖廣總領所與四川的關係，認為湖廣總領所收入中的「田四廂錢」，即是四川上供財賦中的「經總制錢」，被湖廣總領所截留而來；此外也對四川商人在湖北的貿易活動，做了詳細的探討。[46]

　　四川總領所方面，何玉紅〈試析南宋四川總領所的職能〉一文，指出四川總領所的職權包括籌集調度軍隊物資、稽查軍政節制武將、薦舉按劾地方官員、賑災濟貧、向其他地區提供財賦等。[47] 何玉紅〈南宋四川總領所制度與吳曦之變〉一文，則說明南宋設置四川總領所掌管財政，以期分化和節制武將的權力，但在開禧北伐前後由於特殊的政

---

[44] 〔日〕金子泰晴：〈南宋初期の湖廣總領所と三合同關子〉，《史觀》第 123 冊（1990年 9 月），頁 34-46。

[45] 參見劉森：《宋金紙幣史》（北京市：中國金融出版社，1993 年），頁 139。

[46] 〔日〕樋口能成：〈南宋總領所體制下の長江經濟──湖廣總領所と四川との關係から〉，《早稻田大學大學院文學科紀要》第 51 輯，第 4 分冊（2006 年 2 月），頁 77-86。

[47] 何玉紅：〈試析南宋四川總領所的職能〉，《四川師範大學學報（社會科學版）》，2008年第 5 期，頁 121-125。

治情勢與人事關係，使得四川總領所的權力逐步喪失。吳曦利用總領所制度運行中的疏漏，成功兵變，又因其財政權的不穩定而告失敗。對四川總領所與吳曦之變的關係，作了詳細的探討。[48]

　　綜上所述，近代學者對於總領所的討論，成就雖然不少，但是似乎缺少一部專書專著，對南宋總領所制度作一全面性的介紹。因此，本人希望在以往對總領所的研究基礎之上，對南宋總領所的設置過程、組織架構、財賦流通、後續演變各方面，作一完整的探討。為了寫作本書，本人曾陸續發表〈南宋高宗收兵權與總領所的設置〉、〈從轉運使到總領──兩宋理財官僚之比較〉、〈南宋四川總領所地位的演變──以總領所與宣撫司、制置司的關係為中心〉、〈南宋四總領所與供軍財賦的收支〉、〈「熟券」、「生券」與南宋總領所的財政問題〉、〈總領所與南宋紙幣的發行及管理〉等多篇論文，[49] 在對總領所制度有相當程度的瞭解與認識之後，再將各篇論文整理成書。希望此書之作，可以使我們對南宋的總領所制度以及它對南宋社會經濟的影響，得到更完整而充分的認識。

48　何玉紅：〈南宋四川總領所制度與吳曦之變〉，《文史哲》，2011 年第 6 期，頁 103-111。

49　參見雷家聖：〈南宋高宗收兵權與總領所的設置〉，《逢甲人文社會學報》第 16 期（2008 年 6 月），頁 133-158。雷家聖：〈南宋四川總領所地位的演變──以總領所與宣撫司、制置司的關係為中心〉，《臺灣師大歷史學報》第 41 期（2009 年 6 月），頁 27-68。雷家聖：〈從轉運使到總領──兩宋理財官僚之比較〉，收入鄧小南主編：《宋史研究論文集（2008）》（昆明市：雲南大學出版社，2009 年），頁 217-235。雷家聖：〈南宋四總領所與供軍財賦的收支〉，收入鄧小南、楊果、羅家祥主編：《宋史研究論文集（2010）》（武漢市：湖北人民出版社，2011 年），頁 208-226。雷家聖：〈「熟券」、「生券」與南宋總領所的財政問題〉，收入《中國史研究》第 81 輯（韓國，2012 年 12 月）。雷家聖：〈總領所與南宋紙幣的發行及管理〉，收入《中國史研究》第 82 輯（韓國，2013 年 2 月）。

第二章

南宋高宗收兵權與總領所的設置

《宋史》卷一六七〈職官七・總領〉記載：

> 總領，四人。掌措置移運應辦諸軍錢糧，以朝臣充，仍帶幹
> 階、戶部等官。朝廷科撥州軍上供錢米，則以時拘催，歲較諸
> 州所納之盈虧，以聞于上而賞罰之。[1]

在此簡略的記載中，總領的職權似乎是負責措置移運諸軍錢糧，以管理財賦為主。不過，日本學者山內正博在〈南宋總領所設置に關する一考察〉一文中，認為總領所設置的目的除了理財之外，面對南宋初年以來日漸強大的地方武將勢力，以理財為名設立的總領所，也可以對武將進行監察制禦。[2] 可見在紹興十一年（1141）正式設立總領之時，總領除了管理財賦的功能之外，還負有集權中央、收兵權的政治任務。

「強幹弱枝，集權中央」是宋代的國策，從宋太祖的「杯酒釋兵權」，到南宋高宗收張俊、韓世忠、岳飛三大鎮的兵權，甚至陷害岳飛致死，都是此一「強幹弱枝」政策的實踐。自「靖康之恥」以來，高宗輾轉流徙於南方，以逃避金兵之追擊，幸賴韓世忠、岳飛、劉錡、吳玠、吳璘等將領的力戰，總算保住南宋半壁江山。然而，當高宗剛剛在南方站穩腳跟，便開始收兵權的計畫。紹興十一年，高宗將韓世

---

[1] 脫脫：《宋史》，卷 167〈職官七・總領〉，頁 3958。

[2] 〔日〕山內正博，〈南宋總領所設置に關する一考察〉，《史學雜誌》64 卷 12 號（1955年），頁 81-82。

忠、張俊、岳飛任命為樞密使、樞密副使，調到中央任職，而三大鎮之軍隊另由其部將統領，這是高宗收兵權的第一步。收三大鎮兵權之後，又進一步增設淮東總領所於鎮江府（今江蘇省鎮江市），設淮西總領所於建康府（今江蘇省南京市），設湖廣總領所於鄂州（今湖北省武漢市）。三總領所掌管供軍財賦及御前軍馬文字，一方面控制軍隊的財政，一方面掌管軍事文書以控制軍隊，這即是三總領最初的設置目的。如果是為了集權中央，達到長治久安的目的，這種作法尚無可厚非，然而高宗除了收兵權之外，更因猜忌在心，縱容秦檜構陷韓世忠、岳飛，岳飛甚至含冤而死。在這一過程中，總領扮演相當重要的角色。因此，總領的設置，與南宋收兵權政策，關係相當密切。

除了淮東、淮西、湖廣三總領之外，紹興十五年（1145），高宗又增設四川總領所於利州（今四川省廣元市），同樣也與秦檜剷除異己有密不可分的關係。四川總領的設置，箝制四川宣撫副使鄭剛中的權力，最後使得鄭剛中被羅織罪名而罷職。

由上可見，南宋四總領所的設置，其背後有明顯的政治動機──集權中央，剷除異己。執行的過程中，甚至使用羅織罪名、構陷大臣的手段，而總領在其中扮演的角色，值得我們加以關注與檢視。本章的重點，在於分析南宋集權中央、排除異己的過程中，總領所扮演的角色與產生的作用。

第一節 南宋初年的總領財賦官

在紹興十一年設置淮東、淮西、湖廣三總領所之前，南宋初年為了滿足對金作戰的需要，已經陸續設立總領財賦官。《宋史・職官志》記載：「初，建炎間，張浚出使川、陝，用趙開總領四川財賦，置所繫銜，總領名官自此始。其後大軍在江上，間遣版曹或太府、司農卿少

卿調其錢糧，皆以總領為名。」[3] 可知總領財賦官始於四川的趙開，且其管轄之地域範圍限定在四川地區。不過，中國大陸學者胡寧在〈論趙開總領四川財賦〉一文中認為：建炎三年趙開擔任的職務，實際上是「隨軍轉運使」，「專一總領四川財賦」並非官銜，「總領」真正出現在官銜中者，為紹興三年（1133）前往建康「總領大軍錢糧」的姚舜明。[4] 筆者同意胡寧的說法。據《宋會要輯稿・職官》記載：「高宗紹興三年正月八日，詔差戶部侍郎姚舜明前往建康府，專一總領應干都督府錢物糧斛。」[5] 可見姚舜明是由高宗直接派遣的總領財賦官。而趙開則是川陝宣撫使張浚屬下的隨軍轉運使，由張浚授權「專一總領四川財賦」，因此只是臨時性的頭銜，而非正式的官名。

　　而四川以外的地區，總領財賦官的設置為隨軍而設，較無固定之地域。據《宋史》記載，宗室趙子瀟「苗、劉兵至城下，不能攻，以功進一秩。累官吏部郎中，求補外，遷戶部郎中，總領江、淮軍馬錢糧」[6]，故時間應在建炎三年苗劉兵變之後。又前引《宋會要輯稿・職官》記載高宗紹興三年正月八日，以戶部侍郎姚舜明前往建康府，專一總領應干都督府錢物糧斛。紹興六年（1136），都督諸路軍馬張浚奏請：「於戶部長貳內輪那（挪）一員，前來鎮江府置司，專一總領措置移運應辦。」詔差戶部侍郎劉寧止。[7]《宋史》則載劉寧止「權戶部侍郎，總領三宣撫司錢糧。」[8] 可見姚舜明與劉寧止，是擔任都督府的總領財賦官，掌管三宣撫司的財賦。

3　《宋史》，卷 167〈職官七・總領〉，頁 3958-3959。

4　胡寧：〈論趙開總領四川財賦〉，《西華師範大學學報：哲社版》2004 年 3 期，頁132。

5　《宋會要輯稿・職官》41 之 45。

6　《宋史》，卷 247〈宗室四・子瀟〉，頁 8747。

7　《宋會要輯稿・職官》41 之 45。

8　《宋史》，卷 378〈劉一止從弟寧止〉，頁 11676。

　　紹興五年（1135）十二月，高宗將各地主力軍隊改編為「行營護軍」，以韓世忠部為前護軍，岳飛部為後護軍，劉光世部為左護軍，吳玠部為右護軍，張俊部為中護軍。其中吳玠右護軍為四川主力，劉光世部在紹興七年（1137）發生酈瓊兵變，數萬人叛變投敵，導致左護軍名存實亡。南宋在長江中下游的的戰略部署，逐漸形成淮東、淮西、湖廣三大鎮的格局。[9]

　　在淮西地區，紹興四年（1134），張俊「為兩浙西路、江南東路宣撫使，屯建康。既而改淮西宣撫使。」紹興七年（1137），「改淮南西路宣撫使，置司盱眙」，其後又「自盱眙屯廬州」。[10] 淮西地區成為張俊駐紮之處。

　　在湖廣地區，紹興四年，岳飛「除兼荊南、鄂、岳州制置使」，其後「移屯鄂，授清遠軍節度使，湖北路、荊、襄、潭州制置使」，紹興五年，再授「鎮寧、崇信軍節度使，湖北路、荊、襄、潭州制置使」。[11] 湖廣成為岳飛的根據地。

　　在淮東地區，紹興六年，韓世忠「授武寧、安化軍節度使，京東、淮東路宣撫處置使，置司楚州。」[12] 可見淮東由韓世忠領兵屯駐。

　　此時總領財賦官的設置，也逐漸以三大鎮為單位。在湖廣鄂州，如「（紹興六年）九月二十三日，詔令戶部郎官霍蠡前去鄂州置司，專一總領岳飛軍錢糧。」[13] 可知高宗派遣霍蠡擔任湖廣總領財賦官。而根據《宋會要輯稿》的記載：

9　　參見王曾瑜：《宋朝軍制初探（增訂本）》（北京市：中華書局，2011 年），頁 170-178。

10　　《宋史》，卷 369〈張俊〉，頁 11473-11474。

11　　《宋史》，卷 365〈岳飛〉，頁 11382-11383。

12　　《宋史》，卷 364〈韓世忠〉，頁 11364。

13　　《宋會要輯稿‧職官》41 之 45。

（紹興）七年十月十七日，詔薛弼、霍蠡同共總領措置五路應
干財賦，仍常留一員在鄂州本司拘催本軍合得錢糧，應副支
用。以中書門下省言：「霍蠡總領岳飛軍錢糧，二廣、荊湖、
江西五路錢物浩瀚，恐有失陷留滯，合差官措置拘催。」故有是
命。[14]

高宗於紹興七年又加派薛弼總領湖廣財賦，而由詔書中可知，湖廣財
賦的來源是兩廣（廣南東、西路）、荊湖（南、北路）、江西五路的賦
稅。又根據同書的記載：「（紹興九年）十一月八日，戶部郎官、湖
北總領邵相罷總領職事。」[15]可知邵相曾任湖北總領財賦官。而在紹興
十一年總領所正式設置，任命曾慥為湖廣總領時，慥的官銜已是「太
府少卿，總領湖廣、江西財賦」[16]，可見曾慥也曾擔任湖廣的總領財賦
官。

　　至於淮西的總領財賦官，根據《景定建康志》的記載，紹興十一
年以前，有姚舜明、張成憲、宋棻、掌均、莫將等人，[17]不過姚舜明應
為紹興三年時的都督府總領財賦官（見前）。此外，《宋會要輯稿》記
載：

（紹興）十一年正月十四日，淮南西路宣撫使張浚（按：應為張
俊）言：總領提舉大軍錢糧吳彥璋，措置應辦本司大軍錢糧，
首尾二年，並無闕誤，欲依張成憲昨來應副韓世忠錢糧例推

14　《宋會要輯稿．職官》41之45。

15　《宋會要輯稿．職官》70之22。

16　李心傳：《建炎以來繫年要錄》（以下簡稱《要錄》）卷140，紹興十一年五月辛丑，
　　頁2250。

17　周應合修纂：《景定建康志》（清嘉慶六年刊本，臺北市：成文出版社影印，1983
　　年）卷26〈官守志三．總領所〉，頁7上。

恩。詔吳彥璋與轉一官。[18]

可見吳彥璋在紹興十一年正式設置總領所之前，已擔任淮西總領財賦官。

　　至於淮東地區，在前引紹興十一年張俊請求嘉獎淮西總領財賦官吳彥璋的奏文中，提及「欲依張成憲昨來應副韓世忠錢糧例」，可見張成憲除了曾擔任淮西的總領財賦官外，似乎也曾擔任淮東的總領財賦官，確實年月雖不詳，但應在紹興十年前。

　　關於地方財賦的徵收，宋朝在各路已設置轉運使，負責轉運財賦，為何此時又要疊床架屋，在各路轉運使之上又設置總領財賦官呢？據《宋會要輯稿‧職官》的記載：

> （紹興）六年二月二十一日，都督諸路軍馬張浚言：「三宣撫司軍屯駐江淮，所用錢糧雖各有立定取撥窠名，及專委漕臣應辦，多是互相占吝，不肯公共移那（挪），因致闕之（乏）。既無專一總領官司，諸處財賦出納難以稽考，乞於戶部長貳內輪那（挪）一員，前來鎮江府置司，專一總領措置移運應辦。」詔差戶部侍郎劉寧止。[19]

可見當時三宣撫使（劉光世、張俊、韓世忠）所需的軍需財賦，由各路轉運使（漕臣）等地方官負責供應，但地方官因本位主義或人謀不臧，往往供應不足。所以為了加強財賦的徵收，由中央派總領財賦官以監督管理之。其目的主要是經濟性的，與財賦的徵收管理有關。

　　南宋初年設置總領財賦官的目的，一方面是因對金戰爭，財賦需

18　《宋會要輯稿‧職官》41之45。

19　《宋會要輯稿‧職官》41之45。另參見《要錄》，卷98，紹興六年二月己未，頁1618。《會要》文字有若干錯誤之處，據《要錄》校改。

求孔急，因此派出中央大員至地方，加強對財賦的徵收與規劃。另一方面，各路監司分立，與財賦有關者，如轉運使與提舉常平公事，事權不一，故派中央大員以臨之，更可收統一事權之效。這是南宋初年設置總領財賦官的目的。不過此一階段的總領財賦官，其身份仍是中央臨時派遣性質，一直到紹興十一年正式設置總領所，總領的地位才正式確立。

第二節　紹興十一年收兵權與淮東、淮西、湖廣總領所的設立

　　南宋收兵權的政策，始於高宗紹興十一年。該年四月壬辰，高宗下詔：以京東淮東宣撫處置使韓世忠、淮西宣撫使張俊為樞密使，湖北京西路宣撫使岳飛為樞密副使。[20] 將張俊、韓世忠、岳飛三大鎮調至中央任職，使之離開原先統領之部隊。三日後，高宗又下詔：「宣撫司並罷，遇出師，臨時取旨，逐司統制官已下，各帶御前字入銜。」[21] 意即廢除宣撫使司，將三大鎮的軍隊改名為御前諸軍，以示隸屬於朝廷。接著在同年五月辛丑，高宗又有進一步的動作：

> 直秘閣淮東轉運副使胡紡為司農少卿，總領淮東軍馬錢糧，置司楚州。尚書度支員外郎總領提舉大軍錢糧等事吳彥璋為太府少卿，總領淮西、江東軍馬錢糧，置司建康府。太府少卿總領湖廣江西財賦曾慥為太府卿，總領湖廣江西財賦、京湖軍馬錢糧，置司鄂州。各專一報發御前軍馬文字，諸軍並聽節制。蓋使之與聞軍事，不獨職餽餉云。總領官正名自此始。[22]

20　《要錄》，卷140，紹興十一年四月壬辰，頁2247。

21　《要錄》，卷140，紹興十一年四月乙未，頁2248。

22　《要錄》，卷140，紹興十一年五月辛丑，頁2250。其中淮東總領所，當時設置於韓

關於紹興十一年設置三總領所的記載，其他史籍的記錄稍有不同。李心傳《建炎以來朝野雜記》記載：「紹興十一年，諸將既罷兵，乃置三總領，以朝臣為之，皆帶專一報發御前軍馬文字，蓋又使之與聞軍政，不獨職饋餉而已。」[23] 熊克《中興小紀》記載三總領「悉帶報發御前軍馬文字，蓋使之預聞軍政，不獨職饋餉而已。」[24]《宋史全文續資治通鑑》與《皇宋中興兩朝聖政》兩書則作：「蓋使之與聞軍事，不獨職餽餉云，總領官正名自此始。」[25] 以上各書，皆無「諸軍並聽節制」之語。

此外，《宋會要輯稿・職官》則記載：「其後收諸帥之兵以為御前軍，屯駐諸處，皆置總領，亦以朝臣為之，仍帶專一報發御前軍馬文字，蓋又使之與聞軍政，不獨職餉餽而已。……各專一報發御前軍馬文字，諸軍不聽節制。」[26]《景定建康志》亦作：「（紹興）十一年五月四日，詔以吳彥璋為太府少卿，總領淮西江東軍馬錢糧，專一報發御前軍馬文字，諸軍不聽節制。」[27] 謝維新《古今合璧事類備要》、祝淵《新編古今事文類聚（遺集）》、馬端臨《文獻通考》皆記載：「紹興十一年，諸帥既罷兵，乃收諸帥之兵以為御前軍，屯駐諸處，皆置總領，亦以朝臣為之，仍帶專一報發御前軍馬文字，蓋又使之與聞軍

世忠軍隊的駐紮地楚州（今江蘇省淮安市）。

23　李心傳：《建炎以來朝野雜記》（點校本，北京市：中華書局，2000 年）甲集，卷 11〈總領諸路財賦〉，頁 226。

24　熊克：《中興小紀》（清光緒十七年廣雅書局刊本，臺北市：文海出版社影印，1969 年）卷 29，紹興十一年五月辛丑，頁 6 下。

25　不著編人：《皇宋中興兩朝聖政》（臺北市：文海出版社影印，1967 年）卷 27，紹興十一年五月辛丑，頁 10 下。不著撰人：《宋史全文續資治通鑑》（臺北市：文海出版社影印元刻本，1969 年）卷 21〈宋高宗六〉，頁 5 上。

26　《宋會要輯稿・職官》41 之 44、46。

27　周應合修纂：《景定建康志》，卷 26〈官守志三・總領所〉，頁 1 下 -2 上。

政，不獨職餽餉而已。……諸軍不聽節制。」[28] 章如愚《群書考索》作：「紹興十一年，收諸帥之兵以為御前軍，屯駐諸處，皆置總領，以朝臣為之，仍帶專一報發御前軍馬文字，蓋又使之與聞軍政，不獨識（職）餽餉而已。……諸軍不聽節制。」[29] 王應麟《玉海》亦作：「各專一報發御前軍馬文字，諸軍不聽節制，蓋使之與聞軍事，不獨職餽餉云，總領官正名自此始。」[30] 以上各書皆記載「諸軍不聽節制」，與《要錄》所記「諸軍並聽節制」顯有不同，究竟三總領能否節制諸軍？

所謂「節制」，在宋代而言，有「指揮、統轄」之意，舉例言之，宋高宗時，「（建炎元年八月）丙子，隆祐太后發南京，命侍衛馬軍都指揮使郭仲荀護衛如江寧，兼節制江、淮、荊、浙、閩、廣諸州，制置東南盜賊。丁丑，以龍圖閣直學士錢伯言知杭州，節制兩浙、淮東將兵及福建槍杖手，討陳通。」[31] 紹興十一年，在宋高宗收兵權於中央的政策之下，剝奪淮東韓世忠、淮西張俊、湖廣岳飛三宣撫使的兵權，改任三人為樞密使、副使。因此宋高宗不太可能給予三總領過大的權力，使其得以指揮統轄諸軍。因此，筆者以為「諸軍不聽節制」較為合理。

另一方面，「諸軍不聽節制」一語出於宋朝的官書《宋會要》及《景定建康志》，且為章如愚《群書考索》、王應麟《玉海》、謝維新《古

---

28 謝維新：《古今合璧事類備要》（明嘉靖丙辰年摹宋刻本，臺北市：新興書局影印，1971 年）《後集》，卷 67〈監司門‧總領〉，頁 1 上 - 下。祝淵：《新編古今事文類聚（遺集）》（明萬曆甲辰金谿唐富春校補遺重刻本，京都：中文出版社，1982 年）卷 12〈總領〉，頁 14 上 - 下。馬端臨：《文獻通考》，卷 62〈職官考十六〉，頁 561-562。各書文字稍有異同，今依《通考》為準。

29 章如愚：《群書考索》（明正德戊辰年劉氏慎獨齋刻本，臺北市：新興書局影印，1971 年），《後集》，卷 13，頁 5 上。

30 王應麟：《玉海》（臺北市：大化書局影印舊刻本，1977 年），卷 132〈官制‧使〉，頁 22 上。

31 《宋史》，卷 24〈高宗一〉，頁 448。

今合璧事類備要》、馬端臨《文獻通考》等書廣為徵引。而李心傳《要錄》雖有「諸軍並聽節制」之語,但同一作者的《建炎以來朝野雜記》卻無記載。故仍應以「諸軍不聽節制」為是。[32]

　　雖然三總領沒有「節制」(指揮、統轄)諸軍的權力,但是仍得以「專一報發御前軍馬文字」,御前諸軍欲向朝廷有所乞請,朝廷對諸軍的指揮,其文書皆須經由總領。尤其前引諸書都提到三總領「蓋使之與聞軍事,不獨職餽餉」,可見三總領對於御前諸軍的事務,仍得以隨時向朝廷建言,並由此而預聞軍政。所以,湖廣、淮東、淮西三總領,對於御前諸軍的事務,仍有相當大的影響力。三總領對於御前諸軍,雖不負責指揮節制,但有牽制監視之功效。

　　由此可知,淮東、淮西、湖廣三總領的設置,旨在收三鎮之兵權。許多學者都認為高宗這一作法是仿效宋太祖趙匡胤「杯酒釋兵權」之舉。[33] 所謂「杯酒釋兵權」,歷來相關研究成果已經很多,[34] 本文為了要將北宋與南宋收兵權的過程作一比較,在此參考李燾《續資治通鑑長編》、馬端臨《文獻通考》的相關記載,將其過程大致略述如下表:

---

[32] 關於《要錄》「諸軍並聽節制」的記載,本人原未注意及此,經王德毅教授、王曾瑜教授提醒其他史籍中記載為「諸軍不聽節制」,本人才對此一文字記載的差異作一討論。在此謹向王德毅教授、王曾瑜教授致謝。

[33] 王曾瑜稱之為「宋朝第二次杯酒釋兵權」,見王曾瑜:《岳飛和南宋前期政治與軍事研究》(開封市:河南大學出版社,2002 年),頁 216-219。

[34] 關於北宋收兵權的研究,代表作如聶崇岐〈論宋太祖之收兵權〉,收於聶崇岐:《宋史叢考》(臺北市:華世出版社,1986 年)上冊,頁 263-282;柳立言:〈「杯酒釋兵權」新說質疑〉,收於宋史座談會編:《宋史研究集》(臺北市:國立編譯館,1992 年)第 22 輯,頁 1-20。

目的	北宋收兵權的過程
收中央禁軍將領兵權	建隆二年（961）七月庚午，禁軍將領石守信、高懷德、王審琦、張令鐸等罷為節度使。（《長編》，卷二）
收地方財政權	李重進平，以宣徽北院使李處新知揚州，樞密直學士杜韡監州稅。朝臣監州稅始於此，收方鎮利權。（《通考·征榷一》） 乾德三年（965）三月，申命諸州，度支經費外，凡金帛以助軍實，悉送都下，無得占留。一路之財置轉運使掌之，利歸公上而外權削矣。（聶崇岐稱為「制錢穀」，見《長編》，卷六）
收藩鎮兵權	乾德三年八月戊戌，令天下長吏擇本道兵驍勇者，籍其名送都下，以補禁旅之闕。（聶崇岐稱為「收精兵」，見《長編》，卷六） 開寶二年（969）十月己亥，罷節度使王彥超、武行德、郭從義、白重贊、楊廷璋等五人，改授虛銜。（《長編》，卷十）
收藩鎮行政權	太宗太平興國二年（977）八月戊辰，詔節度使所領支郡皆直屬京。（《長編》，卷十八）

由上可見，所謂「杯酒釋兵權」，不單是解除將領的兵權而已，否則一將軍去，一將軍來，掌握兵權者仍然是中央政府的威脅。「杯酒釋兵權」的重點還包括收藩鎮之利權，使藩鎮養兵之費，皆須仰賴中央；收藩鎮之行政權，使之無法操控地方政府，如此才能收中央集權之效。

北宋面對唐末五代以來藩鎮割據的積弊，且立國未久，地方藩鎮勢力錯綜複雜，故收兵權的措施歷經太祖一朝。然而南宋收兵權，卻相對簡單得多。南宋高宗對於岳飛、韓世忠、張俊三大鎮，也採取類似北宋的手段，紹興十一年四月將三人改任樞密使、副使之舉，儼然是建隆二年「罷禁軍將領石守信、高懷德、王審琦、張令鐸為節度使」、開寶二年「罷節度使王彥超等五人」等故事的重演。接著在紹興十一年五月高宗設立淮東、淮西、湖廣三總領，總領各地財賦軍馬錢糧，又像是乾德三年「諸州度支經費外，凡金帛以助軍實，悉送都下，無得占留，一路之財置轉運使掌之」的翻版。而三總領「專一報發御前軍馬文字，蓋使之與聞軍事，不獨職餽餉而已」，可見湖廣、淮東、淮西三個總領，其職權較北宋初年的轉運使更大，也更具有政治上的作用。

第三節　總領與「害韓」、「殺岳」案

在高宗收淮東、淮西、湖廣三宣撫司兵權之後，原淮西宣撫使張俊首先向高宗表態交心，據《要錄》記載：

> （紹興十一年四月）乙未，樞密使張俊言：「臣已到院治事，見管軍馬，伏望撥屬御前使喚。」時俊與秦檜意和，故力贊議和，且覺朝廷欲罷兵權，即首納所統兵。上從其請。[35]

張俊政治敏感度高，看出朝廷的風向，一方面交出兵權，一方面贊同秦檜議和的主張，因此不在秦檜打擊的名單中。至於淮東韓世忠與鄂州岳飛，則成為秦檜打擊的對象。

淮東、淮西、湖廣三總領所設置之後，不久即出現「害韓」、「殺

35　《要錄》，卷140，紹興十一年四月乙未，頁2248。

岳」事件，總領在這「害韓」事件中，扮演相當重要的角色；而在「殺
岳」一案中，總領的角色則有待進一步分析。關於「害韓」、「殺岳」
兩事，史家研究頗多，[36] 現僅由「害韓」、「殺岳」二事件與總領之間的
關連，加以申論。

一　害韓

　　關於「害韓」一案，黃寬重〈從害韓到殺岳——南宋收兵權的變
奏〉一文已論之甚詳，此處僅略舉其要，以說明此案與總領的關連
性。根據《要錄》記載：

> （紹興十一年五月）丁未，詔韓世忠聽候御前委使，張俊、岳飛
> 帶本職前去按閱御前軍馬，專一措置戰守。時秦檜將議和，故
> 遣俊、飛往楚州，總淮東一路全軍，還駐鎮江府。[37]

高宗將韓世忠留在臨安，卻派張俊、岳飛前往楚州，「總淮東一路」，
將全軍撤往鎮江府（淮東總領所同時移往鎮江府），此事已不尋常。當
時張俊聞之而喜，意欲按照朝廷的意向，分割韓世忠的軍隊，說道：
「上留世忠而使吾軍分其軍，朝廷意可知也。」岳飛則說：「不然，國家
所賴以圖恢復者，為自家三四輩，儻主上復令韓太保典軍，吾儕將何
以見之？」[38] 可見張俊已經看出，高宗與秦檜意欲分割韓世忠的軍隊，
以削弱韓世忠的影響力。而岳飛卻反對這種作法。岳飛此舉，已顯示
不贊同與金議和的態度，還在談「國家所賴以圖恢復」的北伐大計，因

36　關於「害韓」、「殺岳」二事，可參考黃寬重：〈從害韓到殺岳——南宋收兵權的變
　　奏〉，收於宋史座談會編：《宋史研究集》第 22 輯，頁 113-140。
37　《要錄》，卷 140，紹興十一年五月丁未，頁 2251。
38　章穎：《宋南渡十將傳》（《叢書集成續編》影印芋園叢書本，臺北市：新文豐出版
　　公司，1989 年）卷 2，〈岳飛傳〉，頁 55 下 -56 上。

此種下了日後被陷害致死的種子。

　　與此同時，韓世忠的部將耿著，則為淮東總領胡紡告發，指其蠱惑眾聽。《要錄》記載：

> 韓世忠既罷兵，遣（耿）著先之山陽，著與總領財賦官胡紡有舊，為紡言：「朝廷令二樞密來分撥軍馬。」紡言：「嘗與諸軍議，欲開落走死逃亡之在籍者。」著又言：「軍中弊倖，雖郭子儀、李光弼不能無，若一日頓革，未必不生事。呂祉之戒，不可不慮。」紡奏著蠱惑眾聽。[39]

而《宋南渡十將傳》的記載更為詳細：

> 韓世忠軍吏耿著與總領胡訪（紡）言：「二樞密來，必分世忠之軍，以為生事。」訪（紡）上其語。檜怒，捕著下大理獄，擇酷吏鍛鍊，欲誣世忠。飛嘆曰：「吾與世忠同王事，而世忠以無辜被罪，吾為負世忠。」乃馳書告世忠。世忠大懼，亟奏乞見，伏地自明。上諭之曰：「安有是？」撫勞起之。明日宰執奏事，上以語檜，且促具著獄。著坐妄言，追官流嶺外，而分軍之事不復究矣。俊於是大憾飛。……張俊承檜意，欲分其軍，賴飛一言而止，而檜益怨飛矣。[40]

　　在此一事件中，先由胡紡告發耿著妄言，耿著被秦檜逮捕後，秦檜以「酷吏鍛鍊」，欲以嚴刑迫供，使耿著牽連韓世忠入罪。由於岳飛將此事告知韓世忠，使韓世忠得以及時向高宗「伏地自明」，表示清

39　《要錄》，卷141，紹興十一年七月壬寅，頁2261。所謂呂祉之戒，係指紹興七年劉光世罷兵柄，以王德為淮西都統制，酈瓊副之，並以文臣呂祉節制。因王德與酈瓊不和，呂祉處置無方，導致酈瓊率四萬人降偽齊劉豫，呂祉被殺。

40　章穎：《宋南渡十將傳》，卷2〈岳飛傳〉，頁57上-下。

白，因此世忠得以無事，僅將耿著流放，草草結束此案。然而岳飛卻因此得罪了秦檜、張俊，成為他們下一個要迫害的對象。

　　淮東總領胡紡在此案中，扮演告發耿著的角色。耿著是否曾經「妄言」，已不可考，畢竟胡紡如欲羅織罪名，則無中生有，本是常事。我們從張俊與岳飛剛受命前往楚州「總淮東一路」時，張俊已表露瓜分韓軍之意，可知這是一套完整的瓜分軍隊、陷害統帥的「收兵權」計畫，淮東總領胡紡則扮演執行者的角色。

二　殺岳

　　至於岳飛的被害，根據王曾瑜教授的研究，岳飛被誣陷的過程如下：秦檜、張俊指使鄂州御前諸軍前軍副統制王俊，誣告鄂州御前諸軍副都統制張憲與岳飛之子岳雲密謀，欲以兵權還岳飛。王俊最初將狀紙投送荊湖北路轉運判官榮嶷，榮嶷拒不接受；隨後王俊又向鄂州御前諸軍都統制王貴投狀，王貴因事先受張俊的脅迫，只好收下狀紙並轉交「專一報發御前軍馬文字」的總領林大聲，林大聲又以急遞發往鎮江的張俊樞密行府，由此而興起大獄，最後導致岳飛被殺害。[41]

　　此外，王曾瑜教授在《盡忠報國：岳飛新傳》中更進一步說道：「秦檜黨羽林大聲到鄂州就任湖廣總領後，按照自己的特殊使命，物色了王俊。」[42] 在《荒淫無道宋高宗》一書中認為：「王俊的誣告大約是受秦檜黨羽、湖廣總領林大聲的唆使。」[43] 王曾瑜教授似乎認定，湖廣總領林大聲不只在王俊告發後負責傳遞信息，更在事前即受秦檜、張俊之命，唆使王俊陷害張憲、岳雲。如果根據王曾瑜教授所言，湖廣總

---

[41]　王曾瑜：《盡忠報國：岳飛新傳》（石家莊市：河北人民出版社，2001 年），頁 350。

[42]　同前註，頁 349-350。

[43]　王曾瑜：《荒淫無道宋高宗》（石家莊市：河北人民出版社，1999 年），頁 290。

領林大聲在鄂州扮演的角色，儼然是淮東總領胡紡的翻版。

　　但是查考王曾瑜教授所根據的史料，「《金佗稡編》卷 8〈鄂王行實編年〉只說：『檜、俊使人諭之，輒從』，未載所使何人。從今存史籍看，疑爲新任湖廣總領林大聲。」[44] 而所謂「今存史籍」，王曾瑜教授在《盡忠報國：岳飛新傳》、《荒淫無道宋高宗》兩書所徵引者，爲「《要錄》卷一四〇紹興十一年五月辛丑，《宋會要輯稿·職官》四一之四六。」[45] 在《岳飛和南宋前期政治與軍事研究》一書中，則說：「《揮麈錄餘話》卷二載，王俊誣告時尚未輪到去鎮江參見，估計應是受林大聲的指使。據《要錄》卷一四一紹興十一年八月癸酉，時林大聲已至鄂州就任總領。」[46]

　　然而，所謂「《要錄》卷一四〇紹興十一年五月辛丑」與「《宋會要輯稿·職官》四一之四六」這兩條史料，實際上是高宗設置三總領所的記載，以胡紡、吳彥璋、曾愭三人爲淮東、淮西、湖廣總領，與林大聲無關。《揮麈錄餘話》卷二之中，則是收錄了王俊的首狀，但並未說明是由林大聲指使。[47] 至於《要錄》卷一四一紹興十一年八月癸酉條則記載：

> 癸酉，左承議郎高穎添差福建路安撫大使司參議官，限三日之任，令湖廣總領官林大聲優與津發。[48]

此條雖然證明了紹興十一年八月時，林大聲已經取代曾愭成爲湖廣總領，但是卻沒有任何直接證據，可以證明指使王俊誣陷張憲、岳雲

44　王曾瑜：《盡忠報國：岳飛新傳》，頁 350 註 1。

45　王曾瑜：《荒淫無道宋高宗》，頁 290 註 3；同前註，頁 350 註 4。

46　王曾瑜：《岳飛和南宋前期政治與軍事研究》，頁 222 註 4。

47　王明清：《揮麈錄》（增補津逮秘書本，京都：中文出版社，1980 年）《餘話》，卷 2，頁 27 上 -33 上。

48　《要錄》，卷 141，紹興十一年八月癸酉，頁 2268。

的人，即是湖廣總領林大聲。因此，王曾瑜在行文中，也加上了「疑為」、「大約是」、「估計應是」等表示推測的字眼。

　　林大聲就任湖廣總領的時間，據《要錄》記載：

> （紹興十一年六月壬申）左朝請郎林大聲為尚書度支員外郎，總領湖廣江西財賦、湖北京西軍馬錢糧。大聲，侯官人，初為永嘉丞，用章誼薦，擢守建昌，秦檜寓居永嘉，與之厚，遂驟用之。[49]

可見林大聲是在紹興十一年六月時因秦檜之薦，被拔擢為湖廣總領。而到了九月，即發生王俊誣告事件，據《要錄》紹興十一年九月癸卯條記載：

> 是日，鄂州前軍副都統制（按：應為副統制）王俊詣都統制王貴，告副都統張憲謀據襄陽為變。[50]

但《要錄》於本條註文中又引王明清《揮麈後錄》云：

> 榮茂世嶷為湖北漕，置司鄂州，有都統司統制官王俊，以其舊主帥岳飛不軌狀詣茂世陳首，茂世云：「我職掌漕計，他無所預。」卻之。俊遂從總領汪叔詹陳其事，汪即日上聞，秦檜得之，藉以興羅織之獄，殺岳飛父子。……汪訐岳之後，獄方竟而殂，豈非命歟？[51]

根據前引王曾瑜教授的研究，王俊是先向王貴陳狀，再由王貴轉交「專

49　《要錄》，卷140，紹興十一年六月壬申，頁2255。

50　《要錄》，卷141，紹興十一年九月癸卯，頁2271。

51　《要錄》，卷141，紹興十一年九月癸卯，頁2272。王明清：《揮麈錄‧後錄》，卷11，頁9上-下。

一報發御前軍馬文字」的湖廣總領林大聲，而由林大聲呈送鎮江張俊的樞密行府。但為何王明清《揮麈後錄》所記收受王俊首狀的總領，不是林大聲，而是汪叔詹？李心傳在引用《揮麈後錄》後自己解釋道：

> 按（汪）叔詹此時與（榮）嶷同為湖北漕，或是新除總領林大聲未到而暫權也，姑附此，當考。[52]

可見《要錄》也發現《揮麈後錄》的內容與當時湖廣總領為林大聲的記載不合，但《要錄》仍然認定呈送王俊首狀的總領為汪叔詹，並推測林大聲可能尚未到任，而由湖北轉運判官汪叔詹暫代其職。不過王曾瑜在其校注之《金佗稡編》中認為：據《要錄》卷一四一高宗命總領林大聲對高穎赴任福建安撫司參議官之事「優與津發」的記載（見前），可作為林大聲已赴任的證明，因此王曾瑜認為教唆王俊之人即為林大聲。[53] 李心傳認為是新除總領林大聲未到而由汪叔詹暫權總領之職，則為推測之詞，不足為據。

然而，根據宋人孫覿所撰〈林大聲墓誌銘〉的記載：

> （林大聲）擢尚書度支員外郎，總領湖廣京西江西諸路錢糧，召還，遷本曹郎中，進太府少卿、總領淮南東路軍馬錢糧。[54]

從「召還」二字來看，林大聲似乎到任後不久就離職。又據張擴《東窗集》卷八〈戶部郎官林大聲特轉一官制〉的記載：

> 敕具官某，朕舉湖廣之賦，以給上流之師，總領之權，亦云重

---

52 《要錄》，卷 141，紹興十一年九月癸卯，頁 2272。

53 岳珂撰，王曾瑜校注：《金佗稡編》（北京市：中華書局，1989 年），卷 8〈行實編年〉，頁 668 註 3。

54 孫覿：《鴻慶居士文集》（叢書集成續編本，臺北市：新文豐出版公司，1989 年），卷 37〈宋故左朝請大夫直秘閣林公墓志銘〉，頁 13 下。

矣。倘饋餉之無乏，豈褒勤之可忘？爾比縣郎曹，出任繁劇，閱歲未幾，以辨治聞，其頒增秩之恩，益圖善後之計。[55]

從「閱歲未幾」一語來看，林大聲擔任湖廣總領的時間並不長。林大聲是在紹興十一年六月被任命為湖廣總領，而《要錄》卷一四四紹興十二年三月庚戌條則記載：「尚書右司員外郎鮑琚總領鄂州大軍錢糧。」[56]上距林大聲擔任湖廣總領的時間，共約九個月的時間。這九個月中，若林大聲已先離任，則湖廣總領一職由湖北轉運使汪叔詹暫代，也不無可能。

此外，還有一點值得注意，紹興十一年六月林大聲就任湖廣總領之後，即負有監督鄂州軍馬錢糧之任，不過，南宋中央卻又派出了其他官員，至鄂州處置岳飛軍中的錢糧。據《要錄》紹興十一年八月之記載：

時已命度支員外郎李椿年拘收岳飛軍中錢物。[57]

同年九月癸卯，《要錄》又記載：

命軍器少監鮑琚往鄂州根括宣撫司錢物。先是，湖北轉運判官汪敂（叔）詹以書白秦檜，言岳飛頃於鄂渚置酒庫，日售數百緡，襄陽置通貨場，利復不貲，自飛罷，未有所付，乞令副都統制張憲主之，庶杜欺蔽。前二日，詔都統制王貴與憲同掌。上謂檜：「聞飛軍中有錢二千萬緡，昨遣人問之，飛對所有之數，蓋十之九，人言固不妄也。今遣琚往，縱不能盡，若得其

55　張擴：《東窗集》（文淵閣四庫全書本，臺北市：臺灣商務印書館影印，1986 年），卷 8〈戶部郎官林大聲特轉一官制〉，頁 11 下。

56　《要錄》，卷 144，紹興十二年三月庚戌，頁 2316。

57　《要錄》，卷 141，紹興十一年八月己卯，頁 2269。

半，亦不少矣。」⁵⁸

可見在李椿年拘收岳飛軍中錢物之後，高宗得知岳飛軍中約有錢二千萬緡（可能即是李椿年的報告），因此又派鮑琚前往根括錢物。從秦檜陸續派出李椿年、鮑琚前往鄂州查核岳飛軍中錢物之事來看，秦檜正加強掌握岳飛軍中的財賦。但掌握軍中財賦，本是總領職權，秦檜又何必再派李椿年、鮑琚至鄂州查帳？可見林大聲似乎不願執行秦檜陷害岳飛的指令，因此失去秦檜的信任，故秦檜另派李椿年、鮑琚至鄂州調查軍中錢物。而筆者推測林大聲在此時便被「召還」。汪叔詹曾「以書白秦檜」報告岳飛軍中的財賦狀況，可見汪叔詹為秦檜之同黨，林大聲去職後，其職權由汪叔詹暫代，也不令人意外。如果認為林大聲因為「秦檜寓居永嘉，與之厚」而成為秦檜一黨，故有參與殺岳案的可能，則曾向秦檜報告岳飛「於鄂渚置酒庫，日售數百緡，襄陽置通貨場，利復不貲」的汪叔詹，更有可能是陷害岳飛的真凶。

此外，查核前引王明清《揮塵後錄》卷十一的記載，在該段文字之末，還有小字夾註「榮次新云」，可見《揮塵後錄》的記載，得之於榮嶷的後代。這種口述之詞，難免有與事實不符之處。《揮塵後錄》中說汪叔詹「訐岳之後，獄方竟而殂」，但事實上汪叔詹在紹興十八年（1148）時曾擔任湖廣總領，⁵⁹ 且汪叔詹是在於紹興三十年（1160）四月去世。⁶⁰ 故《揮塵後錄》對於若干細節的記載，不無錯誤之處。然

58　《要錄》，卷 141，紹興十一年九月癸卯，頁 2271。

59　參見李之亮：《宋代路分長官通考》（成都市：巴蜀書社，2003 年），頁 83。李之亮引用《夷堅甲志》，卷 20〈木先生〉記載：「汪致道叔詹，徽州黟人，紹興十八年，以司農少卿總領湖北財賦。」但李之亮卻將汪叔詹擔任湖廣總領的時間，記為紹興十六年至紹興十九年，不知何據？

60　汪直閣：〈宋左朝請大夫司農少卿主管台州崇道觀汪公叔詹行狀〉，收入程敏政輯撰：《新安文獻志》（點校本，合肥市：黃山書社，2004 年）卷 77，頁 1890。

而王明清對於陷害岳飛的「總領汪叔詹」，說他「訐岳之後，獄方竟而
殂，豈非命歟？」認為這是他陷害岳飛的報應，可見王明清非常肯定
汪叔詹為陷害岳飛的真凶。至於汪叔詹「獄方竟而殂」，則可能是出於
王明清的義憤之言，或出於榮次新之誤記。

　　綜合以上史料判斷，本人認為在王俊陷害岳飛父子的過程中，因
總領有「專一報發御前軍馬文字」的職權，故成為將王俊呈給王貴的誣
告文字轉呈張俊的關鍵人物。而當時湖廣總領林大聲，已經失去了秦
檜的信任而被召還，秦檜一方面另派李椿年、鮑琚赴鄂州調查軍中錢
物，一方面指派暫代總領的汪叔詹收買王俊陷害岳飛，最後導致岳飛
父子的冤死。

第四節　四川總領所的設立與秦檜整肅異己

　　紹興十五年設置四川總領所的背景，與淮東、淮西、湖廣三總領
有所不同。淮東、淮西、湖廣三總領所的設置，是收韓世忠、張俊、
岳飛三鎮兵權計畫的一部份。而川陝地區，自紹興九年宣撫使吳玠去
世後，已由文臣胡世將主持宣撫使司，並將川陝大軍分成三部，分別
由吳璘、楊政、郭浩三都統制統率。[61] 紹興十二年（1142）川陝宣撫副
使胡世將病卒後，朝廷又以文臣鄭剛中擔任川陝宣撫副使。[62] 紹興十四
年（1144），將川陝宣撫副使改稱四川宣撫副使。[63] 可見四川地區已由
文人統兵，並無收兵權的問題。但鄭剛中與秦檜不合，導致秦檜採取
對付韓世忠、張俊、岳飛三鎮的同一手段，來箝制鄭剛中的權力。本

61　王曾瑜：《宋朝軍制初探（增訂本）》，頁 174。

62　胡世將之卒，見《要錄》，卷 144，紹興十二年三月丙辰，頁 2318。鄭剛中繼任川陝
　　宣撫副使，見《要錄》，卷 145，紹興十二年五月甲午，頁 2324。

63　《要錄》，卷 151，紹興十四年三月丁卯，頁 2428。

章討論南宋高宗收兵權與總領所設置的關係，對此一事件本可不作討論，但四川總領所既是南宋四總領所之一，秦檜設置四川總領所之後的種種作法，又與當年對付韓世忠、岳飛的手段相彷彿，因此本文將四川總領所的設置合併討論，以期更能呈現高宗與秦檜集權中央、排除異己的一貫手法。

四川總領所設置的原因，據《要錄》記載：

> （紹興十五年四月）庚子，省四川都轉運司，以其事歸宣撫司，時宣撫副使鄭剛中言：四川軍屯以移內郡，自有逐路漕司應副，都漕司虛有冗費。故省之。[64]

可見四川宣撫副使鄭剛中為了擴充權力，奏請將掌管四川財賦的都轉運使廢除，其事權由宣撫司管轄，鄭剛中因此得以掌控四川的財賦之權。這種情形，當為宋高宗與秦檜所不樂見。因此，宋高宗與秦檜雖然答應鄭剛中廢除四川都轉運使的要求，但是卻另有動作。《要錄》紹興十五年十月庚子記載：

> 詔置四川宣撫司總領錢糧官。先是，資政殿學士四川宣撫副使鄭剛中馭諸將嚴，會剛中以事忤秦檜，諸將因言其有跋扈狀。檜不欲剛中併掌利權，侍御史汪勃聞之，即上言：「國之大務，在兵與財，各有攸司，則有條而不紊。今朝廷支散，諸軍則隸戶部，外道則隸總領，責有所歸，事且易辦。欲依此例，就四川宣撫司置總領一司，專掌財賦，庶幾職事專一。」從之。[65]

64　《要錄》，卷153，紹興十五年四月庚子，頁2470。

65　《要錄》，卷154，紹興十五年十月庚子，頁2488-2489。

可見由於秦檜與鄭剛中不協，於是秦檜指使侍御史汪勃，奏請設立四川總領。而四川總領的設置，與淮東、淮西、湖廣三總領有所不同。淮東、淮西、湖廣三處，是在宣撫使廢除之後，才設置總領，因此總領的職權除了掌管軍馬錢糧之外，尚可以「專一報發御前軍馬文字」。而四川則宣撫副使鄭剛中尚在，故總領不得預聞軍事，也無「專一報發御前軍馬文字」之權，只能「專掌財賦」，與宣撫司「各有攸司」，將鄭剛中手中的財賦權加以剝奪。

同年十一月，高宗進一步任命宗室趙不棄為四川總領。《要錄》記載：

> 庚申，右中奉大夫江南東路轉運判官趙不棄行太府少卿，充四川宣撫司總領官。時秦檜既疑鄭剛中，以不棄有風力，而薦於上，遂召對而命之。始趙開嘗總領四川財賦，於宣撫司用「申」狀，至是不棄言：「昨來張憲成（按：應為張成憲）應副韓世忠錢糧，申明與宣撫司別無統攝，止用公牒行移，乞依成憲已得指揮。」許之。於是改命不棄總領四川宣撫司錢糧，上諭檜曰：「卿所論甚當，如此方與諸軍一體。」既而不棄將入境，用平牒，剛中見之，愕而怒，久之，始悟其不隸己，繇此有隙。[66]

可見紹興十一年之前，總領財賦官尚未制度化，故趙開對宣撫司用「申」狀，宛如下屬。張成憲對宣撫司則申明「別無統攝，止用公牒行移」。而紹興十一年設置淮東、淮西、湖廣三總領時，三處宣撫使已經裁撤，因此沒有宣撫使與總領地位孰高孰低的問題，總領得「專一報發御前軍馬文字」，可見三總領的地位並不在御前諸軍都統制之下。四

---

66 《要錄》，卷154，紹興十五年十一月庚申，頁2492。

川的情形較不同，因為宣撫司尚在，且四川地區的「慣例」是總領對
宣撫司用「申」狀，宛如下屬，因此趙不棄到四川後，對宣撫司「用平
牒」，顯示總領與宣撫司各自辦事，地位平行，因而引起了鄭剛中憤怒
與不滿。

趙不棄到四川後的作為，據《揮塵錄‧餘話》記載：

> 於是創四川總領財賦，命德夫（按：趙不棄字德夫）至坤維，
> 得晁公武子止於冷落中，辟為幹辦公事，俾令采訪亨仲（按：
> 鄭剛中字亨仲）陰事，欲加以罪。又以德夫子善究為總領司幹
> 辦公事，越常制也。子止又引亨仲所逐使臣魏彥忠者，相與物
> 色其失上聞。遂興大獄，竄籍亨仲。[67]

可見趙不棄到四川後，真正的政治任務是採訪鄭剛中之陰事，作為羅
織罪名的根據。而負責蒐集鄭剛中罪名者，為趙不棄辟用的總領所幹
辦公事晁公武、趙善究（趙不棄之子），以及使臣魏彥忠。可見設置四
川總領的目的，仍然不脫秦檜對付韓世忠、岳飛的那一套陷害手法，
由總領負責羅織罪名。至紹興十七年（1147）二月，羅織罪名的工作似
乎有所成果，據《要錄》記載：

> 左朝散郎符行中為尚書戶部員外郎，總領四川宣撫司錢糧。
> 初，四川都轉運司之廢，用宣撫副使鄭剛中請也。既而復以太
> 府少卿趙不棄總領宣撫司錢糧，剛中與之不協，不棄頗求其陰
> 事，秦檜聞之，乃奏以行中代不棄。俟行中至利州，令不棄赴
> 行在。[68]

67　王明清：《揮塵錄‧餘話》，卷2，頁24下-25上。

68　《要錄》，卷156，紹興十七年二月乙未，頁2524-2525。

可見搜求鄭剛中的罪名，已有所獲，秦檜得知後奏請將趙不棄調回，而以符行中為四川總領。對於蒐求鄭剛中罪名有功的晁公武，則得到了高升。《要錄》記載：

> （紹興十七年七月）甲戌，左朝奉郎新通判潼川府晁公武知恭州，趙不棄薦之也。[69]

至於鄭剛中的下場，《要錄》又記載：

> （紹興十七年七月）庚辰，詔資政殿學士四川宣撫副使鄭剛中令赴行在奏事，太府少卿趙不棄權工部侍郎，徽猷閣待制知成都府事李璆權四川宣撫司職事。初，秦檜以不棄與剛中有隙，遂召之，而以符行中代總軍儲，其實不樂剛中也。剛中頗覺之，私謂人曰：「孤危之跡，獨賴上知之耳！」檜聞愈怒。剛中在蜀六年，事或專行，其服用往往逾制。不棄還朝，頗文致其事，故剛中遂罷。[70]

趙不棄命晁公武搜求剛中之罪名，大概即是「事或專行，服用往往逾制」之類的消息，在蒐集完成後，秦檜命符行中代趙不棄為總領，而趙不棄則在返回行在臨安之後，羅織鄭剛中入罪。結果，秦檜以「令赴行在奏事」的方式，使鄭剛中離開四川，奪其兵柄，最終將之罷黜。鄭剛中被罷黜之後，遠貶外地，「提舉江州太平興國宮，桂陽監居住。明年，責授濠州團練副使，復州安置。仍興獄于九江，連逮甚眾，吹毛百端，無所得，竟以嫁怨朝廷為名，坐之，移封州安置。」最後鄭剛中於紹興二十四年（1154）五月病卒。[71]

69　《要錄》，卷156，紹興十七年七月甲戌，頁2535。

70　《要錄》，卷156，紹興十七年七月庚辰，頁2535。

71　何耕：〈宋故資政殿學士鄭公墓誌銘〉，收入鄭剛中：《北山文集》（《叢書集成新

此外，鄭剛中被罷宣撫副使之後，掌握軍政大權的四川宣撫司，在紹興十八年裁撤，李璆改充地位較低的四川安撫制置使，宣撫司都統制楊政改充御前諸軍都統制，四川總領並得「專一報發御前軍馬文字」。[72] 以上種種作法，與紹興十一年收三鎮兵權如出一轍。可見高宗與秦檜不但欲收將帥之兵權，甚至對文人掌兵也無法信任，必欲分割其事權，集權於中央而後可。

在四川，我們又一次看到總領的設置，充滿著政治鬥爭的痕跡，總領除了掌管財賦之外，還負有羅織將帥罪名的秘密任務，四川宣撫副使鄭剛中在被總領羅織罪名的情形下，遭到罷黜。總領再一次成為秦檜整肅異己、集權中央的政治工具。

本章小結

日本學者寺地遵在《南宋初期政治史研究》一書中，將紹興十二年（1142）作為南宋轉變的關鍵。就外部因素而言，宋金南北均衡共存的狀態，至此確定。而就內部因素而言，南宋的軍事體制，紹興十一年以前，是將各種軍事勢力逐步收編為三宣撫司軍；紹興十一年又將三宣撫司軍解體重整為御前軍，並且設置淮東、淮西、湖廣三總領所；紹興十五年又設置四川總領所，此後各屯駐軍、四總領所的軍事體制完全確立。[73] 寺地遵氏認為，南宋透過紹興和議與收兵權，確立偏安江

編》本，臺北市：新文豐，1985 年）卷末，頁 382。何耕的墓誌銘中，將鄭剛中被罷宣撫副使的時間誤植為紹興十九年。

72　《要錄》，卷 157，紹興十八年五月甲申，頁 2558；《宋史》，卷 30〈高宗紀七〉，頁 568。至高宗紹興三十一年時，因金海陵王南侵，始復置四川宣撫司，以吳璘為宣撫使，見《宋史》，卷 32〈高宗紀九〉，頁 600。

73　〔日〕寺地遵著，劉靜貞、李今芸譯：《南宋初期政治史研究》（臺北市：稻禾出版社，1995 年），頁 276-278。

左半壁江山的格局。寺地遵並用「紹興十二年體制」，來形容紹興和議之後的秦檜當權時代。另一位日本學者山內正博也強調總領所設置的政治意義，並且認為設立總領所制度、樹立南宋百年大計者，即是秦檜。[74]

　　不過，本章並不是要評論紹興和議與收兵權這兩個政策的得失，而是宋高宗與秦檜執行政策的手段。與北宋的「杯酒釋兵權」相較，宋太祖面對唐末五代以來割據自雄的驕兵悍將，在收其兵權之後尚能保其富貴。南宋收兵權的過程中，卻充滿猜忌與權謀，當張俊、韓世忠、岳飛被任命為樞密使、樞密副使，以及設置三總領所之後，收兵權的目的已經達到，而且沒有遭到張俊、韓世忠、岳飛三大鎮的反抗。但宋高宗與秦檜卻不以此為滿足，陷害韓世忠入罪，羅織岳飛罪名致死，受到牽連而死的將領，如岳雲、張憲等，皆為生值壯年且身經百戰的功臣宿將。宋高宗與秦檜的「紹興十二年體制」，導致南宋將帥之才後繼乏人，戰力因此大為削弱，故海陵王南侵時，宋人招架乏力。宋孝宗北伐之時，如果功臣宿將大多尚在，則北伐結果可能又是另一番局面。因此，若以宋高宗收兵權與宋太祖「杯酒釋兵權」相較，其差別不啻天壤。

　　南宋的總領雖為管理財賦之官，但在「紹興十二年體制」下的秦檜當政時期，總領似乎是秦檜排除異己的重要執行者。淮東總領胡紡陷害耿著以牽連韓世忠，暫代湖廣總領的汪叔詹指使王俊陷害岳飛，四川總領趙不棄蒐求陰事以打擊鄭剛中，其過程幾乎如出一轍，可見總領在秦檜收兵權、排除異己、確立「紹興十二年體制」的過程中，扮演相當重要的政治角色。

---

[74]　〔日〕山內正博：〈南宋總領所設置に關する一考察〉，《史學雜誌》64 卷 12 號（1955年），頁 82。

第三章

南宋四總領所的組織架構與特色

　　宋代的軍事制度，北宋與南宋有相當大的差異。北宋時期，以禁軍為作戰之主力。不過，靖康之禍以後，南宋高宗流徙東南，軍事制度也多所更易。高宗時期，軍事組織歷經御營司、神武諸軍、行營護軍等多次調整，最後在紹興十一年（1141）之後，確立了「御前諸軍」九都統司的體制。而北宋以來的「係將禁兵」則為地方州郡之兵，重要性已不如北宋時期；「不係將禁兵」與廂兵則為地方雜役，地位更為卑下。在南宋以「御前諸軍」為核心的軍事體系中，負責提供軍需財賦者，即為總領所。本章即針對總領所的組織架構與運作，加以說明。並與北宋設置轉運使的過程相比較，以展現總領所在南宋地方行政體系中的特色。

第一節　總領所的組織架構

　　淮東、淮西、湖廣、四川四總領所，各有總領一人，為總領所之長官。屬官有幹辦公事、主管文字、準備差遣、準備差使等名。四川總領所，原有主管文字、幹辦公事各兩員，準備差遣、準備差使各一員，共六員，乾道三年（1167）十二月裁減兩員，並派一員至金州幹當簽廳公事。[1] 所謂「簽廳」，為四川總領所之分司，設於魚關，掌關外屯駐大軍錢糧，以協助利州的四川總領所解決關外屯駐大軍錢糧運輸

---

[1]　《宋會要輯稿·職官》41 之 54。

不便的問題。[2] 至於湖廣總領所，乾道元年（1165）湖廣總領司馬倬奏請設置幹辦公事、準備差遣各一員。[3] 淮東總領所原有幹辦公事一員，孝宗乾道五年（1169）八月五日，淮東總領呂權奏請增置準備差遣一員，[4] 淳祐三年（1243）又增置主管文字一員。[5] 淮西總領所原有幹辦公事二員，乾道五年三月六日，淮西總領葉衡奏准增置準備差遣一員。[6] 幹辦公事、主管文字、準備差遣、準備差使等幕僚之下，又有「吏」，淮東九人，淮西、湖廣十人，四川二十人。[7]

除了幹辦公事、主管文字、準備差遣、準備差使等幕僚之外，總領還有其他屬官，例如據《至順鎮江志》的記載，淮東總領的屬官尚有監糧料院官一員，監大軍倉一員，監倉門一員，斗面官一員，監大軍甲仗庫一員，酒官四員，榷貨務監官二員，監務門一員，圍田幹官二員。[8] 這些官員各有專門之職掌，並有專責之機構。現將總領所之下屬機構介紹如下：

1. 糧料院：北宋時期，中央設有諸司、馬軍、步軍糧料院，「掌以法式頒廩祿，凡文武百官、諸司、諸軍奉料，以券準給。」[9] 亦即掌管中央官吏與馬、步軍軍士的俸祿發放。此外，地方上各州也有糧料院的設置。[10]

2　參見龔延明：《宋代官制詞典》（北京市：中華書局，1997 年），「四川總領所魚關簽廳」條，頁 469。

3　《宋會要輯稿‧職官》41 之 52。

4　《宋會要輯稿‧職官》41 之 55。

5　脫因修，俞希魯纂：《至順鎮江志》（民國十二年丹徒冒廣生重刊本，臺北市：成文出版社影印，1975）卷 17〈寓治‧總領所〉，頁 30 下。

6　《宋會要輯稿‧職官》41 之 55。

7　《宋會要輯稿‧職官》41 之 44-45。

8　脫因修，俞希魯纂：《至順鎮江志》卷 17〈寓治‧總領所〉，頁 29 下 - 頁 32 上。

9　《宋史》，卷 165〈職官五‧太府寺〉，頁 3908。

10　謝維新：《古今合璧事類備要》後集，卷 81〈總監當‧州糧料院〉，頁 1 下。

　　南宋時，淮東、淮西、湖廣、四川四總領所之下設有「分差糧料院」。在淮東鎮江府設置「分差鎮江府諸軍司糧料院」，淮西建康府設置「分差建康府諸軍糧料院」，在荊湖的鄂州設置「鄂州戶部糧料院」，在四川分設「總領四川財賦軍馬錢糧所幹辦行在分差戶部利州糧料院」、「總領四川財賦軍馬錢糧所幹辦行在分差戶部魚關糧料院」，負責總領所轄下文武官吏軍士俸祿的發放。各分差糧料院皆設置監官，由於責任重大，孝宗淳熙二年（1175）二月戶部申明：「（分差糧料院監官）差注通判資序人以上人。」[11] 也就是說，分差糧料院的監官必須具備擔任通判的資格。

　　據《至順鎮江志》所記淮東總領所糧料院的職掌：糧料院「隸總領所，為屬長職。諸軍戍兵稍食，以式法為之券，授審計院會之，而詔廩藏給焉。」又引糧料院廳壁記：「（糧料）院之職，凡主人將帥與其屬之俸祿，京口禁旅與惟揚真楚之戍，其帛幣芻糧之供，參法考令，無舛而後行。官資升降審之，外帑以帳書之，士馬招徠及營廄之有物故者附之，此所掌之大略也。」[12] 可見糧料院負責御前諸軍將帥與軍士俸祿的發放，糧料院監官要審核官員、軍士的官等階級，以及軍士招收、離職、死亡等數字，按個人俸祿之多寡發放「券」，官員、軍士再持券經審計院審核後，領取錢米。所謂「券」，有「熟券」、「生券」之分，詳見本書第四章第三節。

　　2. 審計院：北宋太宗淳化三年（西元 992 年）設置馬軍專勾司、步軍專勾司，淳化五年（西元 994 年）又將兩專勾司合為一，稱為馬步軍專勾司。[13]「勾當馬步軍專勾司官一人，以京朝官充。掌諸軍兵馬逃

11　《宋會要輯稿・職官》27 之 59-60。
12　脫因修，俞希魯纂：《至順鎮江志》，卷 17〈寓治・總領所・糧料院〉，頁 29 下。
13　李燾：《續資治通鑑長編》（標點本，北京市：中華書局，2004 年，以下簡稱《長編》）卷 33，淳化三年末，頁 742。

亡收併之籍，諸司庫務給受之數，審校其欺詐，批曆以送糧料院。」[14]
神宗元豐二年（1079）六月，又設置「諸司專勾司」負責百官俸祿請
受。[15] 諸軍、諸司專勾司負責審核文武官員的俸祿數目，然後「批曆以
送糧料院」，由糧料院按專勾司所核定的「曆」（俸祿名冊）簽發領取
俸祿的「券」，文武官員再持券領取俸祿。這是宋代官員俸祿的發放程
序。南宋高宗建炎元年（1127）五月十一日下詔：「諸司專勾司、諸軍
專勾司，專字下犯御名同音者，改作諸軍、諸司審計司。」[16] 亦即專勾
司的「勾」字與高宗趙構的「構」字諧音，因此將專勾司改為審計司。
其執掌亦為「審其給受之數，以法式驅磨。」[17] 與北宋時的專勾司無
異。

南宋的淮東、淮西總領所，其下設有「審計司」；湖廣、四川總領
所則設有「審計院」。[18] 其職掌與諸司、諸軍審計司相似，負責審查糧
料院的俸祿數目。

3. 大軍倉、大軍庫：宋代的倉，種類甚多，常見者有「常平倉」與
「義倉」。北宋真宗天禧二年（1018）規定：「諸州常平倉斛斗，其不滿
萬戶處，許糴萬碩；萬戶已上不滿二萬戶，糴二萬碩；二萬戶已上不
滿三萬戶，糴三萬碩；三萬戶已上不滿四萬戶，糴四萬碩；四萬戶已
上糴五萬碩。」[19] 常平倉為各州的倉儲，至於各州之下的縣，則有「義
倉」的設置，太祖建隆年間曾下詔：「宜令諸州於所屬縣各置義倉。自
今官中所收二稅，每碩別輸一斗貯之，以備凶歉，給與民人。」[20] 可見

14　《宋史》，卷 162〈職官二‧三司使〉，頁 3811。

15　《長編》卷 298，元豐二年六月丙午，頁 7255。

16　《宋會要輯稿‧職官》27 之 61。

17　《宋史》，卷 165〈職官五‧太府寺〉，頁 3908。

18　《宋會要輯稿‧職官》41 之 44。

19　《宋會要輯稿‧食貨》53 之 6-7。

20　《宋會要輯稿‧食貨》53 之 19。

「倉」的功用，在於收儲米糧。

此外，宋代亦有「庫」的設置，宋代地方各路府州所徵收之兩稅及其他課利錢，除上供於中央之外，大部分存留於各府州之「軍資庫」與「公使庫」。馬端臨《文獻通考》說道：「（財賦）其留州郡者，軍資庫、公使庫係省錢物，長吏得以擅收支之柄。」[21] 此處所指「錢物」，似指錢幣與布帛等物而言。因此，「倉」與「庫」的區別，在於前者負責收儲米糧，後者負責收儲錢物。

南宋時期，四總領所之下皆設有「大軍倉」、「大軍庫」，亦即負責米糧與錢物的收藏。[22] 監倉官又稱「總庾」，岳珂《愧郯錄》卷九〈宣總公移〉：「開禧丙寅，珂任京口總庾。」[23] 可知岳珂當時擔任淮東總領所之監倉官。

4. 御前封樁甲仗庫：負責收藏兵器。南宋時期，淮東、淮西、湖廣總領所之下設有「御前封樁甲仗庫」，加上「御前」之名，代表收藏之兵器專供御前諸軍使用。而四川總領所的下屬機構中，似無「御前封樁甲仗庫」。[24] 按宋代生產兵器的機構，為「作院」，據李心傳《建炎以來朝野雜記》記載四川的作院：

> 自休兵後，有旨：成都、潼川、遂寧府及嘉、邛、資、渠七州作院日造甲，興元府、興、閬、成州、大安軍、仙人關六處作院日造神臂弓、甲皮氈，其器械山積，今並屬總領所，儲之有

---

21 馬端臨：《文獻通考》，卷 19〈征榷六〉，頁 191。

22 關於南宋大軍倉的研究，參見〔日〕小岩井弘光：〈南宋大軍倉管見〉，《集刊東洋學》第 31 期（1974 年），頁 133-156。

23 岳珂：《愧郯錄》（《叢書集成新編》本，臺北市：新文豐出版公司，1985 年），卷 9〈宣總公移〉，頁 208。

24 《宋會要輯稿‧職官》41 之 44。

軍庫焉。弓弩多至數十萬，箭數百萬枝。[25]

作院的工作是在製造兵器，兵器製造完成後，送交四川總領所的「軍庫」收儲備用。可見四川總領所的大軍庫，可能亦負責兵器之收藏。

5. 榷貨務都茶場：榷貨務「掌鹺、茗、香、礬、鈔引之政令，以通商賈，佐國用。」南宋時期，又置都茶場，給賣茶引，隨行在所榷貨務置場，故通稱為「榷貨務都茶場」。[26]南宋於行在臨安、鎮江府、建康府三地設置榷貨務都茶場，其中鎮江、建康之榷貨務都茶場分隸淮東、淮西總領所，湖廣、四川總領所則無榷貨務都茶場之設置。[27]

孝宗於乾道三年三月訂定榷貨務都茶場每年的課利數字，「詔以二千四百萬緡為額，建康千二百萬緡，臨安八百萬緡，鎮江四百萬緡。於是淮東總領所實在鎮江，月支榷貨錢三十萬緡為贍軍之用。」[28]以鎮江榷貨務都茶場為例，鎮江榷貨務都茶場歲收的標準為四百萬緡，而每個月要支付三十萬緡給淮東總領所，作為贍軍之用，故一年應提供三百六十萬緡給淮東總領所，幾乎佔據鎮江榷貨務都茶場收入的絕大部分。李心傳《建炎以來朝野雜記》甲集卷十七〈淮東西湖廣總領所〉條又言：「淮東總領所歲費為錢七百萬緡，米七十萬石。」[29]而鎮江榷貨務都茶場即至少提供了三百六十萬緡，占淮東總領所經費的一半以上，可見榷貨務都茶場在總領所財賦的來源中扮演十分重要的角色。

建康、鎮江的榷貨務都茶場，除了鬻茶之外，兌換交子、會子也是建康、鎮江榷貨務的工作。據《宋史・食貨下三・會子》記載：

25　李心傳：《建炎以來朝野雜記》甲集，卷18〈四川作院〉，頁435。

26　《宋史》，卷161〈職官一・尚書省〉，頁3791。

27　《宋會要輯稿・職官》41之44。

28　李心傳：《建炎以來朝野雜記》甲集，卷17〈榷貨務都茶場〉，頁388。

29　李心傳：《建炎以來朝野雜記》甲集，卷17〈淮東西湖廣總領所〉，頁390。

> 紹興末，會子未有兩淮、湖廣之分。……乾道二年，詔別印
> 二百、三百、五百、一貫交子三百萬，止行用於兩淮。……詔
> 給（兩淮）交子、（東南）會子各二十萬付鎮江、建康府権貨
> 務，使淮人之過江、江南人之渡淮者，皆得對易循環以用。[30]

南宋孝宗乾道時期，在淮南東、西路行使鐵錢與「兩淮交子」紙幣，長
江以南，則使用銅錢與「東南會子」。建康府、鎮江府的権貨務尚可以
從事「東南會子」與「兩淮交子」等紙幣的兌換工作，淮人到江南，可
以用「兩淮交子」換取江南的銅錢與「東南會子」；江南人則可持銅錢
與「東南會子」換取「兩淮交子」。

　　6. 贍軍酒庫：總領所之下，設有「贍軍酒庫」，以賣酒的收入作為
總領所財源的一部分。例如紹興十三年（1143）時，高宗曾下詔：「淮
東總領司酒庫止於元置州軍，淮西、江東總領司止於建康府，揚州安
府（撫）司止於本州開沽，即不得更於別州縣村鎮擅自添置腳店。目今
現有違法擅置去處，日下停閉。」[31] 可見當時淮東、淮西總領所為了增
加賣酒收入，在未經允許之地擅自設酒庫賣酒，故高宗下令禁止。

　　7. 惠民藥局、贍藥庫：宋代設有太醫局熟藥所、和劑局、太平惠
民局等機構，「掌修合良藥，出賣以濟民疾。」[32] 為官營販賣成藥之機
構。高宗紹興六年（1136）正月，依戶部侍郎王昊之請，下詔：「置
藥局以惠行在，太醫局熟藥東西南北四所為名。內將藥局一所以和劑
局為名。」[33] 於行在臨安設置太醫局熟藥所東、西、南、北四所，其中
一所以「和劑局」為名（和劑局是現場調配藥品，而熟藥所是販賣成

30　《宋史》，卷 181〈食貨下三・會子〉，頁 4411。
31　《宋會要輯稿・食貨》20 之 19。
32　《宋史》，卷 165〈職官五・太府寺〉，頁 3908。
33　《宋會要輯稿・職官》27 之 66。

藥）。紹興十八年閏八月又下旨：「熟藥所依在京改作太平惠民局。」[34]
可見當時行在臨安府的熟藥所已經改名為「太平惠民局」，因此高宗要
求全國其他地方的藥局仿京師之例改名。

　　據《宋會要輯稿》記載：淮東、淮西總領所之下設有惠民藥局，
湖廣總領所之下是否設置，未有記載。四川總領所之下，則設有「贖藥
庫」。[35]按「贖」與「熟」讀音相近，「贖藥庫」應即為「熟藥庫」。

　　8. 市易抵當庫等：北宋王安石變法時，創設「市易務」，「掌斂市
之不售、貨之滯於民用者，乘時貿易，以平百物之直。」[36]亦即從事
賤買貴賣的商業經營。又「召人抵當，借錢出息，乘時貿易，以通貨
財。」[37]亦即市易務又從事典當借錢，收取利息等營利事務。

　　據《宋會要輯稿》記載：淮東、淮西總領所之下設有市易抵當庫，
亦即負責商業經營與典當業務。另湖廣總領所之下有「給納場」，似亦
為官營商業機構。[38]

　　9. 羅買場、撥發船運官：據《宋會要輯稿》記載：四川總領所之
下設有羅買場、撥發船運官。[39]據李心傳《建炎以來朝野雜記》甲集卷
十五〈四川軍糧數〉記載：

　　　　四川軍糧，歲用一百五十六萬餘斛，其十三萬餘斛歲收，
　　　　一百三十七萬斛羅買。……卒行水運，自後席大光（益）、胡
　　　　承公（世將）相繼入蜀，率以水運為可行，於是總領所委官就
　　　　羅於沿流諸郡，然民間不免受弊，而糧亦不足。（紹興）十八

34　《宋會要輯稿・職官》27 之 67。
35　《宋會要輯稿・職官》41 之 44。
36　《宋史》，卷 165〈職官五・太府寺〉，頁 3908。
37　《宋會要輯稿・食貨》55 之 31。
38　《宋會要輯稿・職官》41 之 44。
39　《宋會要輯稿・職官》41 之 44。

年，符行中為總領，用其屬官李景嗣之策，就興、利、閬州置場，聽客市賣，由是盡革前弊，米運充足。……自符行中於利、閬等州置糴場，其在閬州者泛嘉陵而上至利州，又自利州運至魚關，官不勝其費，又多亡失者。[40]

文中所言紹興十八年以前，「總領所委官就糴于沿流諸郡」，負其責者可能即是「糴買場」的官員。而後以水運運至前線者，負責的官員可能即是「撥發船運官」。紹興十八年，符行中改於興、利、閬州置場買米，可能也由「糴買場」負責。但糴買場官員買米之後，仍需要以水運將閬州之米沿嘉陵江運至利州，再由利州運至魚關，同樣可能是由「撥發船運官」負責。不過，關於四川總領所之下的糴買場、撥發船運官，資料甚少，僅能作以上之推測。

第二節　總領所的特色——與宋代轉運使設置過程的比較

本書在上一章中曾經提到，宋初沿襲唐末五代藩鎮割據之弊，因此「集權中央，強幹弱枝」成為宋太祖努力的目標。除了在建隆二年（西元 961 年）七月，將禁軍將領石守信、高懷德、王審琦、張令鐸等罷為節度使，收禁軍將領的兵權之外，如何將藩鎮手中的各種權力收歸中央，成了宋太祖必須面對的問題。而轉運使的設置，則是宋初將藩鎮手中的地方財政權收歸中央的一種手段。[41]

40　李心傳：《建炎以來朝野雜記》甲集，卷 15〈四川軍糧數〉，頁 333-335。

41　關於轉運使的研究，前人已有了許多研究成果，如許懷林：〈北宋轉運使制度略論〉、鄭世剛：〈北宋的轉運使〉（以上兩文皆收入鄧廣銘主編：《宋史研究論文集：一九八二年年會編刊》〔鄭州市：河南人民出版社，1984 年〕），戴揚本：《北宋轉運使考述》（上海古籍出版社，2007 年），謝興周：《宋代轉運研究》（香港：香港新亞研究所博士論文，1992 年）等。

　　到南宋初年，面對金人南下的威脅，宋高宗必須倚仗軍事將帥的力戰，才能守住半壁江山，維持宋室的偏安之局。因此，高宗對於諸大將如韓世忠、張俊、岳飛等人，也都畀以事權，以便有足夠的財賦來滿足軍費的開銷。然而當宋金戰爭告一段落時，高宗又採取太祖集權中央的作法，一方面將張俊、韓世忠、岳飛三大將調至中央任職，一方面又設置總領，使軍權與財賦管理權分立，以收集權中央之效。因此，南宋設置總領的目的，與北宋初設轉運使的用意，可以說有著異曲同工之妙。

　　但是轉運使與總領設置之後，卻朝著不同的方向發展，結果對北宋與南宋的社會發展，產生截然不同的影響。本節即從轉運使與總領制度的比較，來看看兩者發展過程的差異，以及對社會產生的影響。

一　從「制錢穀」到路級監司長官——轉運使

　　宋初轉運使的設置，與宋太祖「集權中央」的政策有相當密切的關係。太祖建隆二年（西元 961 年）七月庚午，宋太祖將禁軍將領石守信、高懷德、王審琦、張令鐸等罷為節度使，[42] 這是收禁軍將領之兵權。接著，在乾德三年（西元 965 年）三月，又對地方上的藩鎮有了進一步的動作：

> 是月，申命諸州：度支經費外，凡金帛以助軍實，悉送都下，無得占留。時方鎮闕守帥，稍命文臣權知；所在場院，間遣京朝官廷臣監臨。又置轉運使、通判為之條禁，文簿漸為精密，由是利歸公上，而外權削矣。[43]

42　《長編》卷 2，建隆二年七月庚午，頁 49-50。

43　《長編》卷 6，乾德三年三月末，頁 152。

　　由於地方藩鎮自唐代以來便控制地方，勢力盤根錯節，因此須採取逐步漸進的辦法。乾德三年三月之舉，便是將地方藩鎮手上的財政權收歸中央，由中央派出的轉運使「為之條禁」。在削弱藩鎮勢力之後，太祖在開寶二年（西元 969 年）十月，罷節度使王彥超、武行德、郭從義、白重贊、楊廷璋等五人，改授虛銜，收回地方藩鎮的兵權。[44]由上可知，「制錢穀」是太祖收兵權計畫中的一個重要步驟，而轉運使的設置，則是「制錢穀」政策的實際展現。

　　轉運使最初的設置，雖是以收藩鎮財政權為目的，但其後轉運使的職權，卻並不僅限於財賦一端。按《宋史・職官七》所記轉運使的職權如下：「掌經度一路財賦，而察其登耗有無，以足上供及郡縣之費；歲行所部，檢察儲積，稽考帳籍，凡吏蠹民瘼，悉條以上達，及專舉刺官吏之事。」[45]可見轉運使對於「吏蠹民瘼」，都有查訪之責任，並得薦舉及彈劾官吏。謝興周在《宋代轉運使研究》一書中，說明轉運使的職權包括隨軍應副（提供軍需財賦）、巡行按部、部官之薦用與考核、地方財務管理、文教事務、司法、農耕水利、軍事與外交等，可見轉運使的職權，是相當多元化的。因此，轉運使必須在眾多職權間求取平衡，不能只偏重於徵收財賦一端。

　　宋代路級長官，除了轉運使（漕司）之外，又陸續設置提點刑獄（憲司）、安撫使（帥司）、提舉常平司（倉司），形成「帥、漕、憲、倉」並立的制度。路級長官之間，彼此也得相互監督。賈玉英在《宋代監察制度》一書中，曾引用《長編》所記，神宗熙寧三年（1070）七月，「詔江淮發運司與荊湖北路提點刑獄司，體量荊湖北路轉運使孔延之、判官吳太元不和事狀以聞」。[46]賈書又引《宋史・徽宗二》記載：

44　《長編》卷 10，開寶二年十月己亥，頁 233-234。
45　《宋史》卷 167〈職官七〉，頁 3964。
46　賈玉英：《宋代監察制度》（開封市：河南大學版社，1996 年），頁 338。原文見《長

徽宗崇寧五年（1106）六月「立諸路監司互察法，庇匿不舉者罪之」。寧宗時官修的《慶元條法事類》亦記載：「監司於職事違慢，逐司不互察者，准此（按：減應得之罪一等）；若犯贓私罪，庇匿不舉者，以其罪罪之。」[47] 可見轉運使在行使職權時，尚會受到其他監司的監督與牽制。

除了監司互察之外，中央上級機構的監督考核也是監督轉運使的重要手段。仁宗康定元年（1040），權三司使公事鄭戩奏請設立轉運使、副使考課之法，鄭戩所建議的方式如下：

> 欲乞應諸道轉運使、副，今後得替到京，別差近上臣僚與審官同共磨勘，將一任內本道諸處場務所收課利，與祖額遞年都大比較，除歲有凶荒，別敕權閣不比外，其餘悉取大數為十分，每虧五釐以下罰兩月俸，一分以下罰三月俸，一分以上降差遣。若增及一分以上，亦別與升陟。[48]

鄭戩站在三司的角度，又時值宋夏戰爭軍費大增的局面，故對轉運使、副使的考核，僅注重財賦徵收的多寡。但這種作法不久就改變，皇祐元年（1049），權三司使葉清臣又奏請將轉運使、副使的考績分為六等。其奏文如下：

> 三司總天下錢穀，贍軍國大計，必藉十七路轉運司公共應副，仍須有材幹臣僚方能集事。近年荊湖等路上供斛斗，虧欠萬數不少，皆是轉運司無所懍畏，致此弛慢。苟不振舉，久遠上下

編》卷213，熙寧三年七月庚子，頁5177。

47 賈玉英：《宋代監察制度》，頁338-339。原文見《宋史》，卷20〈徽宗二〉，頁376；不著撰人：《慶元條法事類》（北京市：中國書店，1990年），卷7〈監司知通按舉〉，頁19下。

48 《長編》卷127，康定元年五月壬戌，頁3011。

失職，號令不行，損失財用，有誤支計。……臣欲乞今後轉運使、副得替，亦差兩制臣僚考較，分上中下六等。若考入上上，與轉官升陟差遣；上下者或改章服，或升差遣；及中上者依舊與合入差遣；中下者差知州；下上者與遠小處知州；下下者與展磨勘及降差遣。仍每到任成考，并先供考帳申省，關送考課院。今具課事目如後：一、戶口之登耗；二、土田之荒闢；三、鹽茶酒稅統比增虧遞年祖額；四、上供和糴、和買物不虧年額拋數；五、報應朝省文字及帳案齊足。戶口增，田土闢，茶鹽等不虧，文案無違慢，為上上考。戶口等五條及三以上，為中上考。若雖及三以上，而應報文字帳案違慢者，為中下考。五條中虧四者下上考。全虧及文帳報應不時者，為下下考。[49]

由葉清臣的奏疏中可知，朝廷考察轉運使，除了財賦的收入之外，也應重視戶口的登耗、土田的荒闢等事。但是實際上中央對轉運使的考課，仍然不免以財賦的收入為主，《長編》卷一七四記載：

（皇祐五年六月）壬辰，詔諸路轉運使上供斛斗，依時估收市之，毋得抑配人戶。仍停考課賞罰之制。先是，三司與發運司謀聚斂，奏諸路轉運使上供不足者，皆行責降，有餘則加升擢。由是貪進者競為誅剝，民不堪命，上聞之，特降是詔，天下稱慶。[50]

考課之法竟成為官員聚斂剝削的工具，顯然在執行上有弊端，宋朝中央在發現其弊端之後，立刻停止轉運使考課之法。嘉祐二年（1057），

49　《長編》卷166，皇祐元年二月戊辰，頁3984-3985。

50　《長編》卷174，皇祐五年六月壬辰，頁4214。

知諫院陳旭重新建議考課之法。據《長編》卷一八六記載：

> 「故事：轉運使給御前歷子，歲滿上審官院考校之。三司亦嘗立
> 考課升黜條，其後卒不行。蓋委計司，則先財利而忽民事；在
> 審官又因循常務而無課第之實。按漢世御史中丞外督部刺史，
> 今宜付御史臺考校為三等，仍與中書門下參覆其實。其上等量
> 所部事之劇易而襃進之，中等退補小郡，若風績尤異，即擢以
> 不次。其職事弛廢，不俟歲滿，明行黜削。」于是以歲滿所上功
> 狀，分殿最為上中下三等，用唐考功四善之法，以稽行實。[51]

　　仁宗於是重新命翰林學士孫抃、御史中丞張昇磨勘轉運使、轉運
副使、提點刑獄課績，[52] 並在嘉祐六年（1061）將陳旭的建議定為法
條。[53]

　　從北宋對轉運使的考課，我們可以看到，北宋中央並不希望僅以
財賦收入作為評價轉運使的唯一標準，因此對於轉運使的考課之法，
不斷加以修正改進。故轉運使也不能僅孜孜於理財，更要重視地方上
的民生。換言之，轉運使作為路級監司長官，不能只注重徵收財賦，
還必須考慮到該路百姓之生計，必須在徵收財賦與維持百姓生計之
間，取得兩者的平衡，不可偏廢一端。

　　由以上的討論可知，北宋轉運使的設置，最初雖以收藩鎮之財
政權為主，但其後轉運使逐漸轉變為路級監司長官。一方面由於職權
範圍的擴大，轉運使必須兼顧財賦的徵收與民生之利病；一方面由於
其他監司的互相監督與中央的考核，使得轉運使較不至於走上完全以
徵收財賦為先的偏鋒。

51　《長編》卷 186，嘉祐二年七月辛卯，頁 4485。
52　《長編》卷 186，嘉祐二年七月辛卯，頁 4484。
53　《長編》卷 194，嘉祐六年八月丁丑，頁 4712-4713。

二　「序乎方伯部使者之上」的理財機構──總領所

　　南宋的總領，正式設置於高宗紹興十一年（1141，四川總領設置於
紹興十五年〔1145〕），其目的在於配合收將帥之兵權，將軍權與財
政權分立，以達到集權中央之效果。並且由於南宋京師臨安的地理位
置偏在東部，無法成為全國財賦轉輸的中心，因此，財賦的分區輸送
也成為現實而便利的方式。因此總領在達成集權中央的目的之後，長
時間成為南宋財賦轉輸制度中相當重要的一部份。

　　紹興十一年，高宗將韓世忠、張俊、岳飛三宣撫使調任為中央
的樞密使、樞密副使，將三大鎮的軍隊改名為御前諸軍，以示隸屬於
中央，並設置淮東、淮西、湖廣三總領，掌管御前諸軍軍需財賦之供
輸。紹興十五年，秦檜為了箝制四川宣撫副使鄭剛中的權力，又以趙
不棄為四川總領。紹興十七年（1147），鄭剛中即在趙不棄的彈劾之
下，被罷去四川宣撫副使之職。由上可知，南宋四總領的設置，與北
宋設置轉運使相似，同樣負有強幹弱枝、集權中央的政治任務。

　　總領的職權，根據《宋史》卷一六七〈職官七・總領〉記載：「總
領，四人。掌措置移運應辦諸軍錢糧。……朝廷科撥州軍上供錢米，
則以時拘催，歲較諸州所納之盈虧，以聞于上而賞罰之。」[54] 可見總領
主要的工作，在於措置軍需錢糧財賦，對於地方官員，可依其提供財
賦的多寡來要求中央進行賞罰。日本學者長井千秋〈淮東總領所の機
能〉根據洪适〈淮東總領石記序〉一文，指出淮東總領所具有軍事、財
政、監察三方面的機能。按洪适〈淮東總領石記序〉說道：

　　　紹興初，大參孟公（庾）開江淮荊浙都督府，請用民部長貳居
　　　建康總領軍須，於是貳卿姚舜明以選行。其後，狄人來約和，

54　《宋史》，卷 167〈職官七・總領〉，頁 3958。

我師之在邊城者，皆斂而休於江之南，分中都官置四總領，京口、建康、武昌與蜀之利州，其理所也。京口蓋山陽韓侯（世忠）之師，近歲又掌江陰所屯。凡供軍之物，民部計其實，下江浙數州，水輸陸送無虛旬，督其稽逗，勸其能否，有刺舉之權，頗得淮鹽所算、酒壚所榷以澹用。月受諸軍所作戎器，藏之庫。歲收營田所獲，歸之官。招選士卒，則甲乙呼辨，涅之於庭下。刪汰老疾，則集有秩者第功伐，如銓注之法。川蜀綱馬至，別其良駑則印之。瀕塞有互市，則提其要。凡關所隸者，聽其訟。或邊防軍政不常之事，則惟朝廷所命。至於察虛偽、謹出內、抱公滅私，則存乎其人。其表牋謝慶之式，大抵同外臺。以王人故，序乎方伯部使者之上。所謂報發軍馬文書，或曰猶古之監軍，非也。予短力弱材，以毛錐子進金穀之事，未之學也。代匱於斯，旬有八月。當疆場未寧、多壘增灶之際，饟道所出，遠抵海泗，而襁負束歸、解編北至者，費益無藝，乏興滿謫，上印綬而去，且有日。國家方整飭武備，規恢再造之業，他時掃清胡塵，歸馬偃革，則是官可省矣。吏無掌固，文牘殘缺，前數人已不能紀，懼後來之寖沒沒也，乃次而志之石。隆興元年九月志。[55]

按文中記載，總領的職權，在財政方面，包括「凡供軍之物，民部計其實，下江浙數州，水輸陸送無虛旬，督其稽逗，勸其能否，有刺舉之權」，也就是總領有監督地方官員提供財賦供應御前諸軍的需要，對於失職的官員，總領可以加以彈劾。此外，「淮鹽所算、酒壚所榷」等鹽

---

[55] 洪适：《盤洲文集》（文淵閣四庫全書本，臺北市：臺灣商務印書館，1986 年），卷 32〈淮東總領石記序〉，頁 7 上 -8 下。另參考盧憲：《嘉定鎮江志》（影印清道光壬寅年丹徒包氏刊本，臺北市：成文出版社），卷 17〈寓治‧總領所〉，頁 13 上 - 下。

酒專賣事務，總領也可加以管理。「歲收營田所獲，歸之官」，意謂募民佃耕官田的收入，也歸總領管理。「瀕塞有互市」，意謂邊境地區的榷場貿易，也由總領加以管理。

　　總領在軍事方面的職權，包括「月受諸軍所作戎器，藏之庫」，意謂總領負有收藏軍器的責任。「招選士卒」、「刪汰老疾」等事，總領也可參與。「川蜀綱馬」等軍用馬匹，也由總領加以檢查。而最重要者，則是「報發軍馬文書」之事，由總領負責，軍中文書上呈朝廷，或朝廷有旨意下達軍中，皆由總領負責轉達。總領也因此得以預聞軍政，猶如古之「監軍」。至於其他「邊防軍政不常之事」，總領也得隨時上奏朝廷，以俟朝廷之命令。

　　從以上的引文，我們可以看出，總領的職掌，以供應與管理軍事財賦物資（包括武器）為主，又負有監督軍政之作用（如軍中文書之傳達、士卒之招選淘汰等）。長井氏所謂的監察機能，指的是監督負責轉運財賦的官員，因此也可以放在財政功能中合併討論。既然總領的職權是以供應軍需財賦為主，監督軍政為輔，與轉運使的差異就十分明顯。轉運使雖負有轉運財賦之重任，但同時也是路級監司長官，有治民牧民之責任。而總領卻偏重供應軍需財賦，因此總領只能算是一個財政官僚，不能算是地方的首長。

　　又按洪适所言，總領的地位「以王人故，序乎方伯部使者之上」，由於總領是中央派來監督地方的官員，故總領的地位在一般地方官之上，有監督、彈劾地方官員的權力。實際上，由於總領負有監督地方財政的的責任，對於無法按期如數提供財賦的官員，總領可以加以彈劾。在紹興十一年總領所正式設立之前，便已有例子。據《皇宋中興兩朝聖政》的記載：

　　（紹興十年六月）乙丑，荊湖北路提點刑獄向子忞罷。先是，

江西漕司負月樁錢，詔總領官曾慥劾罪。子忞行部，取漕吏釋之，慥言于朝，故罷。[56]

可見總領對於拖欠財賦的官員，擁有彈劾的權力。又如高宗末王之望擔任四川總領時，曾上疏說道：

某紹興三十年十二月末交割總領職事，申畫措置，將諸州正月一日至年終實到庫錢物，不論趲補年分新舊，只以本年額起之數，比較增虧，從上取無虧欠州軍一十處，又從下取虧欠最多州軍一十處，具知、通職位姓名，申尚書省，候逐官任滿改授差遣日，自朝廷參照勤惰，斟酌施行。如有起發年額數足外，更能補發以前舊欠，即是材力有餘、職事濟辦之人，別具名銜保明申奏，乞籍記以待選擇。蒙朝廷選擇，依申行下，四川官吏，莫不欣然，悉心尊奉，各務協濟。本所不遣一卒，不差一官，不追一吏，以相督責，而逐處錢物按月而至，爭赴期會，以取增羨。[57]

王之望考核官吏，完全以徵收財賦的多寡作為考核標準，因此，在這種情形下，地方官員為了避免被總領彈劾，地方官必須想盡辦法，滿足總領的要求。

總領若不能督促地方官按期如數繳納軍需財賦，甚至米糧的品質有問題，總領本身也會受到彈劾。例如《宋會要輯稿‧職官》記載：「（開禧二年）五月十一日，前四川總領陳曄追三官，送沅州安置。以四川安撫制置司言其糴到粟麥，不能覺察，以致粗惡不堪支遣，有誤

56　不著撰人：《皇宋中興兩朝聖政》，卷 26，頁 14 下。

57　王之望：《漢濱集》（影印文淵閣四庫全書本，臺北市：臺灣商務印書館，1986 年）卷 8〈乞推賞知通應副贍軍錢物增額朝箚〉，頁 14 下 -15 上。

軍計。」[58] 又如：「（開禧二年六月）十二日，四川總領趙善宣特降三官放罷，以被旨收糴米斛應副大軍，支遣違慢。」[59] 因此，總領勢必會對地方官吏，嚴加督促。在財賦需求孔急、總領催督甚嚴的情況下，地方官的施政順序，自然以提供軍需財賦為優先，至於民生疾苦，便可能無力兼顧。

　　除了被動地監督地方官員輸送財賦之外，總領也可以主動地制訂地方財政政策。尤其四川總領所由於距離朝廷遙遠，所以四川總領在財政政策上，較東南三總領更具有自主性。例如，四川地區的貨幣政策即由四川總領制訂，嘉定當五錢的鑄造即其一例。所謂嘉定當五鐵錢，根據李心傳《建炎以來朝野雜記》記載：

> 嘉定元年十一月庚子，四川初行當五大錢。時陳逢孺總領財賦，患四川錢引增多，乃即利州鑄大錢，以權其弊。三年夏，制置大使司欲盡收舊錢引，乃又鑄於邛州焉。利州紹興監錢以「聖宋重寶」為文，背鑄「利一」二字又篆「五」字；邛州惠民監錢以「嘉定重寶」為文，其背鑄「西貳」二字，又篆「五」字。兩監共鑄三十萬貫，其料例並同當三錢。時議者恐其利厚，盜鑄者多。而總領所方患引直之低，則曰：「縱有盜鑄，錢輕則引重，是吾欲也。」[60]

可見當五錢的鑄造，是四川總領陳咸（逢孺）所規劃，中央政府並未直接參與。而當時的「議者」已經瞭解當五大錢鑄造後可能產生的弊端。不過，由於當時四川錢引貶值嚴重，總領陳咸認為若大錢因盜鑄盛行而貶值，則會導致「錢輕則引重」，錢引貶值的問題自然改善。其實這

58　《宋會要輯稿・職官》74 之 21。

59　《宋會要輯稿・職官》74 之 22。

60　李心傳：《建炎以來朝野雜記》乙集，卷 16〈四川行當五大錢事始〉，頁 793。

種說法相當有問題，比較可能會產生的結果是錢輕、引也輕，最後變成物價騰貴，通貨膨脹，加重一般百姓的負擔。四川總領陳咸之所以推行當五錢，其目的也不外乎是滿足軍需財賦的需要，而這種政策對民生是否有負面的影響，則不在總領的優先考慮範圍內，所以才會說出「錢輕則引重，是吾欲也」之類的話來。

　　總領位於地方長官之上，監督地方官吏，催促地方官吏提供軍需財賦。而總領因為掌管大量財賦，也經常出現貪污舞弊的情形，舉例言之，《宋會要輯稿‧職官》記載：「（紹熙二年三月）二十一日，詔新知利州宇文子震罷新任，以殿中侍御史林大中言其前任淮東總領及知鎮江，贓污狼籍，嘗遭降官勒停故也。」[61] 又如：「（開禧元年十二月）十一日，前淮西總領葉籈特降兩官，以妄用公使激犒庫錢物。」[62] 除了這些被舉發的貪瀆情事之外，更有許多總領與中央官員相互勾結，李心傳《建炎以來朝野雜記》對此有詳細的記載：

> 錢良臣以太府少卿為淮東總領，龔實之秉政，聞戶部歲撥淮東贍軍錢六百九十萬緡，而本所歲用六百十五萬緡而已。因奏遣戶部員外郎馬大同、著作佐郎何萬、軍器少監耿延年分往潤、昇、鄂三總司點磨錢物，時淳熙三年九月壬子也。會良臣以歲用不足言於朝，乞借撥。實之奏令所委官一就驅磨，而近習者恐賕賄事覺，極力救之，實之不顧。十二月，萬奏總所侵盜大軍錢糧累數十萬，實之奏下其事於有司。次日，御批令具析，既又改為契勘。俄中旨令良臣赴闕奏事。明年正月，除起居郎。六月，除中書舍人。又明年四月，除給事中。六月，除簽書樞密院事。其為舍人，實之去位纔十二日也。……延年時已

61　《宋會要輯稿‧職官》73 之 5。

62　《宋會要輯稿‧職官》74 之 20。

遷將作監，萬遷著作郎，坐實之黨罷去。……蓋三總司苞苴賄
賂，根株盤結，其來已久，非一日故也。[63]

參知政事龔茂良（實之）為了查明淮東總領的弊端，派馬大同、何萬、
耿延年分別前往查核。但隨即有「近習者」為淮東總領錢良臣關說，甚
至在罪證俱在之後，孝宗對錢良臣的處置卻是不斷升遷，從起居郎、
中書舍人、給事中一路升任簽書樞密院事。而負責調查總領弊端的耿
延年、何萬卻被罷官。可見南宋時期，官吏貪瀆成風，甚至影響皇帝
的用人與決策，而總領管理錢糧財賦，正好成為貪官污吏聚斂錢財的
管道。

本章小結

南宋時期，設置淮東、淮西、湖廣、四川四總領所，負責提供
御前諸軍各都統司的軍需財賦。在總領所之下，有幹辦公事、主管文
字、準備差遣、準備差使等幕僚，又有各種下級機構，以執行總領所
的各項業務。這些下級機構包括糧料院、審計司（院）、大軍倉、大軍
庫、御前封樁甲仗庫、榷貨務都茶場、贍軍酒庫、市易抵當庫、惠民
藥局或贍藥庫、糴買場、撥發船運官等。可見總領所不但組織龐大，
經手的財賦也在全國歲收中佔有相當大的比例。總領所財賦的收與
支，實對南宋的財政與經濟，產生相當重要的影響。

北宋初年設置的轉運使，最初設置的目的是為了收藩鎮之財政
權，為宋太祖「強幹弱枝、集權中央」政策的一步。但是轉運使設置之
後，逐漸成為各路的監司長官，職權上也不再僅限於徵收轉運財賦，
而必須兼掌民政、司法、學校、吏治等各個層面。因此，轉運使必須

63　李心傳：《建炎以來朝野雜記》乙集，卷 16〈龔實之點磨三總所錢物〉，頁 797。

在各種職權之中，求取平衡。此外，宋太宗時，又於各路設提點刑獄官，以分轉運使之權。而安撫使、提舉常平司陸續設置，使得宋朝路級地方行政機構，出現「帥、漕、憲、倉」四司並置的情形，也使得轉運使受到其他路級長官的監督制衡。再加上中央朝廷對於轉運使的考核，也盡量避免偏重財賦一端，不讓轉運使以剝削黎民赤子為務。在種種的條件之下，使得轉運使在北宋，較成功地扮演地方長官的角色。

　　至於南宋的四總領，情況卻與轉運使迥異。總領的設置，最初也是出於集權中央的考量，但是設置四總領之後，總領專掌軍需財賦之提供，監督地方監司州縣官吏，促其按時如數繳納財賦；對於失職的地方官吏，總領並有彈劾之權。這種以財賦徵收為主要職權的官吏，一旦置於地方官府之上，地方官員為了避免被總領彈劾，只能盡力滿足總領的需求。於是各種苛捐雜稅，殆不可免。而總領為財賦集中之地，更成為貪官污吏聚斂錢財的重要管道。劉子健先生指出：理財的重要性在南宋一代，從中興起，始終沒變。在高宗死後，士大夫批評他「無休養之功」。孝宗死後，也有類似的評論，說他「無富庶之政」。近代學者研究南宋財政，結論是「重稅政策」。原因在於如果稅不重，政府收入就不夠，就無法維持一長期穩定的局面。因為朝廷一方面要用財力來養活士大夫官僚；另一方面又要招安盜賊為兵，而招安政策非有財力來支持不可。[64] 南宋時期的總領制度，正好就代表了這種以「理財」為導向的政策。從轉運使到總領職權的不同，也許可以讓我們看出兩宋理財政策的差別及其對政治良窳的影響。

64　劉子健：〈背海立國與半壁山河的長期穩定〉，《兩宋史研究彙編》，頁32-34。

第四章

南宋四總領所與供軍財賦的收支

第一節　總領所的財賦來源

　　南宋的總領所，共有淮東（楚州，後移鎮江府）、淮西（建康府）、湖廣（鄂州）、四川（利州）四處，其中東南三總領所，設置於紹興十一年五月，至於四川總領所，則設於紹興十五年（1145）。總領所的財賦來源，《宋會要輯稿》記載：

> （紹興十一年）五月四日，詔以胡紡為司農少卿，總領淮東軍馬錢糧。吳彥璋為太府少卿，總領淮西、江東軍馬錢糧。曾愭為太府卿，總領湖廣、江西、京西路財賦，湖北、京西軍馬錢糧。[1]

紹興十八年（1148）五月二十七日，高宗又下詔：「以汪召嗣為太府少卿，總領四川財賦、軍馬錢糧。」[2] 從以上記載中，我們可以看出文字上的差異，以湖廣總領所為例，湖廣總領曾愭「總領湖廣、江西、京西財賦，湖北、京西軍馬錢糧」，所謂「湖北、京西軍馬錢糧」，指的是駐紮於湖北、京西路的鄂州、荊南、江州三都統司的錢糧，由湖廣總領所支付；而「總領湖廣、江西、京西財賦」，則指的是湖廣總領所的財賦來源，為湖廣、江西、京西諸路。據日本學者內河久平認為：宋代

1　《宋會要輯稿・職官》41 之 45-46。

2　《宋會要輯稿・職官》41 之 47。

的「湖廣」包括荊湖南北路、廣南東西路，與明清的「湖廣」只包含湖
北、湖南不同。故湖廣總領所的財賦來源，是廣南東西路、荊湖南北
路，江南西路、京西路共六路。[3] 這一作法始自紹興十一年總領所正式
設置之前，據《宋會要輯稿》的記載：

> （紹興）七年（1137）十月十七日，詔薛弼、霍蠡同共總領措置
> 五路應干財賦，仍常留一員在鄂州本司拘催本軍合得錢糧，應
> 副支用。以中書門下省言：「霍蠡總領岳飛軍錢糧，二廣、荊
> 湖、江西五路錢物浩瀚，恐有失陷留滯，合差官措置拘催。」故
> 有是命。[4]

由詔書中可知，紹興七年時，駐紮湖北的岳飛一軍，其財賦的來源是
兩廣（廣南東、西路）、荊湖（南、北路）、江西五路的賦稅，到了紹興
十一年湖廣總領所正式設置，即負責供應鄂州駐紮御前諸軍（以岳飛
舊部為主）所需的軍需財賦，而財賦的來源多了京西路，共為六路。[5]
紹興三十年（1160），荊南府駐紮御前諸軍、江州駐紮御前諸軍相繼設
立，同樣由湖廣總領所供應軍需財賦。

　　至於四川總領所，則是以四川諸路（利州路、潼川府路、成都府
路、夔州路）的財賦，供應四川興州、興元府、金州三都統司的軍馬
錢糧，理論上為自給自足的局面。寧宗開禧北伐後，因興州都統制吳
曦叛亂，朝廷於亂平後，將興州改為沔州，又將沔州都統制司的部分
兵力，移司利州，由利州副都統制統率。故在開禧北伐之後，四川總

3　內河久平：〈南宋總領所考—南宋政權と地方武將との勢力關係をめぐって〉，《史
　　潮》第 78、79 合併號（1962 年），頁 8-9。
4　《宋會要輯稿·職官》41 之 45。
5　關於鄂州御前諸軍的設置，參見王曾瑜：《宋朝軍制初探（增訂本）》，頁 182-184。

領所要供應沔州、利州、興元府、金州四都統司的軍需財賦。[6]

　　不過，關於淮東、淮西總領所，前引《宋會要輯稿》只記載淮東總領胡紡「總領淮東軍馬錢糧」，淮西總領吳彥璋「總領淮西、江東軍馬錢糧」，並未說明財賦來源。內河久平曾徵引《宋會要輯稿・職官・總領所》乾道元年（1165）八月二十五日的記載：

> 中書門下省言：勘會淮東總領所，係是拘催江東、浙西州郡錢米，雖有指揮，許按發違慢官吏，及浙西官亦許薦舉，緣官稱未正，事權不專，乞依鄂州總領官例，於銜內添「浙西、江東財賦」六字，將合舉官員數於二路通舉，餘並依舊。從之。[7]

可見淮東總領所的財賦來源，除淮南東路本身之外，還包括兩浙西路以及江南東路部分地區。

　　此外，內河久平又引《建炎以來繫年要錄》卷一八四的記載：

> 池州大軍歲用米十四萬四千石，係於吉、信州、南安軍科撥。
> 建康府大軍歲用米五十五萬餘石，係於吉、撫、饒州、建昌軍科撥。[8]

內河氏指出：信、饒二州屬江南東路，吉、撫二州與南安、建昌二府屬江南西路，故淮西總領所的財賦來源，除淮南西路本身之外，還包括江南西路以及江南東路部分地區。

　　南宋各路的財賦，除了福建路、兩浙東路的財賦完全由中央控制

6　關於四川御前諸軍的設置與調整，參見王曾瑜：《宋朝軍制初探（增訂本）》，頁178-181。

7　《宋會要輯稿・職官》41之52。參見內河久平：〈南宋總領所考——南宋政權と地方武將との勢力關係をめぐって〉，頁8。

8　李心傳：《建炎以來繫年要錄》卷184，紹興三十年正月癸卯，頁3074。參見內河久平，同前註，頁8。

之外，其餘各路的財賦大多送至四總領所，以滿足御前諸軍的需要。
朝廷從這些路分中得到的財賦，實際上非常有限。故南宋財賦的轉
輸，為四川諸路供四川總領所，京西、湖廣、江西供湖廣總領所，江
東、浙西供淮東總領所，江東、江西供淮西總領所，而浙東、福建供
行在臨安，猶如五條輸送帶將南宋全國的財賦運至四總領所與臨安。
故汪聖鐸先生認為：運路的分散，是南宋轉運財賦的特色。[9]

　　總領所所需之財賦交由地方官府籌辦，財賦的來源甚多。以四川
總領所為例：

> 四川總領所贍軍錢并金帛，以紹興休兵之初計之，一歲大約費
> 二千六百六十五萬緡。其五百五十六萬緡酒課，三百七十五萬
> 緡鹽課，四百餘萬緡糴本（二稅上科），一百四萬緡茶司錢，
> 二百三十一萬緡經總制司錢（按：經制錢為宣和三年經制使陳
> 遘所設、總制錢為紹興五年總制使孟庾所創），九十萬緡錢引兌
> 界貼頭錢（按：四川的紙幣「錢引」，使用時有「界」的限制，
> 每界到期時，百姓需持舊錢引換取新錢引，並繳納手續費，稱
> 為兌界貼頭錢），二十四萬緡三路提稱錢（按：紹興十四年，四
> 川益、梓、利三路茶鹽酒課及佃租官田應輸錢引者，每千別輸
> 三十錢為鑄本），十萬緡西河州鹽錢。[10]

　　可見財賦來源，大致包括兩稅正稅（糴本）、雜稅（經總制錢、三
路提稱錢）、茶鹽酒課及其他（兌界貼頭錢等）。這些財賦的徵收與運
送，由各州的通判負其責。據《兩朝備要》卷七〈以通判主管總所財
賦〉條記載：「諸州起發總領所財賦，以通判為主管官。」[11] 由於地方

9　汪聖鐸：《兩宋財政史》下冊，頁 566-567。
10　李心傳：《建炎以來朝野雜記》甲集，卷 17〈四川總領所〉，頁 391。
11　參見龔延明：《宋代官制詞典》，「總領所」條，頁 468。

官府負擔的財賦數額甚為龐大，李心傳曾感嘆道：

> 自軍興，計司（總領所）常患不給，凡郡邑皆以定額窠名予
> 之，加賦增員，悉所不問，由是州縣始困。[12]

總領所需要的龐大財賦，迫使地方官府只能用盡各種手段增加賦稅收入，使得百姓日益困苦。

總領所的軍需財賦，除了由地方官府供應之外，如有不足，則由中央的戶部補充之。據李心傳《建炎以來朝野雜記》記載：

> 淮東西、湖廣三總領所，自休兵後，朝廷科撥諸州縣財賦及榷
> 貨等錢與之。淮西歲費錢七百萬緡，米七十萬石。……至乾道
> 中，淮西歲費已增為一千一百餘萬緡，而米猶如故。淮東總領
> 所歲費為錢七百萬緡，米七十萬石。……湖廣總領所歲費為錢
> 九百六十餘萬緡，米九十萬石。……凡三總領所，歲用戶部經
> 常錢九百萬緡，而榷貨所支不預。[13]

淮東、淮西、湖廣三總領所，總計歲用錢二千七百六十萬緡以上，米二百三十萬石。而戶部每年補貼給三總領所的經常之費，則共計九百萬緡，約占三總領所歲費的三分之一。至於四川總領所，則財賦完全白籌。據李心傳《建炎以來朝野雜記》的記載：

> 東南三總領所掌利權，皆有定數，然軍旅飢饉，則告乞於朝。
> 惟四川在遠，錢幣又不通，故無事之際，計臣得以擅取予之
> 權；而一遇軍興，朝廷亦不問。[14]

12　李心傳：《建炎以來朝野雜記》甲集，卷17〈諸州軍資庫〉，頁393。
13　李心傳：《建炎以來朝野雜記》甲集，卷17〈淮東西湖廣總領所〉，頁390。
14　李心傳：《建炎以來朝野雜記》甲集，卷17〈四川總領所〉，頁393。

四川總領所雖然在財賦的政策上得以「擅取予之權」，有較大的自主權，但是如果遇到戰爭，軍費驟增，也須自行想辦法應付，「朝廷亦不問」。這是因為南宋行在臨安偏在東部，對於西部的四川鞭長莫及，故採取的特殊作法。

第二節 總領所財賦的供應對象

關於總領所財賦的供應對象，據《宋會要輯稿》記載：

> 先是，嘗命朝臣總領都督府、宣撫司財賦，其後收諸帥之兵，以為御前軍，屯駐諸處皆置總領，……鎮江諸軍錢糧，淮東總領掌之；建康、池州諸軍錢糧，淮西總領掌之；鄂州、荊南、江州諸軍錢糧，湖廣總領掌之；興元、興州、金州諸軍錢糧，四川總領掌之。[15]

從前引《宋會要輯稿》的記載來看，總領所提供錢糧的對象，為御前諸軍九都統司（興元、興州、金州、鄂州、荊南、江州、建康、池州、鎮江），淮東總領供應鎮江都統司，淮西總領供應建康、池州都統司，湖廣總領供應鄂州、荊南、江州都統司，四川總領供應興元、興州、金州都統司。然而，南宋的軍事武力，雖以御前諸軍九都統司為主力，但是還包括了其他軍隊。地方各路安撫使，除了可以統轄「係將禁兵」外，另外也新建了各種地方軍；至於「不係將禁兵」與廂兵，則為從事地方雜役。這些軍隊的軍需財賦，是否也由總領所供應？[16]

15　《宋會要輯稿‧職官》41之44。

16　所謂「係將禁兵」，是指北宋王安石變法時期，實行「置將法」，選拔禁軍之精銳編入「將」的新編制，成為北宋後期的作戰主力。參見王曾瑜：《宋朝軍制初探（增訂本）》，頁114-129。至於南宋的地方軍，可參見黃寬重：《南宋地方武力──地方軍與民間自衛武力的探討》（臺北市：東大圖書公司，2002年）。

　　南宋時期在「係將禁兵」、「不係將禁兵」之外，另設新軍，並有新的軍號，如「摧鋒軍」、「左翼軍」、「右翼軍」等，這些新軍名義上隸屬於三衙（殿前司、侍衛親軍馬軍司、侍衛親軍步軍司），以廣東循州「摧鋒軍」為例，摧鋒軍隸屬殿前司，[17] 其經費來源，據吳泳《鶴林集》的記載：

> 本司（廣東轉運司）一年應辦諸州府摧鋒軍分屯軍馬、券食、衣襖等錢，共一十四萬六千八百餘貫，逐年縣各處屯戍兵將分上下半年差人赴司搬請，本司於財計庫支給，及諸郡椿留錢截撥應副。軍食所係，此不可一日缺者也。[18]

廣東摧鋒軍既非御前諸軍，故其經費來源也不是來自總領所，而是由廣東轉運司財計庫與諸郡椿留錢支付。摧鋒軍另分駐廣西靜江府二百人，其經費來源，「合用口食錢米並係轉運司逐年於廣東認起鄂州大軍錢內截撥應副。」[19] 亦即其經費最初是由廣東運往湖廣總領所供應「大軍」（御前諸軍）的經費中截留。淳熙十年（1183），孝宗命廣西轉運判官胡庭直，「於已科撥貼助摧鋒軍支遣錢內，每年移運一萬三千四百餘貫前去靜江府，充屯駐官兵按月支遣」。[20] 可見駐紮廣西靜江府的摧鋒軍經費，淳熙十年時改由廣西轉運司從貼助摧鋒軍的經費之內，撥出一萬三千四百餘貫支給，並非來自於總領所。

　　再以福建泉州「左翼軍」為例，左翼軍也隸屬於殿前司，[21] 其經費來源，據真德秀指出：

17　李心傳：《建炎以來朝野雜記》甲集，卷 18〈殿前司摧鋒軍〉，頁 420。

18　吳泳：《鶴林集》（影印文淵閣四庫全書本，臺北市：臺灣商務印書館，1986 年），卷 22〈奏寬民五事狀〉，頁五上。

19　《宋會要輯稿‧食貨》28 之 18。

20　《宋會要輯稿‧食貨》28 之 19。

21　李心傳：《建炎以來朝野雜記》甲集，卷 18〈殿前司左翼軍〉，頁 419-420。

> 左翼一軍屯駐泉南垂七十載，官兵月糧衣賜，大禮賞給，及將
> 校折酒等錢，間遇出戍，借請悉倚辦於本州。[22]

可見左翼軍的經費，係由福建泉州支付，也非來自於總領所。

　　由以上的例子，我們可以看出，南宋時期總領所軍需財賦的供應
對象，並不是所有軍隊，而是原則上僅限於御前諸軍。不過，也有例
外的情形，如荊南都統司，「以贛州左（右）翼、循州摧鋒軍隸之。」[23]
右翼軍、摧鋒軍的部份軍力改隸荊南府御前諸軍之後，其軍需財賦便
由湖廣總領所支應。又如孝宗時成立的「武鋒軍」，其來源為：

> 孝宗即位，張浚宣撫江、淮，奏（陳）敏為神勁軍統制。浚視
> 師，改都督府武鋒軍都統制。[24]

可見武鋒軍最初隸屬於張浚的都督府。到了乾道二年（1166）八月，武
鋒軍改隸步軍司，[25] 並非屬於「御前諸軍」。然而據《宋史・兵志一》記
載：「乾道之末，各州有都統司領兵：建康五萬，池州一萬二千，鎮江
四萬七千，楚州武鋒軍一萬一千，鄂州四萬九千，荊南二萬，興元一
萬七千，金州一萬一千。」[26] 可見孝宗乾道年間，已將武鋒軍的地位比
照御前諸軍。又如寧宗嘉定年間擔任淮東總領的汪綱曾言：

> 州郡禁兵……當精擇亢壯，廣其尺籍，悉隸御前軍額，分擘券
> 給以助州郡衣糧之供，大率如山陽武鋒軍制，則邊面不必抽江

22　真德秀：《西山先生真文忠公文集》（四部叢刊正編本，臺北市：臺灣商務印書館，
　　1979 年），卷 8〈申樞密院乞節制左翼軍狀〉，頁 24 下。

23　李心傳：《建炎以來繫年要錄》卷 185，紹興三十年五月乙酉，頁 3097-3098。

24　《宋史》，卷 402〈陳敏〉，頁 12182。

25　《宋史》，卷 33〈孝宗一〉，頁 635。

26　《宋史》，卷 187〈兵志一・禁軍上〉，頁 4583。

上之戍，江上不必出禁闈之師，生券更番，勞費俱息。[27]

汪綱主張將州郡禁兵「悉隸御前軍額」，這種作法是「如山陽武鋒軍制」，可見武鋒軍即是以「隸御前軍額」的方式，取得御前軍的地位。楚州武鋒軍因「隸御前軍額」，故其軍需財賦，即由淮東總領所供應。

此外，湖南飛虎軍亦是由地方軍改隸御前諸軍的例子。湖南飛虎軍為湖南安撫使辛棄疾所創，淳熙七年（1180）賜名飛虎軍，遙隸步軍司。[28] 其經費來源，據真德秀言：

> 及辛棄疾之來，叛置飛虎一軍，欲自行贍養，多方理財，取辦酒課，乃始獻議于朝，悉從官賣。[29]

飛虎軍的經費，係由安撫使辛棄疾自行籌措，其方式則為將酒課改為官賣，可見其經費來源並非從湖廣總領所而來。不過，到了淳熙十年（1183）五月，「以潭州飛虎軍隸江陵都統司」，[30] 此時飛虎軍已改隸荊南（江陵府）駐紮御前諸軍，便可以按照御前諸軍的待遇，由湖廣總領所取得糧餉的供應。

從上述記載中，我們可以釐清總領所的職權範圍，原則上只負責提供御前諸軍所需之財賦，而非提供所有軍隊所需之財賦。但地方軍透過改隸御前諸軍的方式，取得御前諸軍的名義，亦可由總領所取得軍需財賦。

總領所給予諸軍兵士金錢與米糧的方式，係由糧料院發放「生券」、「熟券」，再由軍士持券領取錢米。對於總領所供應御前諸軍之財賦，朝廷中央監督甚嚴，乾道三年，孝宗下令：「外路軍馬，降式下諸

27　《宋史》，卷408〈汪綱〉，頁12307。

28　李心傳：《建炎以來朝野雜記》甲集，卷18〈湖南飛虎軍〉，頁420。

29　真德秀：《西山先生真文忠公文集》，卷9〈潭州奏復稅酒狀〉，頁20上。

30　《宋史》，卷35〈孝宗紀三〉，頁680。

路總領所，逐月開具，并非泛支用之數以聞，永為定式。」[31] 可見總領所要將開支之明細，按月詳細稟報中央。所謂「熟券」與「生券」，所指為何？本書將在下節中做說明。

第三節　「熟券」、「生券」與總領所的的財政問題

總領所的主要職責，在於提供御前諸軍（屯駐大軍，或簡稱為大軍）軍需財賦，總領所之下設有「糧料院」，負責軍士薪俸的發放。總領所給予諸軍兵士錢米的方式，係為發放「熟券」、「生券」，再由軍士持券領取錢米。關於「熟券」、「生券」的研究，可以參見日本學者安部健夫〈生熟券支給制度略考〉、小岩井弘光〈南宋大軍兵士の給與錢米について——生券・熟券問題と關連して〉、小岩井弘光〈南宋の生券・熟券制管見〉等論文，以及王曾瑜教授《宋代軍制初探》一書中的相關記載。[32] 本節將在安部健夫、小岩井弘光的研究成果之上，對「熟券」、「生券」問題作進一步的探討，並討論南宋總領所面對的財政問題與因應方式。

一　「熟券」與「生券」

1　宋代官方用語中的「熟」與「生」

在討論「熟券」與「生券」問題之前，我們應該先對宋代官方用語

31　李心傳：《建炎以來朝野雜記》甲集，卷 17〈國用司〉，頁 388。

32　參見安部健夫：〈生熟券支給制度略考〉，《元代史の研究》（東京都：創文社，1972年）。小岩井弘光：〈南宋大軍兵士の給與錢米について——生券・熟券問題と關連して〉，《東洋史研究》第 35 卷第 4 號（1977 年），頁 87-117。小岩井弘光：〈南宋の生券・熟券制管見〉，《集刊東洋學》第 62 號（1989 年），頁 72-92。王曾瑜：《宋朝軍制初探（增訂本）》，頁 306-310。

中的「熟」、「生」兩字的用法，做一說明。如此我們才能精準掌握「熟券」與「生券」的真正意義。

　　在宋代官方的用語中，有「熟狀」之名。何謂「熟狀」？據沈括《夢溪筆談》的記載：

> 本朝要事對稟，常事擬進入，畫可然後施行，謂之熟狀。……
> 熟狀，白紙書，宰相押字，他執政具姓名。[33]

意謂國家有要事時，宰相直接向皇帝稟告，一般事務則事先在白紙上寫好須請示的內容，由宰相押字，執政署名，進呈於皇帝，由皇帝畫可後施行。[34] 因此，所謂「熟狀」，是事先已做好計畫，並事先草擬好的文書。所謂「熟」字，即有「事先已預備妥當」之意。

　　此外，宋代官方用語中，又有「熟事」、「生事」之別。所謂「熟事」，孫逢吉《職官分紀》說道：

> 以獄訟刑罰為生事，戶口、租賦為熟事。[35]

關於「熟事」，《宋會要輯稿‧職官》又說道：

> 本府（臨安府）日生公事，並係少尹受領，內命官犯罪及餘人流以上罪，具事因聽（府尹）裁酌。[36]

獄訟刑罰，因每日發生案件皆不同，故調查、審理的過程，皆須從頭開始處理。南宋臨安府的訴訟案件，一般先交由少尹審理，如涉及朝

33　沈括：《夢溪筆談》（臺北市：臺灣商務印書館，1968 年）卷一，頁 7。

34　關於熟狀的解釋，參見龔延明：《宋代官制辭典》，頁 622。

35　孫逢吉：《職官分紀》（影印文淵閣四庫全書本，臺北市：臺灣商務印書館，1986年），卷 38〈開封府‧判官推官〉，頁 19 下。

36　《宋會要輯稿‧職官》37 之 6。另參見龔延明：《宋代官制辭典》，頁 669。

廷命官或流刑以上的重罪，才由府尹裁定。訴訟案件無法事前預先寫好判決書，故「生事」可解釋為「事先無法預備妥當之事」。

至於「熟事」，則為戶口、租賦之類，因為每年戶口、稅收情形大致相同，除非有重大災禍，否則人口、租稅的變動有限，故將往年的人口賦稅資料，略做修正即可。故「熟事」意謂事先已將資料準備好，一旦開始徵稅，便按照人口、賦稅的數字加以徵收。故「熟」字仍作「事先已預備妥當」的解釋。

由上可知，在宋代的官方用語中，「熟」字帶有「事先已預備妥當」之意，「生」字則為「事先沒有預備妥當」之意。從上述「熟」、「生」二字的解釋，我們再來看「熟券」與「生券」，應可更清楚地瞭解其含意。

2 關於「熟券」與「生券」的解釋

所謂「生券」、「熟券」，日本學者安部健夫說明：「所謂生券，是以生軍事為目的對軍士的支給，作為一種加俸的口券。所謂熟券，是以熟軍事為目的對軍士的支給，做為本俸的口券。」[37] 雖然安部健夫對於何謂「生軍事」、「熟軍事」語焉未詳，但是已經指出「生券」為一種加俸，而「熟券」為一種本俸。

小岩井弘光進一步加以研究，引據各種史料，指出「生券」是一種本俸之外的加俸。例如：

> 自秦檜當國，陰與金人相結，沿邊不宿重兵，故大軍屯於江山（上），有急出戍，給之生券。[38]

---

37 安部健夫：《元代史の研究》，頁 356。

38 袁燮：《絜齋集》（影印文淵閣四庫全書本，臺北市：臺灣商務印書館，1986 年），卷 4〈論備邊箚子〉，頁 11 下。參見小岩井弘光：〈南宋大軍兵士の給與錢米について——生券・熟券問題と關連して〉，頁 102。

　　然而「生券」一詞的使用，在南宋初年似乎並不普遍。《宋會輯稿‧刑法》記載：

> （紹興三年，1133）三月十九日，詔：今後應差兵級公人等，部送罪人，除合破口券外，每人逐日添支食錢五十文，所至州縣，即時批支。仍令監司常切覺察。[39]

對於押送罪犯的兵級公人，除了「合破口券」的本俸之外，另有「添支食錢五十文」的加俸。

　　《宋會輯稿‧方域》又記載：

> （紹興三年七月四日）乞下諸路應奏與申詳覆等，並須專差院虞候或有行止急腳子二名投下，被差人並破口券，仍量添食錢。[40]

對於負責傳送官府文書的院虞候與急腳子，除了「口券」（本俸）之外，又加給「食錢」（加俸）。

　　其後「生券」之名逐漸出現。《宋史》記載：

> （咸淳）九年（1273），四川制置司有言：戍兵生券，人月給會子六千，蜀郡物價翔貴，請增人月給九千。[41]

這是對於由外地出戍四川的士兵，將出戍的加俸由六千提高為九千，這種加俸，即是以「生券」來支付。又如：

39　《宋會輯稿‧刑法》4之43。參見小岩井弘光：〈南宋大軍兵士の給與錢米について──生券‧熟券問題と關連して〉，頁96。

40　《宋會輯稿‧方域》10之52。參見小岩井弘光：〈南宋大軍兵士の給與錢米について──生券‧熟券問題と關連して〉，頁96。

41　《宋史》，卷194〈兵制八〉，頁4849。參見小岩井弘光：〈南宋大軍兵士の給與錢米について──生券‧熟券問題と關連して〉，頁101。

定海水軍，出巡把港，警捕盜賊，皆經涉鯨波，自來並無生券，臣並與照諸處大軍例，令支每日口券錢米。[42]

因定海水軍出海巡弋，風險較高，故增加口券錢米。這種加俸，亦是以「生券」支付。

至於本俸，則如李曾伯《可齋雜藁》記載：

襄陽一城，周圍餘九里，樊城亦近四里有半，夾漢而壘，要非三萬人不足以守。見今屯戍計二萬一千餘人。……然諸軍皆客戍也，春事既定，他路所調者，將歸元戍，本部所調者，亦當踐更，士卒寧無家累之懷思，往來且有道路之疲弊，兼是軍身出戍，老小在家，生券、家糧，官給兩分，此非可久之計也。[43]

御前諸軍在屯駐本地領取的本俸，在軍士出戍外地後，供應家人生活所需，故稱為「家糧」。出戍外地時領取的加俸，則為「生券」，故李曾伯認為「生券，家糧，官給兩分」。

李曾伯又評論四川的軍費問題，說道：

邇來制、總司，屢次增支券錢，屯駐兵熟券，見月支第一料四百貫，屯戍軍生券，見月支第一料六百貫。……是屯駐五萬人，歲支熟券不過三百六十萬。戍援寬作二萬人，歲支生券不過七十二萬貫。[44]

---

42 吳潛：《許國公奏議》（百部叢書集成影印十萬卷樓叢書本，臺北：藝文印書館，1968 年），卷 3〈奏曉諭海寇復為良民及關防海道事宜〉，頁五十五上。參見小岩井弘光：〈南宋大軍兵士の給與錢米について——生券・熟券問題と關連して〉，頁 101。

43 李曾伯：《可齋雜藁》（影印文淵閣四庫全書本，臺北市：臺灣商務印書館，1986 年），卷 19〈奏襄樊經久五事〉，頁 14 下 -15 上。參見小岩井弘光：〈南宋大軍兵士の給與錢米について——生券・熟券問題と關連して〉，頁 108。

44 李曾伯：《可齋續藁》（影印文淵閣四庫全書本，臺北市：臺灣商務印書館，1986

小岩井弘光據此判斷，所謂熟券，是給屯駐當地的屯駐兵的口券，相當於出戍兵的家糧。[45] 也就是說，御前諸軍在屯駐地領取的本俸，謂之「熟券」，若軍士出戍，這筆錢將留給家人作生活之費，故又稱為「家糧」。至於軍士出戍、或執行其他任務時領取的加俸，則為「生券」。

對此，筆者進一步指出，如果對照前面所討論宋代用語中「熟」與「生」的用法，「熟券」是軍人的本俸，以御前諸軍的本俸為例，這筆支出由朝廷制訂數額，規定由地方各路向總領所提供財賦，再由總領所糧料院撥發給御前諸軍軍士。御前諸軍的名額固定，故撥發的軍費數字亦較為固定，故「熟券」可以說是指「事先預備妥當的」口券。

而國家遇有戰事或臨時性的任務，御前諸軍出戍他地，領取的加俸則為「生券」。這筆經費未在預先的規劃之中，故需由總領多方籌措，才能集辦。因此，「生券」也可解釋為「未經事先規劃」的口券。

然而，南宋除了領取「熟券」的駐紮屯駐本地之御前諸軍，以及領取「熟券」（家糧）、「生券」的出戍兵之外，還有一種只領取「生券」的軍隊。吳泳《鶴林集》中記載：

> 江面之兵，平時多遣戍淮，既有家糧，又費生券。今宜用生券之費，就淮上地頭，招兵戍守，卻令戍邊之兵，歸護江面，如此則費不增而兵多，誠為兩利。[46]

吳泳建議可以用江面之兵戍淮的「生券」經費，另外招募一軍防守淮地，而江面之兵則可返回江面，只領取本俸（熟券），這樣經費沒有

年）後集，卷 3〈救蜀楮密奏〉，頁 46 下 -47 上。參見小岩井弘光：〈南宋大軍兵士の給與錢米について——生券・熟券問題と關連して〉，頁 110-111。

45　參見小岩井弘光：〈南宋大軍兵士の給與錢米について——生券・熟券問題と關連して〉，頁 112。

46　吳泳：《鶴林集》，卷 20〈備邊箚子〉，頁 16 上。

增加，卻增加一支軍隊。如此一來，新設的駐淮軍隊領取的，便只有
「生券」而無「熟券」。

這種只領取「生券」的軍隊，到南宋中後期日益增加。例如，據
《宋史全文續資治通鑑》的記載：「（嘉定元年〔1208〕）是歲，江淮
制置大使司汰部淮軍為農，淮東揀刺八千餘人，以補鎮江大軍及武鋒
軍之闕；淮西揀刺二萬六千餘人，以為御前武定軍。」[47]可見御前武定
軍是嘉定元年創設的一支新軍，因冠「御前」二字，可見其地位比照御
前諸軍，其糧餉由淮西總領所供應。到寧宗時期，北人李全等歸降南
宋，被編為「忠義軍」。忠義軍的軍糧來源：

> 有旨依武定軍生券例，放錢糧萬五千人，名「忠義糧」。[48]

可見「忠義軍」軍需財賦（即忠義糧）的來源，為「依武定軍生券例」，
所謂「武定軍」，即為嘉定元年創設於淮西的「御前武定軍」。而「依武
定軍生券例」一語，我們可以看出武定軍的地位雖然比照御前諸軍，
但是其經費卻不是朝廷由預算中制訂固定的數額，由地方各路向總領
所提供財賦。御前武定軍的經費不在預定的財政規劃之中，須由總領
所自行籌措，故發放的口券全為「生券」。及至「忠義軍」成立，其經
費又比照「武定軍生券例」，故同樣是由總領所自行籌措財源，發放
「生券」。

因此，本人認為，日本學者安部健夫將「熟券」與「生券」解釋為
本俸與加俸，小岩井弘光進一步解釋為軍士在屯駐地領取的本俸，謂
之「熟券」；至於軍士出戍、或執行其他任務時領取的加俸，則為「生
券」。這一說法，雖不能算錯，但對於如武定軍、忠義軍之類完全領

47　不著撰人：《宋史全文續資治通鑑》卷30，寧宗嘉定元年歲末，頁2373。

48　《宋史》，卷476〈叛臣中‧李全上〉，頁13819。

取「生券」的軍隊而言，「生券」既是本俸，也是加俸，在這一類軍隊上，安部健夫與小岩井弘光的「本俸」、「加俸」之說，就未必合適。

因此，本人對於「熟券」與「生券」的解釋，「熟券」應是在朝廷的財政規劃之下，確定固定的數額，由固定的單位徵收與發放之經費；而「生券」則是不在朝廷的財政規劃之中，因臨時性的需求而由地方官員自行籌措發放的經費。到南宋中後期，新的御前軍陸續成立，朝廷卻未改變固有的財政規劃，而是讓地方官員自行籌措經費以支應，故這些新軍隊，領取的薪俸便只有「生券」而無「熟券」。

二　總領所的財政問題

1　總領所與「熟券」、「生券」的發放

南宋紹興十一年（1141）之後，確立「御前諸軍」九都統司（或稱屯駐大軍、或簡稱大軍）的體制。而御前諸軍九都統司（興元、興州、金州、鄂州、荊南、江州、建康、池州、鎮江）的軍需財賦供應者，即為總領所。當時淮東總領供應鎮江都統司，淮西總領供應建康、池州都統司，湖廣總領供應鄂州、荊南、江州都統司，四川總領供應興元、興州、金州都統司。開禧北伐以後，因吳曦叛亂，將興州都統司分為沔州都統司與利州副都統司，故此時御前諸軍統稱十都統司，沔州、興元、金州、利州四都統司的財賦由四川總領所供應。

在前一節中，本書曾指出總領所的職權範圍，原則上只負責提供御前諸軍所需之財賦，而非提供所有軍隊所需之財賦。其他地方軍隊的財賦另有來源，不歸總領所負責。但地方軍可以透過改隸御前諸軍的方式，取得御前諸軍的名義，如此則亦可由總領所取得軍需財賦。李心傳《建炎以來朝野雜記》說道：

　　乾道三衙、江上、四川大軍新額總四十一萬八千人，殿前司七
萬三千人，馬軍司三萬人，步軍司二萬一千人，建康都統司五
萬人，池州都統司一萬二千人，鎮江府都統司四萬七千人，江
州都統司一萬人，楚州武鋒軍一萬一千人，平江府許浦水軍
七千人，鄂州都統司四萬九千人，荊南都統司二萬人，興州都
統司六萬人，興元都統司一萬七千人，金州都統司一萬一千
人。其後諸軍增損不常，然大都通不減四十餘萬。[49]

可見李心傳已將楚州武鋒軍、平江府許浦水軍與御前諸軍並列為「大
軍」。

　　其中「楚州武鋒軍」，寧宗嘉定三年（1210）二月庚午，曾下詔：
「楚州武鋒軍歲給累重錢，如大軍例。」[50] 證明武鋒軍的待遇比照御前
諸軍（大軍）。日本學者長井千秋也在〈淮東總領所の財政運營〉一文
指出：南宋孝宗乾道年間，淮東總領所每年要提供軍糧米七十萬石，
錢七百萬緡。米穀來自江南東路的秋稅上供米以及江南西路的和糴
米；若遇臨時支用，則於兩浙西路、淮南東路進行和糴。軍馬飼料的
來源，則由淮南東路、鎮江府購買，並將部份兩浙上供米折變為大
麥，以供給之。至於錢幣，則一半由鎮江府榷貨務都茶場的茶鹽專賣
供應，其他則仰賴兩浙的鹽收入，以及兩浙西路、江南東西路的雜稅
收入。這些財賦供應的對象，包括鎮江都統司、楚州武鋒軍、以及屯
駐、出戍淮東地區的三衙禁兵。[51] 可見楚州武鋒軍的軍糧的確比照御前
諸軍，由淮東總領所來供應。

　　平江府許浦水軍也是孝宗時期新建的「御前軍」。據李心傳《建炎

49　李心傳：《建炎以來朝野雜記》甲集，卷 18〈乾道內外大軍數〉，頁 405。

50　《宋史》，卷 39〈寧宗三〉，頁 754。

51　長井千秋：〈淮東總領所の財政運營〉，《史學雜誌》101 編 7 號（東京都：東京大學
文學院，1992 年），頁 1-32。

以來朝野雜記》記載：

> 平江府許浦水軍者，本明州定海縣水軍也，舊隸沿海制置
> 司，防托海道。乾道中，改隸殿前司，以三千人為額。五年
> （1169）冬，又改為御前水軍。八年（1172）春，併歸許浦鎮，
> 置副都統制統之。淳熙四年（1177）冬，詔以七千人為額。五
> 年（1178）秋，又增額五百人。[52]

楚州武鋒軍、平江府許浦水軍這些新設的御前軍，其軍費來源在原有
的財政規劃之外，故總領所對其軍士俸祿的發放可能完全以「生券」支
付。

　　總領所供應的軍需財賦，一方面滿足御前諸軍平日的軍俸，即前
面所謂的「熟券」（新設御前軍或用「生券」支付）。另一方面，當御前
諸軍負有特殊任務，或出戍他地時，或外地軍隊來本地協防時，總領
所支付的軍俸，即為「生券」。「生券」的發放，都與御前諸軍有關。
例如：

> （淳熙）十二年九月十九日，淮東總領吳琚言：本路先準已降指
> 揮，內外諸軍，差出牧馬并更戍官兵，免分擘口券，特令每人
> 支鹽菜錢三十文，米二升半。照對鎮江屯駐諸軍，每遇差出盱
> 眙、高郵軍、梅、楚州守戍，所支鹽菜錢米，自來糧料院直候
> 到戍守處方起支。比其更替，又自離戍日即便住支，往回並無
> 支破錢米。竊見步軍司差出六合縣守戍人，自出門日起支，其
> 更替到寨日方始住支，理合一體。從之。[53]

---

[52] 李心傳：《建炎以來朝野雜記》甲集，卷18〈平江府許浦水軍〉，頁422。

[53] 《宋會要輯稿・兵》20之32-33。參見小岩井弘光：〈南宋大軍兵士の給與錢米につ
いて──生券・熟券問題と關連して〉，頁98。

御前諸軍的軍士出戍外地，不必將原有的口券（即熟券）分成兩份，供家人與自己使用，而是另外特支「鹽菜錢」。這種「鹽菜錢」，即是「生券」。吳琚更建議「鹽菜錢」應該由士兵離開屯駐地出戍之日開始發放，至出戍結束回到屯駐地之日停止支付（住支）。

還有其他雜支，例如《宋會要輯稿・兵》記載四川茶馬司買馬八千匹供應三司及江上諸軍時：

> 差廂、禁軍，牽馬長行。日支米二勝（升），銅錢六十文，委是贍給不足，難以責辦。今欲逐人日支銅錢一百五十文，川界折支錢引三分，米依舊二勝（升）半。……回程到川，約四千八百里，空行每八十里為程，欲破六十券，雖有指定州軍支給，例多阻節。今後欲於左藏庫及鄂州總領所，各支三十券，乞下逐處，不拘窠名，於應干官錢內，即時支給。[54]

替四川茶馬司運送馬匹的軍士，雖然是廂、禁軍，但馬匹是提供中央三司（殿前司、馬軍司、步軍司）與江上諸軍（四川以外駐紮長江中下游各地的御前諸軍）所需，故運送馬匹士兵的回程費用，由中央的左藏庫與湖廣總領所共同支付。這種臨時性的開支，支付時使用的也是「生券」。

有外地軍隊進入御前諸軍的屯駐地進行協防，也由總領所支付費用。《宋會要輯稿・兵》記載：

> （嘉定七年九月十八日）詔：令步軍司行下部轄兵將官，密切起發前去，仍戒約在路無或騷擾。候到並令霍儀總轄，仍專聽真州守臣節制，知縣彈壓。所有合用錢糧草料，令淮東總領所疾

---

[54] 《宋會要輯稿・兵》25 之 7-8。參見小岩井弘光，同前註，頁 97。

速照例支給，應副食用，毋致闕誤。[55]

意即進入真州協助淮東防務的步軍司部隊，其錢糧草料由淮東總領所提供。總領所要負擔御前諸軍的固定支出（熟券），也要負擔臨時性的軍俸開支（生券），故總領所的理財責任，可謂十分重大。

2　從軍隊的增設看南宋總領所的財政問題

到了南宋中後期，總領所收支產生相當大的變化。首先是御前軍的增設，例如「御前強勇軍」。與楚州武鋒軍同樣位於淮東的「強勇軍」，始設於孝宗淳熙四年，「十一月丁酉，詔兩淮歸正人為強勇軍」。[56]據李心傳《建炎以來朝野雜記》記載：

京西、湖北神勁軍，淮東強勇軍者，皆帥司兵也。[57]

淮東強勇軍雖然位於淮東，但不屬於御前諸軍，而是隸屬於帥司（安撫使）的地方軍，我們從前引長井千秋〈淮東總領所の財政運營〉一文中，已經可以清楚知道孝宗乾道年間淮東總領所供應財賦的對象，只包括鎮江都統司以及楚州武鋒軍，並不包括淮東強勇軍。而強勇軍的建制，似乎時興時廢，據《宋史‧寧宗紀二》記載：「（開禧元年三月）辛巳，以淮西安撫司所招軍為強勇軍。」[58]可見當時淮西新設之軍為強勇軍，則淮東可能已無強勇軍之建制。然而到了開禧二年（1206）八月，「壬申，以淮東安撫司所招軍為御前強勇軍。」[59]這支在淮東新設的「御前強勇軍」，已經冠有「御前」之名，顯然已非「帥司兵」，而

55　《宋會要輯稿‧兵》6之9。參見小岩井弘光，同前註，頁99。

56　《宋史》，卷34〈孝宗二〉，頁664。

57　李心傳：《建炎以來朝野雜記》甲集，卷18〈京西湖北神勁軍〉，頁421。

58　《宋史》，卷38〈寧宗二〉，頁737。

59　《宋史》，卷38〈寧宗二〉，頁742。

是擁有御前軍的地位，並由淮東總領所供應軍需財賦。這支「御前強勇軍」，據《宋史‧李全上》記載：

> 國（淮東制置使許國）倚揚州強勇軍統制彭興及淮西親兵將趙社、朱虎等為腹心。[60]

可見「強勇軍」駐紮於揚州，成為淮東制置使許國制衡忠義軍李全的主要力量。《宋會要輯稿‧職官》又記載：

> （嘉定十五年正月二日淮東總領岳珂奏）今楚州比揚州，事體尤重，本所支遣鎮江月支二萬四千五百餘石，揚州一萬一千六百餘石，楚州一萬四千五百餘石，委是一體，不可闕。[61]

可見除了鎮江都統司、楚州武鋒軍外，揚州強勇軍之軍糧也由淮東總領所供應。

又如前述的嘉定元年創設的「御前武定軍」，也是一支新創的御前軍，由淮西總領所負責其軍糧供應。此外，據李心傳《建炎以來朝野雜記》記載：「淮陰、靖安、唐灣、采石諸水軍，則皆冠以御前之號。」[62]可見御前軍的數量不斷增加。

最大的財政負擔來自於「忠義軍」。「忠義軍」的起源，始於南宋與金在嘉定和議之後，雖然維持短暫的和平，但嘉定四年（1211）蒙古大舉侵金，使得金國內部大亂，盜賊蠭起，宋朝趁機停輸歲幣，又引起金宣宗不滿，因此宋金於嘉定十年（1217）再啟戰端。此時南宋正式設置「忠義軍」，大量招徠北方抗金的義軍，據黃寬重教授的研究，當時淮東地區投靠南宋的北方抗金義軍如下：

60　《宋史》，卷 476〈叛臣中‧李全上〉，頁 13827。

61　《宋會要輯稿‧職官》41 之 69。

62　李心傳：《建炎以來朝野雜記》甲集，卷 18〈平江府許浦水軍〉，頁 422。

孟春，嘉定八年（1215）舉事，後以沂、滕、袞、單、濟五州十九縣歸宋。

沈鐸，嘉定十年與高忠皎各集忠義民兵，分二道攻金，再招馬良、高林、宋德珍等萬人歸宋。

夏全，嘉定十年為金完顏霆所敗，降宋。

李全，嘉定十一年（1218）歸宋，任京東路總管。

時青，嘉定十一年歸宋。

趙善周，嘉定十一年投宋。

嚴實，為金長清縣令，嘉定十一年降宋。

彭義斌，李全部，嘉定十二年（1219）任統制。

趙善長，嘉定十二年率精兵千餘，招伏宋山、史玉四千餘人，至東海投宋。

張林，嘉定十二年六月舉十二州歸宋。

石珪，嘉定十三年（1220）八月叛金，入漣水軍，詔以珪為漣水忠義軍統轄。

張惠，金將完顏霆之稗將，嘉定十五年（1222）降於李全。

邢德，張林部，嘉定十六年歸宋，為京東東路副總管。

陳智，嘉定十六年（1223）歸宋。

蘇椿，嘉定十七年（1224）舉城歸宋。

張甫，金封為高陽公，嘉定年間投李全。[63]

在這些抗金義軍中，勢力最大的即為李全[64]。根據《宋史・李全傳上》記載：

63　以上嘉定年間於淮東歸宋的義軍，參見黃寬重：《南宋時代抗金的義軍》（臺北市：聯經出版事業公司，1988年），頁179、頁194-209。

64　關於李全的研究，可參見黃寬重：《南宋地方武力》第七章〈經濟利益與政治抉擇——宋、金、蒙政局變動下的李全、李璮父子〉，頁275-306。

有沈鐸者，鎮江武鋒卒也，亡命盜販山陽，誘致米商，斗米輒
售數十倍，知楚州應純之償以玉貨，北人至者輒舍之。又說純
之以歸銅錢為名，弛度淮之禁，來者莫可遏。安兒（北方抗金
領袖楊安兒）之未敗也，有意歸宋，招禮宋人。定遠民季先
者，嘗為大俠劉佑家廝養，隨佑部綱客山陽，安兒見而說之，
處以軍職。安兒死，先至山陽，寅緣鐸得見純之，道豪傑願附
之意。時江淮制置李珏、淮東安撫崔與之皆令純之沿江增戍，
恐不能禦，乃命先為機察，諭意群豪；敕復鐸為武鋒軍副將，
辟楚州都監，與高忠皎各集忠義民兵，分二道攻金。先遂以李
全五千人附忠皎，合兵攻剋海州，糧援不繼，退屯東海。全分
兵襲破莒州，禽金守蒲察李家，別將于洋克密州，兄福克青
州，始授全武翼大夫、京東副總管。純之見北軍屢捷，密聞于
朝，謂中原可復。時頻歲小稔，朝野無事，丞相史彌遠鑒開禧
之事，不明招納，密敕珏及純之慰接之，號「忠義軍」，就聽
節制。於是有旨依武定軍生券例，放錢糧萬五千人，名「忠義
糧」。於是東海馬良、高林、宋德珍等萬人輻湊漣水，鐸納之，
全與劉全俱起羨心焉。[65]

這段文字之中，我們可以看出當時南宋的江淮制置使李珏、淮東安撫
使崔與之、知楚州應純之等人，透過沈鐸、季先招徠北方抗金義軍的
過程。其中，沈鐸被任命為武鋒軍副將，故沈鐸、高忠皎所率領的忠
義民兵（含季先、李全等五千人），編制上應隸屬於楚州武鋒軍，其後
宋廷將這些北方義軍改名為「忠義軍」。

前引文中「放錢糧萬五千人」一語，可知當時提供「忠義糧」的名
額為一萬五千人，包括了馬良、高林、宋德珍等萬人。又從「（李）全

65　《宋史》，卷476〈叛臣中‧李全上〉，頁13818-13819。

與劉全俱起羨心焉」一語來看，忠義糧最初的一萬五千人名額中，尚不包括李全之部。

其後忠義軍的名額不斷增加，嘉定十二年六月，因李全招降張林有功，宋廷「進全廣州觀察使、京東總管，劉慶福、彭義斌皆為統制，增放二萬人錢糧，徙屯楚州」。[66] 嘉定十二年到十六年擔任淮東制置使的賈涉曾一度裁汰忠義軍：

> 忠義諸軍在漣水、山陽者既眾，涉慮其思亂，因滁、濠之役，分（石）珪、（陳）孝忠、夏全為兩屯，李全軍為五砦，又用陝西義勇法涅其手，合諸軍汰者三萬有奇，涅者不滿六萬人，正軍常屯七萬餘，使主勝客，朝廷歲省費十三四。[67]

可見即使賈涉大舉裁汰忠義軍，忠義軍的數量仍增加到六萬之譜。此後忠義軍的名額仍不斷增加，甚至到了紹定三年李全叛宋前夕，「（李全）邀增五千人錢糧，求誓書鐵券．朝廷猶遣餉不絕。全得米，即自轉輸淮海入鹽城以贍其眾。」[68]

日本學者長井千秋〈淮東總領所の財政運營〉一文統計，鎮江都統司、楚州武鋒軍以及中央殿前司、步軍司增派協防的駐屯兵，其軍士總人數，乾道時期約六萬八千人，嘉定時期約七萬七千人，嘉熙時期約七萬九千人，[69] 其中嘉定年間的數字與前引賈涉所言「正軍常屯七萬餘」相符，而當時忠義軍的人數即將近六萬人。可以推知，在供養兵力幾乎倍增的情況下，淮東總領所的財政負擔將更為沈重。

由上可見，隨著忠義軍大量投宋，使得南宋的軍費開支驟增。而

66　《宋史》，卷476〈叛臣中．李全上〉，頁13820。

67　《宋史》，卷403〈賈涉〉，頁12208。

68　《宋史》，卷477〈叛臣下．李全下〉，頁13842。

69　長井千秋：〈淮東總領所の財政運營〉，頁26-27。

忠義軍的軍糧，又比照「（御前）武定軍生券例」，使得新增軍費的沈重負擔，落到了淮東總領所的身上。

　　除了新設御前軍增加總領所的負擔之外，地方軍的軍費也漸由總領所負責。前面曾提到，總領所的職權範圍，原則上只負責提供御前諸軍所需之財賦，而非提供所有軍隊所需之財賦。其他地方軍隊的財賦另有來源，不歸總領所負責。不過，這一作法到南宋中後期也逐漸轉變。地方軍的各種開支，也由總領所負責。例如：

> 時鄂州七縣，主、客戶六萬六千六百三十二，口三十一萬
> 四千八百九十四，而民兵之籍總為萬五千二百有一人，是荊、
> 鄂二郡率四、五家有一人為兵也。荊門軍民兵之籍，舊為
> 三千四百人，或號「義勇」，或號「彊壯」。乾道元年冬，守臣程
> 逖代還，乞蠲其役使，朝廷悉令放散。及馮忠嘉為守，會朝廷
> 復修義勇之政，忠嘉乃因舊籍增補三百人，又籍戶馬四百為馬
> 軍，分六隊。孝宗大喜，詔總領所歲以馬料千石給之。[70]

湖廣總領所每年要為義勇民兵提供馬料千石。另外，據劉宰《漫塘集》記載：

> 以舟師之在鄂者隸鄂州。以總領財賦所創招親效、強勇、茶商
> 諸軍隸制置司，而制置司又自建帳前一軍侯。[71]

可見到南宋後期，因御前諸軍已不足以抵禦外敵，故總領所另行創設新軍，招募軍士，這裡所謂的親效、強勇、茶商諸軍，有些是新創的「御前軍」，如強勇軍。有些則是地方軍，如「茶商軍」。

---

[70] 李心傳：《建炎以來朝野雜記》甲集，卷18〈荊鄂義勇民兵〉，頁411。
[71] 劉宰：《漫塘集》（影印文淵閣四庫全書本，臺北市：臺灣商務印書館，1986年），卷21〈鄂州建衙教場勤武堂記〉，頁23下。

所謂「茶商軍」，據《宋史・鄭清之傳》記載：

> 湖北茶商羣聚暴橫，（鄭）清之白總領何炳曰：「此輩精悍，宜
> 籍為兵，緩急可用。」炳亟下召募之令，趨者雲集，號曰「茶商
> 軍」，後多賴其用。[72]

按何炳係於嘉定十三年至嘉定十七年間擔任湖廣總領，[73] 故茶商軍應創
建於這段時間之內。

除了御前諸軍九都統司（嘉定後為十都統司）、新設的御前軍的軍
費外，連地方軍的軍費，也由總領所負擔，如此一來，大大加重總領
所的財政負荷。

3　南宋後期總領所財政收支的惡化

在總領所所需經費不斷增加的情形之下，總領所卻面臨收入減少
的窘境。據李心傳《建炎以來朝野雜記》記載：

> 淮東西、湖廣總領所，自休兵後，朝廷科撥諸州縣財賦及榷貨
> 等錢與之。淮西歲費錢七百萬緡，米七十萬石。……至乾道
> 中，淮西歲費已增為一千一百餘萬緡，而米猶如故。淮東總領
> 所歲費為錢七百萬緡，米七十萬石。……湖廣總領所歲費為錢
> 九百六十餘萬緡，米九十萬石。……凡三總領所，歲用戶部經
> 常錢九百萬緡，而榷貨所支不預。[74]

南宋前期的淮東、淮西、湖廣三總領所，總計歲用錢
二千七百六十萬緡以上，米二百三十萬石。而戶部每年補貼給三總領

72　《宋史》，卷 414〈鄭清之〉，頁 12419。

73　參見李之亮：《宋代路分長官通考》上冊，頁 93。

74　李心傳：《建炎以來朝野雜記》甲集，卷 17〈淮東西湖廣總領所〉，頁 390。

所的經常之費，則共計九百萬緡，約占三總領所歲費的三分之一。

而淮東總領所的自籌之費，主要來源則為榷貨務都茶場的課利收入。孝宗乾道三年（1167）三月，「詔（榷貨務都茶場）以二千四百萬緡為額，建康千二百萬緡，臨安八百萬緡，鎮江四百萬緡。於是淮東總領所實在鎮江，月支榷貨錢三十萬緡為贍軍之用。」[75]鎮江榷貨務都茶場歲收的標準為四百萬緡，而每個月要支付三十萬緡給淮東總領所，作為贍軍之用，故一年應提供三百六十萬緡給淮東總領所，不但佔了鎮江榷貨務都茶場收入的絕大部分，也占淮東總領所一年經費（七百萬緡）的一半以上，可見榷貨務都茶場在總領所的財賦來源中扮演了十分重要的角色。

然而，寧宗開禧以後，榷貨務都茶場的收入，不再直接供應給總領所。據李心傳《建炎以來朝野雜記》記載：

> 榷貨務場，掌醝、茗、香、礬、鈔引之政令，紹興初，沿宣、政之舊例，置提領官。……行在、建康、鎮江三務場，歲入凡二千四百萬緡，皆以都司提領，不係戶部之經費。而在建康、鎮江者，分屬總領所焉。開禧末，以總所侵用儲積錢，始令遙隸提領官，不屬總所。[76]

亦即原先占淮東總領所經費之半的榷貨務都茶場課利收入，現在不再直接隸屬總領所，改由皇帝指派的提領官直接掌管。因此，正好在忠義軍大量歸附之時，淮東總領所的財政自主空間變小，中央的監督更為嚴格，想要得到足額的經費，更需要得到皇帝與朝廷中央的同意。

在李全活躍時期（嘉定十一年至紹定四年〔1218-1231〕），長

---

[75] 李心傳：《建炎以來朝野雜記》甲集，卷17〈榷貨務都茶場〉，頁388。

[76] 李心傳：《建炎以來朝野雜記》乙集，卷13〈四提轄〉，頁727。

期擔任淮東總領的岳珂，為了滿足軍事財賦的需求，可謂窮極一切手段。《宋史・袁甫傳》記載：

> 岳珂以知兵、財見召，（袁）甫奏：珂總餉二十年，焚林竭澤。[77]

岳珂自己也在《愧郯錄》卷九〈作邑之制〉提及當時的縣級地方官員：「間有賦入實窄，鑿空取辦，郡縣不相通融，鮮不受督趣。」[78] 意謂各縣的稅收有限，但在上級長官的的督促催迫之下，對於財稅只能「鑿空取辦」，想盡各種辦法巧立名目來增加財政收入。

增加財政收入的方式，包括圍田。劉克莊言：「總餉之難，久矣。重以去歲澇傷，圍田之入，虧四十餘萬斛，戍不可撤也，竈不可減也，賦不可加也，識者為此寒心。」[79] 所謂「圍田」，即圍湖為田，增加耕地與農業產量，也增加官府的稅收。劉克莊認為去年因水澇之災使圍田收入虧四十餘萬斛，是總領的一大難處。可見圍田收入，為總領所財政收入的重要項目。

其次淮鹽收入也是總領所收入的重要部分，劉克莊前面說道：「竈不可減也」，即指煮海水為鹽的竈戶（亭戶）。劉克莊又言：「天下大計仰東南，而東南大計仰淮鹽。」[80]「淮鹽之利甲天下，東南大計仰焉，閩浙蜀廣所產皆不及也。」[81] 可見淮東所產之鹽，對總領所的財政收入

77　《宋史》，卷 405〈袁甫傳〉，頁 12241-12242。

78　岳珂：《愧郯錄》，卷 9〈作邑之制〉，頁 207。

79　劉克莊：《後村先生大全集》，卷 69〈外制・吳勢卿除軍器監依舊淮東總領〉，頁 586。按吳勢卿於景定二年至三年擔任淮東總領，而李國庭《劉克莊年譜簡編》，收入李國庭編：《宋人年譜叢刊》（成都市：四川大學出版社，2003 年）第 11 冊，頁 7592 則記劉克莊於景定元年九月兼權中書舍人，可見此文撰於景定年間。

80　劉克莊：《後村先生大全集》，卷 65〈外制・淮東提舉章峒鹽賞轉一官〉，頁 546。

81　劉克莊：《後村先生大全集》，卷 66〈外制・敘復奉直大夫鄭羽陞直寶章閣淮東提

有著十分重要的影響。

南宋中期以來，為了增加軍費的收入，在鹽的專賣政策上早已弊端叢生，《宋會要輯稿‧食貨》記載：

> （紹熙五年〔1194〕）九月十四日，明堂赦：諸路鹽場，昨緣不依時支散本錢，及有剋減，以致額不敷。仰諸路提舉司遵守累降指揮約束，如有違戾，將當職官吏按劾以聞，許亭戶越訴。[82]

鹽戶（亭戶）賣鹽給官府，由官府專賣，官府應該將本錢交給鹽戶。但官府或不依時發放本錢，或用各種藉口剋扣錢財，使得百姓不願將鹽賣給官府，導致買鹽的數額無法達成。又如同日赦文記載：

> 訪聞州縣有將人戶計口抑賣食鹽，甚違法意，可令禁司覺察禁戢，如有違戾，按劾施行。[83]

這是指地方官府按戶計口，強迫百姓購買食鹽。可見南宋中期的官府，為了增加鹽課收入，買鹽不付本錢，強迫賣鹽於民，種種弊端已不勝屢舉。

然而到了嘉定年間之後，因「忠義軍」的興起，軍費開銷更大，因此南宋官府在增加鹽課收入上，更變本加厲。《宋會要輯稿‧食貨》記載：

> （嘉定）七年正月六日，臣僚言：比年所在鹽亭戶，困窮無力燒煮，折而入於內私販，以至散為盜賊。而富商大賈，齎錢請

舉〉，頁 557。

82　《宋會要輯稿‧食貨》28 之 45。

83　《宋會要輯稿‧食貨》28 之 45。

鹽，資次積壓，無以應其所求，有舍之為他業者。推原其故，
自提舉司不支還鹽本錢始，向來亭戶先請本錢而後納鹽，其後
則先納鹽而後請錢，今買納到鹽，出賣獲利，稱息數倍，乃猶
占惜，不肯給還元價。縱或支償，十未一二，幾於白納而後
已。[84]

可見官府拖欠本錢之惡習未改。以往鹽戶是先請錢而後納鹽，後來變
成先納鹽而後請錢，到此時則納鹽之後，官府賣鹽獲利數倍，卻仍不
給鹽戶本錢。縱使支付，不過十分之一二，與「白納」無異。鹽戶因而
貧窮，甚至販賣私鹽，淪為盜賊。又因鹽戶納鹽減少，富人有錢也買
不到鹽。可見種種弊端，仍然持續惡化。《宋會要輯稿・食貨》又說
道：

（嘉定七年）三月九日，臣僚言：福建瀕海諸郡，鹽不論錢。曩
時使民計產納錢，官給之鹽，以供口食，蓋防盜販之弊。其後
遂為常賦，而民不得復請鹽矣。[85]

以往官府強迫賣鹽於民，官府還會把食鹽交給百姓。現在則連食鹽都
不給百姓，百姓仍然要交納買鹽錢，變相成為一種常態的賦稅。

　　然而田賦與鹽權，皆非由總領直接管轄。增印紙鈔，則是總領所
直接增加財政收入的辦法。南宋時期的紙鈔，東南地區的「東南會子」
與湖北地區的「湖北會子」用於兌換銅錢；兩淮、四川等地使用的紙
鈔，則是兌換鐵錢。京西路、荊湖北路等地使用的紙鈔，稱為「湖北會
子」，李心傳《建炎以來朝野雜記》記載：

84　《宋會要輯稿・食貨》28 之 57。
85　《宋會要輯稿・食貨》28 之 57。

> 湖北會子者，隆興元年（1163）秋，總領王玨始創造。謂之「直
> 便會子」，凡七百萬緡。……（淳熙）十一年（1184），始通行
> 於京西路。[86]

可見湖北會子由湖廣總領王玨創設。

兩淮地區的紙鈔，據李心傳《建炎以來朝野雜記》記載：

> 紹熙三年（1192）夏，議者以淮上鐵錢多，欲革其弊。會趙子
> 直為吏部尚書，與從官陳進叔、羅春伯、謝子肅等合奏，乞印
> 造兩淮會子三百萬貫，付於兩路，每貫准鐵錢七百七十。……
> 而沿江八州軍合發上供，一半會子（東南會子），則許用交子
> （兩淮會子）通融，起發於江，淮東、西總領所樁管焉。[87]

可見兩淮會子的發放，由淮東、淮西總領所負責。

至於四川地區的紙幣，南宋時稱為「錢引」，據李心傳《建炎以來
朝野雜記》記載：

> 自天聖立川交子法，每再歲一易，人戶輸紙墨費三十錢，紹興
> 十一年秋，詔增為六十四，每界無慮一百七十萬緡。與更易不
> 盡者，號「水火不到錢」，亦二十餘萬緡，悉令計司收之，以備
> 邊用。然錢引屬總領，而鈔紙場、錢引務隸成都漕司，故更易
> 不盡者，總、漕屢爭之。二十八年（1158）夏，孫太沖奏以為
> 提稱本錢，詔茶馬司檢察。其後，卒歸計司焉。[88]

從「錢引屬總領」一語，可知錢引的發行由總領所負責。當時曾

86　李心傳：《建炎以來朝野雜記》甲集，卷16〈湖北會子〉，頁363。
87　李心傳：《建炎以來朝野雜記》甲集，卷16〈兩淮會子〉，頁364。
88　李心傳：《建炎以來朝野雜記》甲集，卷16〈錢引兌監界〉，頁365 366。

發生總領所（計司）與轉運使（漕司）爭奪「水火不到錢」（錢引每界
到期時，官府須準備足額的新鈔以兌換舊鈔，若舊鈔因水火等因素毀
壞，無法兌換新鈔，剩餘未兌換的新鈔即為「水火不到錢」），而最後
「水火不到錢」仍歸總領所管理。由上可見，淮東、淮西、湖廣、四川
四總領所，都負有管理紙幣的責任。

　　南宋後期因軍費大增，負責籌措軍費的總領所也開始濫發紙幣，
以滿足軍費需求。劉克莊言：

> 臣竊惟財用不足，今日不可藥之病也。先朝或出內藏庫數百萬
> 以助大農，今內帑有無，外廷不得而會矣。前或世稅於農，或
> 攧於商賈，今稅攧俱重，不可復加，桑洪（弘）羊、宇文融復
> 生，其術窮矣。於是日造楮十六萬，以給調度。楮賤如糞土，
> 而造未已。士大夫獻議盈廷，工於詞病而拙於處方者皆是也。[89]

　　可見當時宋廷在增收田賦雜稅與商稅之外，又採取增印紙幣的方
式，以滿足財政需求，導致通貨膨脹，紙幣嚴重貶值，「賤如糞土」。
當時淮東、淮西、湖廣、四川四總領所，可能即執行這類飲鴆止渴的
政策。

　　四川總領所為了增加財政收入，在紙幣政策上另生一計：

> 慶元四年（1198）冬，丁端叔自四川茶馬代還，入見，言川交
> 子二年一兌，每引納貫頭錢八十文足，民甚苦之。今計所多羨
> 財，每界請展一年，永為定制。……嘉泰二年（1202）陳日華
> （曄）總領，謝用光為帥，請之朝，復以二年一兌。蓋軍餉所

89　劉克莊：《後村先生大全集》，卷51〈備對劄子・貼黃之三〉，頁419-420。上奏時間
　　為端平元年（1234）九月，與紹定四年（1231）李全被殺相距僅三年，應可反映嘉定
　　至紹定年間忠義軍最盛時期的情形。

仰，不可復展矣。[90]

原先錢引以兩年為一界，每界到期須用舊鈔換新鈔，兌換時要交納「貫頭錢」（手續費）八十文，增加百姓的負擔，因此丁端叔才建議將每界的期限由兩年延長為三年，減少百姓兌換的次數，減輕百姓的負擔。但嘉泰二年後，總領陳曄又將每界的期限由三年改為兩年，原因仍在於「軍餉所仰，不可復展」。可見為了軍費的需要，百姓的負擔便無法兼顧。關於南宋四總領所與各類紙幣的發行，詳見本書第五章。

本章小結

南宋的總領所，負責軍費的發放。南宋各路的財賦，除了福建路、兩浙東路的財賦完全由中央控制之外，其餘各路的財賦大多送至四總領所，以滿足御前諸軍的需要。朝廷從這些路分中得到的財賦，實際上非常有限。故南宋財賦的轉輸，為四川諸路供四川總領所，京西、湖廣、江西供湖廣總領所，江東、浙西供淮東總領所，江東、江西供淮西總領所，可見四總領所掌握大部分的國家財賦，對於南宋的社會與經濟，擁有相當大的影響力。

總領所初設立時，軍費發放的對象為御前諸軍九都統司（嘉定後為十都統司）。軍士的俸祿分為「熟券」與「生券」。「熟券」為軍士本俸，出自國家固定的財政預算；「生券」則為軍士出戍或擔任其他任務時的加俸，屬於臨時性的支出。然而，南宋中後期，一方面不斷增設御前軍，這些新設御前軍軍士的俸祿則用「生券」的方式支付，不在國家固定的財政預算之內，須由總領自行籌措。除了新設的御前軍之

90　李心傳：《建炎以來朝野雜記》甲集，卷16〈錢引兌監界〉，頁366。

外，甚至連地方軍、民兵的開支，也動支總領所的財賦，使得總領所
的財政負擔越來越大。

　　然而，此時南宋朝廷卻收縮總領所的財政權限，例如建康、鎮江
兩榷貨務的收入，不再隸屬於總領所而改隸提舉官。因此，總領所為
了滿足軍費需求，用各種方式增加財政收入。圍田、鹽榷乃至增印紙
幣，都成為總領所增加財賦收入的手段。

　　在淮南東路，此一與金國接壤的邊陲之地，因「忠義軍」的出現，
使得軍費開支大為增加；並且由於忠義軍之間相互火拼，導致淮東地
區民生凋弊，甚至南宋朝廷以淮亂相仍，遣帥必斃（淮東制置使許國、
劉琸、姚狋相繼死於非命），難以撫治，遂將楚州降為淮安軍，視同羈
縻州，如同半放棄狀態。[91] 可見總領岳珂即使「焚林竭澤」以籌措軍
費，仍未能改變淮東衰亂的困境。

　　透過以上的分析，我們可以瞭解總領所支付軍士俸祿的方式，瞭
解「熟券」與「生券」的區別，並進而理解南宋後期總領所在財政上所
面臨的重大難題。

91　《宋史》，卷 477〈叛臣下‧李全下〉，頁 13837。

第五章
總領所與南宋紙幣的發行及管理

　　在總領所的職權當中，紙幣的發行與管理是一項相當重要的工作。南宋的紙幣，是採取「分區行使」的方式，東南地區行使「行在會子」（東南會子），兩淮地區行使「兩淮會子」，湖北地區行使「湖北會子」，四川地區行使「錢引」。「兩淮會子」、「湖北會子」、「錢引」皆由各總領所負責管理，因此，總領所對於南宋的紙幣政策，乃至紙幣制度在中國歷史上的發展，扮演相當重要的角色。

　　本章將分別從四川總領所與「錢引」的關係，湖廣總領所與「湖北會子」的關係，淮東、淮西總領所與「兩淮會子」的關係，探討總領所對紙幣的管理，以及面對不同政治、軍事局勢下的紙幣政策。

第一節　四川總領所與「錢引」

一　從「交子」到「錢引」

　　北宋時期全國大部分地區行使銅錢，但是在四川的地區行使的錢幣，主要是鐵錢，鐵錢與銅錢的比價，大約是「銅錢一當鐵錢十」[1]。由於鐵錢的價值太低，使用不便，因此有「交子」的出現。據《宋史・食貨志》記載：

　　　真宗時，張詠鎮蜀，患蜀人鐵錢重，不便貿易，設質劑之法，

---

[1]　馬端臨：《文獻通考》，卷9〈錢幣二〉，頁94。

一交一緡，以三年為一界而換之。六十五年為二十二界，謂之
「交子」，富民十六戶主之。後富民資稍衰，不能償所負，爭訟
不息。[2]

可見張詠為了解決鐵錢價值過低、不便使用的問題，故發行「交子」。
不過，交子是「由富民十六戶主之」，即是民辦。發行的形式是「一交
一緡」，即只有一緡（一千文）一種面額。不過後來因為富民沒有辦法
償付發行的交子，導致富民與百姓爭訟不息。面對這一問題，大中祥
符年間，轉運使薛田遂奏請將交子改由官辦。李燾《續資治通鑑長編》
記載：

大中祥符末，薛田為轉運使，請官置交子務，以権其出入，久
不報。寇瑊守蜀，遂啟廢交子不復用。會瑊去而田代之。詔田
與轉運使張若谷度其利害。田、若谷議：「廢交子不復用，則
貿易非便。但請官為置務，禁民私造。」又詔梓州路提點刑獄官
與田、若谷共議。田等議如前。（天聖元年十一月）戊午，詔
從其請，始置益州交子務。[3]

可見交子改為官辦，最初由轉運使薛田建議，後任的轉運使寇瑊則主
張廢交子不用。寇瑊去職之後，薛田與新任轉運使張若谷共議將交子
改為官辦，最後在天聖元年（1023）十一月得到皇帝同意。

交子的使用，有使用期限的限制，「二年為一界」，即每隔兩年
發行新界交子，收換舊交子，故每界交子實際流通時間為三年（第一
年發行，第二年流通，第三年以新交子收換舊交子）。[4] 百姓以舊交

2　《宋史》，卷 181〈食貨志・會子〉，頁 4403。

3　李燾：《續資治通鑑長編》卷 101，天聖元年十一月戊午，頁 2342-2343。

4　關於交子「界」的問題，參見彭信威：《中國貨幣史》（上海市：上海人民出版社，
　　1965 年），頁 432。

子兌換新交子時，要交納紙墨費三十錢。[5] 發行額則為一百二十五萬六千三百四十緡。[6]

不過，北宋後期，四川交子印造量增加，據《文獻通考‧錢幣考》記載：

> （熙寧）五年，交子二十二（三？）界將易，而後界給用已多，詔更造二十五界者百二十五萬，以償二十三界之數，交子之有兩界自此始。[7]

此後，紹聖元年（1094）增印十五萬貫，元符元年（1098）增印四十八萬貫，

崇寧元年（1102）增印二百萬貫，崇寧二年（1103）增印一千一百四十三萬貫，崇寧四年（1105）增印五百七十萬貫，大觀元年（1107）增印五百五十四萬貫。[8]《文獻通考‧錢幣考》說道：

> 自朝廷取湟、廓、西寧，籍其法以助兵費，較天聖一界逾二十倍，而價愈損。及更界年，新交子一乃當舊者之四。[9]

可見在大量濫印之下，交子的價值只剩下面額的四分之一。因交子嚴重貶值，故大觀元年夏，在蔡京的建議下，「改交子為錢引，舊交子皆

5　李心傳：《建炎以來朝野雜記》甲集，卷16〈錢引兌監界〉，頁365。

6　馬端臨：《文獻通考‧錢幣二》，頁97。

7　同前註，頁97。按交子第二十三界於治平四年（1067）發行。第二十三界交子應於熙寧二年（1069）年開始收換，但因第二十四界交子使用已多，無法收換，一直至熙寧五年始增印第二十五界交子收換。故第二十三界交子使用年限實為六年（1067-1072），與第二十四界交子同時流通，故稱「交子之有兩界自此始」。

8　參見劉森：《宋金紙幣史》，頁26。

9　馬端臨：《文獻通考‧錢幣二》，頁97。

毋得兌。」[10] 舊交子突然宣布全部作廢，令手持交子的百姓欲哭無淚。而且新的「錢引」發行後，幣值更為惡化。《文獻通考·錢幣考》記載：

> 大凡舊歲造一界，備本錢三十六萬緡，新舊相因，大觀中不蓄本錢而增造無藝，至引一緡當錢十數。[11]

以往每界交子印造，需備本錢三十六萬緡，大觀年間發行「錢引」，全無準備金，且發行無度，加上百姓還抱有對交子突然作廢的惡劣印象，對紙幣全無信心，因此錢引一緡（一千文）僅值鐵錢十餘錢。錢引之法，因此大壞。

二 四川總領所與南宋初期的錢引

南宋初年，因為宋金戰爭持續不斷，軍費開支大增。當時為了解決軍費開支，川陝宣撫處置使張浚任命趙開為隨軍轉運使，總領四川財賦（即四川總領所的前身）。據《宋史》卷一七四〈食貨志上二·賦稅〉記載：「建炎三年（1129），張浚節制川、陝，承制以同主管川、秦茶馬趙開為隨軍轉運使，總領四川財賦。」[12] 當時增印四川錢引成為了彌補軍費的方法，《建炎以來朝野雜記》記載：

> 建炎初，靳博文為益漕，以軍食不繼，始以便宜增印錢引六十二萬緡。其後張忠獻（浚）、盧立之（法原）、席大光（益）相繼為帥，率增印矣。紹興七年夏，詔四川不得泛印錢引，然邊備空虛，泛印卒如故。十年春，用樓仲輝議，詔印錢引者

---

10 李心傳：《建炎以來朝野雜記》甲集，卷16〈四川錢引〉，頁365。

11 馬端臨：《文獻通考·錢幣二》，頁97。

12 《宋史》，卷174〈食貨志上二·賦稅〉，頁4223。

徒二年，不以赦免。未數月，以贍軍錢闕，又命印五百萬緡。
十三年，鄭亨仲（剛中）復奏增四百萬緡。[13]

可見高宗建炎、紹興年間，因戰爭不斷，故四川經常以增印錢引，作
為應付軍費開銷的手段。但增印錢引必將導致錢引貶值，作為總領四
川財賦的趙開，應如何解決這一問題？趙開的作法如下：

> 又法成都府法，於秦州置錢引務，興州鼓鑄銅錢，官賣銀絹，
> 聽民以錢引或銅錢買之。凡民錢當入官者，並聽用引折納，官
> 支出亦如之。民私用引為市，於一千并五百上許從便增高其
> 直，惟不得減削。法既流通，民以為便。初，錢引兩料通行纔
> 二百五十萬有奇，至是添印至四千一百九十餘萬，人亦不厭其
> 多，價亦不削。[14]

趙開將四川的「錢引」制度，推行於陝西的秦州，又在陝西的興州鑄造
銅錢。此外，由於錢引大量發行，導致貶值嚴重，實際價值往往低於
面額甚多，故要求地方官必須將面額一千文與五百文的錢引，設法「增
高其直」，增加兌換鐵錢的數量，而不許任意貶值，以維持錢引的價
格。除此之外，趙開更要求「凡民錢當入官者，並聽用引折納，官支出
亦如之」，亦即百姓繳納賦稅於官府以及官府的收支，皆可使用錢引。
只要官府願意收納百姓繳納的錢引，百姓可以用錢引繳納賦稅，錢引
便可維持其價值而不易貶值。[15]趙開累計增印了錢引四千一百九十餘萬

13　李心傳：《建炎以來朝野雜記》甲集，卷 16〈四川錢引〉，頁 365。

14　《宋史》，卷 374〈趙開〉，頁 11598。

15　理論上，一種紙幣即使沒有金屬貨幣作為準備金，只要政府賦予它們完全的支持，具
　　有完全的法律效力，它們將會和真正的錢一樣通用。例如美國南北戰爭時期，林肯
　　總統（Abraham Lincoln）為了解決軍費開支，於一八六一年發行「美國券」（United
　　States Note），或稱「綠背券」（Greenbacks），完全沒有金銀等貴金屬作為抵押，卻成

緡,但錢引的價值並未大幅貶值,關鍵原因便在於此。趙開的作法,
對戰爭時期的財政貢獻甚鉅。

　　然而長期來說,要維持錢引的價值,須以鐵錢收換錢引,如此則
必須增加鐵錢的鑄造量。根據《建炎以來朝野雜記》記載:「邛州舊
鑄錢十萬緡,建炎初,轉運判官靳博文以為歲費本錢二十一萬,得不
償費,乃罷之。」[16] 紹興和議之後,四川官員即建議恢復鐵錢的鑄造。
「紹興十五年(1145),鄭亨仲(剛中)為四川宣撫副使,始即利州鑄
錢,歲十萬緡,以救錢引之弊。」[17] 紹興十五年底四川總領所成立之
後,鑄造鐵錢的事務由總領所負責:

> (紹興)二十二年,嘉守王知遠請復嘉、邛鑄錢監,事下計司
> (總領所),於是復置監於邛州。[18]

四川鐵錢的鑄造逐步恢復,錢引兌換鐵錢的比價也逐步提高。紹興
二十七年(1157)三月七日權刑部尚書張杓奏稱:「錢引十道……市價
止八貫(鐵錢),比之銅錢,止是四貫。」[19] 亦即錢引每道(面額一貫,
即鐵錢一千文)實際價值為零點八貫(八百文)鐵錢,與北宋末年每緡
(一千文)僅值鐵錢十餘文相比,錢引的價值算是相當穩定了。

　　紹興三十年(1160)金海陵帝完顏亮侵宋,宋金戰爭再度爆發。
海陵帝失敗後,宋孝宗又於隆興元年(1163)出兵北伐。因戰事連年
不斷,軍費開支再度暴增。當時掌管四川財計的四川總領所,對於錢
引的印造十分審慎。四川總領王之望向百姓增收賦稅,令百姓怨聲載

　　功發行,幫助美國度過南北戰爭。

16　李心傳:《建炎以來朝野雜記》甲集,卷16〈川陝鑄錢〉,頁359。

17　同前註,頁359。

18　同前註,頁359。

19　《宋會要輯稿‧刑法》3之8。

道，《建炎以來朝野雜記》記載：

> 田契錢者，亦隸經總制司，舊民間典買田宅則輸之，為州
> 用。……人多憚費，隱不告官，謂之白契。紹興三十一年，
> 軍興，王瞻叔（王之望）為四川總領，乃括民間白契稅錢以瞻
> 軍。遣官置司，會三年飛甲之籍，許人告，沒三之一，以其半
> 給告者。嫁資移囑隱其直者，視鄰田估之。雖產去券存者，皆
> 倍收其賦。細民墓地，亦首納算錢。於是除威、茂、珍州、長
> 寧軍及關外四州不括外，他三十三郡共得錢四百六十八萬緡，
> 成都等二十四州未見數。明年，沈德和為制置使，首以蜀中括
> 契錢不便為言，而議者亦譏其斂怨。[20]

王之望追討百姓逃漏的田契錢，導致百姓不滿，甚至制置使沈德和也
不同意王之望招惹民怨的政策。但是，如此「斂怨」的王之望，在錢引
政策上卻十分謹慎。《建炎以來朝野雜記》記載：

> 三十年，軍事將起，王瞻叔增印一百七十萬緡。又明年，虞并
> 甫（允文）宣諭川陝，亦增印一百萬緡。[21]

在第一次增印錢引後，王之望的態度更為審慎。紹興三十一年
（1161）十月，王之望向朝廷奏言：

> 乞密降省劄，略示（增印錢引）大數付之望，不下轉運司收
> 掌。令之望酌度事宜，或三五十萬，或百十萬道，作番次旋旋
> 增添，不令外人知所添之數，足以給用，即止，不必盡如朝旨
> 所增。蓋添印頓多，則引價必損。……之望備員總計，當此軍

---

20 李心傳：《建炎以來朝野雜記》甲集，卷15〈田契錢〉，頁320-321。
21 李心傳：《建炎以來朝野雜記》甲集，卷16〈四川錢引〉，頁365。

興，若得多印錢引，以救目前之急，實為大幸。但為朝廷久遠
之計，慮及如此，伏望特賜照察。[22]

王之望對於增印錢引的態度十分謹慎，是「足以給用，即止」，反對大
量增印。結果，「詔添印三百萬，之望止添印一百萬。」[23]

孝宗時期，四川錢引雖不乏增印之舉，如「孝宗隆興二年，餉臣趙
沂添印（錢引）二百萬。」但也制訂限額，如「淳熙五年，以蜀引增至
四千五百餘萬，立額不令再增。」[24] 因此錢引的發行與使用尚稱穩定。

三　南宋後期錢引的貶值

開禧二年（1206），南宋在權臣韓侂胄的策劃之下，開始北伐。然
而四川宣撫副使吳曦叛宋投金，受金章宗冊立為蜀王；且北伐之宋軍
紛紛戰敗，局勢對宋朝不利。開禧三年（1207）吳曦被殺，四川轉危為
安。同年底，寧宗誅殺韓侂胄。嘉定元年（1208），宋金達成和議。

這一場「開禧北伐」，使得南宋軍費支出大為增加。根據《宋史‧
陳咸傳》的記載：

蜀錢引舊約兩界五千餘萬，半藏於官，自軍興引皆散於民，
宣、總二司增創三界通行八千餘萬，價日益落。[25]

可見戰後流通的錢引，超過八千萬（三界為第九十、九十一、九十二
界）。然而戰後四川百廢待興，總領所已無力出資收換舊有的錢引。因
此，總領陳咸為了收兌第九十界錢引，費盡心機。據《建炎以來朝野雜

22　李心傳：《建炎以來繫年要錄》卷193，紹興三十一年十月戊辰，頁3253-3254。

23　《宋史》，卷181〈食貨志‧會子〉，頁4409。

24　同前註，頁4409。

25　《宋史》，卷412〈陳咸傳〉，頁12390。

記》記載：

> 嘉定元年冬，四川總領所收兌九十界錢引。……逮嘉定初，
> （錢引）每緡止直錢四百以下，議者患之。總領財賦陳逢孺
> （咸）乃與僚屬議，出庫笑金銀、度牒與民，收回半界。金每
> 兩直六十緡，銀每兩六緡二百，度牒每道一千二百緡，度庫笑
> 所藏可直一千三百萬。議論凡數月，至是忽行下諸州，聽民間
> 以舊引輸官課，及赴利州市金銀，期以歲終，官司毋得受。榜
> 出，民間大驚。……四川諸州，去總領所遠者至千數百里，而
> 期限已迫，往來或不及，且受給之際，吏緣為姦，折閱已甚。
> 于是單丁弱客皆不敢行，一引之值，僅售百錢，咨嗟怨泣，其
> 聲載道。後旬日，制置使吳德夫（獵）知之，乃揭榜，除收兌
> 一千三百萬引外，其餘三界依舊通行使用。又檄總領所分取金
> 銀，就成都置場，收兌舊引，民心稍定。時宣撫司（宣撫使安
> 丙）方與總領所比，故移書東南，以為德夫沮壞其事。論者亦
> 但謂錢幣專屬總計台，制司無所預，由是不直德夫云。[26]

這件事反映出總領為了收換第九十界錢引，已經焦頭爛額，手段也無
所不用其極。因為準備的錢物不足，只能兌換半界，兌換的方式包括
用金銀、度牒來收兌錢引，可見總領所顯然已無現錢可以使用。商議
數月後，忽於冬季下令收兌，除繳納官課外，要兌換金銀須至偏遠的
總領所所在地利州兌換，且期限只到年終。因路程遙遠，一般百姓難
以在時限內趕赴利州兌換。故怨泣載道，第九十界錢引也貶值只剩
一百錢左右（當年原值四百餘錢）。顯然這是總領所故意如此，利用路

26　李心傳：《建炎以來朝野雜記》乙集，卷16〈四川收兌九十界錢引本末〉，頁789-
790。

程遙遠，時間有限，甚至官吏刁難，讓百姓無法在時限內完成兌換，到期之後第九十界的半界錢引自然作廢，省去總領所不少麻煩。當時制置使吳獵為了緩和民怨，宣布第九十界的另一半，以及九十一、九十二兩界錢引仍舊通行。且要求總領所於成都設場，供百姓以舊引兌換金銀。從「民心稍定」來看，大概總領陳咸最後還是在吳獵的壓力之下，在成都設場以金銀兌換舊引。陳咸此舉，可謂「偷雞不著蝕把米」。當時宣撫使安丙袒護陳咸，於是向朝廷（東南）彈劾吳獵，吳獵不久即去職。按當時制度，制置使不當干預財賦之事，但吳獵以安民為本，故越權干預，不久即被調離四川。

嘉定三年（1210），制置使安丙又計畫收兌第九十一界錢引，共二千九百萬緡，《建炎以來朝野雜記》記載：

> 庚午（嘉定三年）春，議欲復收半界，提舉茶馬張東父（震）
> 首出馬價寬賸錢三百萬緡為助，大制司益以二百萬緡，既而遂
> 欲盡收九十一界錢引二千九百萬緡，其千二百萬緡合諸司之
> 力，餘千七百萬緡令民間每百引貼納三十引收兌。逢孺謂三年
> 三兌，失信於民，且貼頭太多，民有折閱之患，不如量力，止
> 毀九十三界新引千二百萬緡（按：九十三界錢引於嘉定元年發
> 行）。如此，即止餘兩界（九十一、九十二界）通行，公私皆
> 受其利。安公（丙）怒，即榜諭軍民，以為九十一界錢引係前
> 宣撫程松增印五百萬道，所以錢引價低，軍民皆受其弊。今使
> 司措置與茶馬兩司收鏨五百萬外，餘兩千四百萬合係總領所以
> 新引收兌。……檄至，逢孺堅持不行，安公益怒，六月辛酉，
> 逢孺方視事，有御前軍吏四人直入吏舍，縛都副吏三人以去。
> 逢孺慍，即以印付屬官，稱疾，申大制司乞致仕。……久之，
> 辛兌九十一界二千九百餘萬緡。其一千二百萬緡，以茶馬司羡

餘、大使司空名官告、總所椿管度牒、金銀對鑿，餘以九十三
界收兌。又創造九十四界錢引五百萬緡，以收程東老（前宣撫
使程松）所增之數。應民間輸納者，每引百帖納八千。[27]

當時原本總領陳咸只計畫收兌第九十界的另外半界，但最後制置大使
安丙要求收兌第九十一界二千九百萬緡，除了其中一千二百萬緡由各
司出錢之外，剩下的一千七百萬緡要由總領所用新錢引收兌。總領陳
咸表面上以「貼頭太多」（每百引要加收三十引）易招民怨而反對，實
際上是總領所現有錢財有限，陳咸認為如果收兌第九十三界一千二百
萬緡，扣除茶馬司捐助的三百萬緡，大制司的二百萬緡，總領所只要
提供七百萬緡即可。這一看法激怒了安丙，安丙認為陳咸推卸責任，
所以出榜告示收兌第九十一界錢引，且要求總領所負擔其中二千四百
萬緡。陳咸得知後，堅持不執行，於是安丙派兵捉走總領所官吏四
人，以示警告，陳咸因此辭職。最後，第九十一界錢引終於收兌，開
銷的經費，除了茶馬司三百萬緡、制置大使司二百萬緡、總領所度牒
金銀約七百萬緡（以上三項共計一千二百萬緡）外，再加上一千二百萬
緡九十三界錢引、五百萬緡九十四界錢引，共計二千九百萬緡。並規
定每百引（一引為一緡，即一千文）加收八千，等於附加百分之八的手
續費。

　　但是，實際執行時，「總所收兌舊引，皆以金銀品搭，率用新引七
分，金銀三分，銀色下而秤虧，官吏因以為利。其實每舊引百，貼納
二十引乃得之。」[28] 亦即總領所兌換的金銀，成色低下且重量不足，而
換取新錢引則實際上要收百分之二十的手續費。此中弊端叢生。

　　至於制置大使司提供的二百萬緡，則一方面「不理選限將仕郎（官

27　同前註，頁 791-792。

28　同前註，頁 792。

告）一道，計直千緡，三路十七州共賣一千道，計直百萬緡。」另外，「其半則以給賣沒官鹽井，⋯⋯嘉定元年逢孺始從總領所榜賣，給為永業，得錢數十萬緡。至是大制司以為計司速於求售，酬未當直，再召人實封投買，又得錢近百萬緡。」[29] 制置人使安丙除了賣官告之外，將陳逢孺兩年前已經賣出的鹽井，收回重新賣出，這就是制置大使的籌錢方式。從總領所、制置大使司籌錢的種種窘狀，我們可以看到南宋後期四川的財政已經捉襟見肘。

對於嘉定元年、三年收兌九十、九十一界錢引，《建炎以來朝野雜記》評論說道：「蓋自元年、三年兩收舊引，凡二千五百萬緡有奇，而引直遂復如故。向使計司非有積椿金銀之富，又安能收此冗濫不行之券乎？」[30] 第九十界錢引，預計收兌一千三百萬；第九十一界錢引，預計收兌二千九百萬，共計四千二百萬。但最後兩界總共只收兌兩千五百萬，這可能要扣除因戰亂散失、或因期限已到尚未兌換而作廢的部分。開禧戰後超過八千萬的數量，扣除這次收兌及作廢的四千二百萬緡的錢引，雖然暫時「引直遂復如故」，但若將新發行的第九十三、九十四界錢引也列入計算（第九十三界嘉定元年已發行一千二百萬緡，嘉定三年又發行一千二百萬緡，共計二千四百萬緡。第九十四界五百萬緡），則這兩次收兌行動仍未完全解決錢引過多，價值低落的問題。

此外，從制置使吳獵干預總領所事務，到陳咸被安丙逼迫辭職，我們可以看到總領理財的獨立性遭到侵蝕。雖然後來的四川總領仍有與制置使對抗的例子，如王釜、王鉛（詳見本書第六章），但整體來說，總領逐漸成為制置使的下屬，失去獨立理財的作用。

嘉定以後，關於錢引的史料記載甚少，但從嘉定以後戰亂不斷

29　同前註，頁 792。

30　同前註，頁 792。

的情形看來，不斷增印錢引似乎是解決軍費問題的唯一途徑。嘉定三年，蒙古入侵金國。嘉定七年（1214），南宋趁機罷納歲幣，宋金又啟戰端。隨著戰爭的爆發，軍費開支又增，嘉定十一年（1218）四月「戊申，命四川增印錢引五百萬以給軍費」。[31] 不斷增印錢引，只會導致每界錢引到期時的收兌工作更為困難。嘉定十二年（1219）因為戰爭的需要，宋朝重新設置四川宣撫司，以安丙為宣撫使。當時的總領任處厚只能「惟沂公（宣撫使安丙）與南海崔正子（制置使崔與之）是依」[32]，失去了獨立理財的功能。到了端平元年（1234），宋朝剛剛與蒙古聯手滅金，卻又因「端平入洛」與蒙古發生衝突。當時的四川錢引的印造數量更是大幅暴增，當時的官員李鳴復指出：

> 蜀楮之出，至十七千萬有零矣。而用度未足，萬一楮價益賤，艱於支遣，又何以為策？[33]

端平元年時，四川錢引的發行已至十七千萬緡，安丙、陳咸收兌二千五百萬緡的第九十、九十一界錢引，已是左支右絀，甚至反目成仇。十七千萬緡的錢引，積重難返，已是完全無法收兌。理宗於淳祐二年（1242），「授余玠兵部侍郎、四川安撫制置使、兼知重慶府、兼四川總領、兼夔路轉運使」[34]，四川總領由制置使兼任，此後成為慣例。制置使的責任，首先是對抗蒙古，故一切施政以軍事為優先，錢引過多問題，則無暇顧及。淳祐九年（1249），四川制置大使余玠奏請

31　《宋史》，卷 40〈寧宗紀〉，頁 769。

32　魏了翁：《鶴山先生大全文集》（四部叢刊正編本，臺北市：臺灣商務印書館影印，1979 年），卷 44〈重建四川總領所記〉，頁 22 上。

33　黃淮、楊士奇編：《歷代名臣奏議》（明永樂本，臺北市：臺灣學生書局，1964 年）卷 99，頁 2 下 -3 上。

34　《宋史》，卷 416〈余玠傳〉，頁 12469。

「交引以十年為一界,詔從之。」[35] 可見大量到期的錢引因無法兌換,只好拖延時間。

四 四川總領所的特殊紙幣

除了錢引之外,四川總領所還管理幾種特殊紙幣。其一是「關外銀會子」,根據李心傳《建炎以來朝野雜記》記載:

> 關外銀會子者,紹興七年,吳涪王(吳玠)為宣撫副使,始置於河池。其法:一錢或半錢,凡一錢銀會子十四萬紙,四紙折錢引一貫,半錢銀會子十萬紙,每八紙折錢亦如之。初但行於魚關及階、成、岷、鳳、興、文六州,歲一易,其錢隸軍中。武安薨,遂屬計所(總領所)。十七年七月,復造於大安軍,再歲一易。乾道四年四月,始增一錢銀三萬紙。九月,行於文州。其後稍益增,迄今每二年印給六十一萬餘紙,共折川錢引十五萬緡。[36]

這種「關外銀會子」,大約只在陝西以及四川北部行使,且「其錢隸軍中」,可能是一種軍用票。「關外銀會子」雖然以銀為本位,分為一錢、半錢兩種面額,但實際上只能兌換錢引。最初印造一錢銀會子十四萬紙,半錢銀會子十萬紙。但是到了嘉定年間(《建炎以來朝野雜記》的著作年代,文中所謂「迄今」)已經增發到六十一萬餘紙。可見這種「關外銀會子」,南宋時期在陝西與四川北部持續通行,且印造量不斷增加。

其次,還有「鐵錢會子」:

35　不著撰人:《宋史全文續資治通鑑》卷34,淳祐九年九月甲子,頁2609。
36　李心傳:《建炎以來朝野雜記》甲集,卷16〈關外銀會子〉,頁366-367。

> 鐵錢會子者，興元府、金、洋州用之，創自隆興元年。其法：
> 自三百、二百至一百，凡三等，迄今每二年印給二百四萬緡，
> 共折川錢引四十萬緡。始是，總領趙郎中沂奏獲其年十月四日
> 癸巳指揮，造六十萬緡，折錢引十萬貫，行於金州。至隆興二
> 年六月、乾道四年正月，累增乃及此數也。[37]

這可能是為了因應隆興元年宋孝宗北伐，而由四川總領趙沂發行的一
種臨時性貨幣，面額只有三百、二百、一百三種，皆為小面額，發行
地為興元府、金州、洋州等地，皆為軍事要地，且可以用於兌換四川
錢引。故推測這種鐵錢會子可能也是一種在戰時供軍人消費零用的軍
用票，一方面軍人省去攜帶鐵錢之苦，一方面這種軍用票若落如敵人
手中，官府可以宣布作廢，對經濟的衝擊不會太大。這種鐵錢會子，
孝宗以後無記載，可能戰爭結束之後，便逐漸廢除。

　　此外還有一種「總領所小會子」，為開禧三年總領陳咸所創：

> 丁卯歲（開禧三年），陳逢孺以用不足，始創小會子，楊端明為
> 制帥，深不樂之，故四川皆不用。吳德夫（獵）代鎮蜀，與逢
> 孺厚，下令官民悉許流轉，然州縣務場賦輸悉不肯受，由是不
> 能行。後但以其五萬緡收兌舊引於劍外諸州，已而亦廢。是時
> 宣撫司又為金銀會子，後亦不行。[38]

這種紙幣名為「小會子」，可能也是一種低面額的軍用票，供戰時軍人
使用。軍人以此向百姓購買貨品，百姓再持此向軍隊兌換錢引。「故四
川皆不用」意謂四川其他官府皆不收受這種紙幣。制置使吳獵雖一度
下令「官民悉許流轉」，但地方官府仍然不肯接受，故此一紙幣不久即

37　同前註，卷 16〈鐵錢會子〉，頁 367。
38　李心傳：《建炎以來朝野雜記》乙集，卷 16〈四川總領所小會子〉，頁 793。

廢除。

　　以上三種，為四川錢引之外的特殊貨幣，可能皆為軍用票，但因史料有限，僅能作此推論，尚有待進一步證明。

五　四川會子

　　由於錢引發行過多，貶值嚴重，完全無法行使。寶祐三年（1255），「詔撥封樁庫十八界會二百萬專充四川行使。」[39] 因錢引無法使用，宋朝將「東南會子」二百萬運入四川行使。《宋史》載寶祐四年（1256）時：

> 臺臣奏：「川引、銀會之弊，皆因自印自用，有出無收。今當拘其印造之權，歸之朝廷，倣十八界會子造四川會子，視淳祐之令，作七百七十陌，於四川州縣公私行使。兩料川引並毀，見在銀會姑存。舊引既清，新會有限，則楮價不損，物價自平，公私俱便矣。」有旨從之。咸淳五年，復以會板發下成都運司掌之，從制司抄紙發往運司印造畢功，發回制司，用總所印行使，歲以五百萬為額。[40]

可見錢引與「關外銀會子」，皆因發行過多，有出無收，貶值嚴重，因此將舊紙幣錢引廢除，改發行新紙幣「四川會子」。對於舊紙幣錢引，「兩料川引並毀」，並未提及收換，可能此時錢引貶值嚴重，完全形同廢紙，已無收換的必要。而「關外銀會子」則可暫存。這種新紙幣，鈔版放在成都轉運司，由四川制置司提供紙張，送至轉運司印造，印造完成後再送回制置司，「用總所印行使」，蓋上總領所的印記後發行使

39　不著撰人：《宋史全文續資治通鑑》卷35，寶祐三年二月壬午，頁2645。

40　《宋史》，卷181〈食貨志・會子〉，頁4410-4411。

用。可見這種「四川會子」，發行權完全掌握在制置司手中，當時四川總領已成為制置使的兼職，制置使可用總領所的印記發行紙幣，可見總領所已經名存實亡。

寶祐四年到德祐二年（1276）恭帝投降南宋滅亡，還有二十年的時間，這段時間四川會子的發行情形如何，史無明文。但此時期宋蒙戰爭不斷，四川尤其是主要戰場，故推測「四川會子」可能已經無法正常發行。

第二節　湖廣總領所與「湖北會子」

關於「湖北會子」（簡稱「湖會」）的印造，根據李心傳《建炎以來朝野雜記》記載：

> 湖北會子者，隆興元年秋，總領王玨始創造。謂之「直便會子」，凡七百萬緡。乾道元年春，楊倓帥荊南，以為不可通行於諸路，乞令戶部以（東南會子）五十萬緡兌換。其後遂收三百萬緡，止餘四百萬。淳熙五年冬，又令戶部印給（東南會子）三百萬緡，而總領周嗣武言：「自來鹽商無回貨，率以（湖北）會子市茶引而東，今（東南）會子通行，則茶引不售，軍食必闕。」遂寢之。十一年（1184），始通行於京西路。[41]

可見湖北會子由湖廣總領王玨創設。當時正是宋孝宗積極北伐之時，因此湖廣總領王玨可能是為了因應此次戰爭的軍費需求，才發行湖北會子。汪聖鐸先生認為：湖北會子是用來兌換銅錢的，因為湖北會子發行於隆興元年，京西路行使鐵錢在乾道年間，荊湖北路行使鐵錢更

41　李心傳：《建炎以來朝野雜記》甲集，卷 16〈湖北會子〉，頁 363。

在紹熙以後。[42] 尤其，黃榦在〈申荊湖制置司辦漢陽軍糶米事〉一文中，曾說：「十萬貫鐵鏹準湖會六萬貫。」[43] 湖北會子的價格比鐵錢還高，可見湖北會子是用來兌換銅錢，而非鐵錢。

前引《朝野雜記》說到乾道元年楊倓奏請將湖北會子回收，但根據李昌憲《宋代安撫使考》所記：楊倓擔任荊湖北路安撫使，時間為淳熙元年（1174），非乾道元年。[44] 據《宋史·食貨志》記載：

> 初，襄、郢等處大軍支請，以錢銀品搭。孝宗隆興元年，始措置於大軍庫儲見錢，印造五百并一貫直便會子，發赴軍前，並當見錢流轉。印造之權既專，印造之數日益；且總所所給止行於本路，而荊南水陸要衝，商賈必由之地，流通不便。乾道三年，收其會子印板。四年，以淮西總所關子二十萬，都茶場鈔引八十萬，付湖北漕司收換，輸左藏庫，又命降銀錢收之。五年，詔戶部給行在會子五十萬，付荊南府兌換。[45]

綜合以上兩種記載，我們可以看到，當時王玨印造的湖北會子（又稱「直便會子」），分成五百、一貫兩種面額。發行之後，因為荊湖北路為商賈必經之地，商人若經過湖北，要先將「東南會子」換成湖北會子，在湖北使用；離開湖北時又要將湖北會子換成東南會子，因此不便於商賈流通。故乾道年間以後，宋廷開始陸續收回湖北會子。楊倓建議用東南會子五十萬緡收兌湖北會子之事，可能即《宋史·食貨志》所記乾道五年「詔戶部給行在會子五十萬，付荊南府兌換」一事，如此

---

42 汪聖鐸：《兩宋貨幣史》（北京：社會科學文獻出版社，2003 年）下冊，頁 747。

43 黃榦：《勉齋先生黃文肅公文集》（北京圖書館古籍珍本叢刊影印元刻本，北京市：書目文獻出版社，1988 年），卷 31〈申荊湖制置司辦漢陽軍糶米事〉，頁 12 上。

44 李昌憲：《宋代安撫使考》（濟南市：齊魯書社，1997 年），頁 479。

45 《宋史》，卷 181〈食貨志·會子〉，頁 4412。

則當時楊倓的身份尚非荊湖北路安撫使。

　　而《朝野雜記》又記載淳熙五年冬戶部要用東南會子三百萬緡收換湖北會子，然這一建議卻遭到湖廣總領周嗣武的反對，原因是商人在湖北使用湖北會子，離開湖北時會將湖北會子換成茶引，到東南易茶。如果東南會子在湖北通行，商人離開湖北就不必兌換成茶引，茶引的銷路必減。而茶引收入是軍需財賦的一部份，故湖廣總領反對此舉。由於回收湖北會子牽涉到湖廣總領所的經濟利益，故前述朝廷以淮西總領所關子二十萬、都茶場鈔引八十萬、銀錢、行在會子（東南會子）等方式回收湖北會子的命令，是否真正執行，都是值得懷疑的問題。

　　《宋史‧食貨志》又載：

　　　淳熙七年，詔會子庫先造會子一百萬，降付湖廣總所收換破會。[46]

這裡所謂的「先造會子一百萬」，是東南會子還是湖北會子？按照汪聖鐸先生的看法：在湖廣總領周嗣武反對收回湖北會子後，「朝廷於是決定不廢罷湖會，且印新湖會收兌舊湖會。」[47]可見印造的應是湖北會子。此外，湖北會子不但未因回收而減少，反而流通地域更廣，淳熙十一年在京西路也可行使。可見「回收湖北會子」與「繼續行使湖北會子」（以湖廣總領為代表）兩派的論爭，最後是後者佔了上風。

　　不過，湖北會子確定繼續行使之後，仍有問題尚待解決。最初湖北會子發行時，只是為了因應隆興北伐的軍事需求，因此在制度上並非十分完備，尤其湖會的發行沒有「界」的限制，當印造新湖會時，難

46　同前註，頁 4412。
47　汪聖鐸：《兩宋貨幣史》下冊，頁 744。

免給人濫印濫發的想像。《宋史·食貨志》記載：

> （淳熙）十一年（1184），臣僚言：「湖北會子創於隆興初，迄
> 今二十二年，不曾兌易，稱提不行。」詔湖廣總領同帥、漕議
> 經久利便。帥、漕、總領言：「乞印給一貫、五百例湖北會子
> 二百萬貫，收換舊會，庶幾流轉通快，經久可行。」從之。十三
> 年（1186），詔湖廣會子仍以三年為界。紹熙元年（1190），詔湖
> 廣總所將見行及樁貯新舊會取數，倣行在例立界收換。餉臣梁
> 總奏：「自來不曾立界，但破損者即行換易，除累易外，尚有
> 五百四十餘萬，見在民間行用。乞別樣制作兩界，印造收換。」
> 從之。[48]

淳熙十一年雖有臣僚提到「不曾兌易，稱提不行」的問題，但並未說
要「立界」（設定使用期限）。而湖廣總領與安撫使、轉運使商量的結
果，只是用新湖會二百萬貫收換舊鈔，也未說要「立界」。正式提到
「立界」問題的是淳熙十三年的詔令：「湖廣會子仍以三年為界」，但
似乎未曾施行，以致紹熙元年光宗仍下詔：「仿行在（臨安）例立界
收換」，湖廣總領梁總也說：「自來不曾立界。」可見湖北會子之「立
界」，至紹熙元年始行之。當時梁總主張同時發行兩界，《建炎以來朝
野雜記》記載：

> 紹熙初，梁總為京湖總領，會其已出應換之數，得五百六十二
> 萬緡，遂亦造兩界焉。每界二百七十萬緡，總為五百四十萬。[49]

故本人認為紹熙元年應為發行第一、二界的時間。[50]

48　《宋史》，卷181〈食貨志·會子〉，頁4412。

49　李心傳：《建炎以來朝野雜記》甲集，卷16〈湖北會子〉，頁363。

50　劉森認為湖會「界」的劃分有兩種說法，其一以隆興元年為第一界，淳熙十一年為第

　　然而，即使湖北會子「立界」之後，湖廣總領似乎仍未按界回收舊會，發行新會。第三界、第四界、第五界湖廣會子的發行時間，史無明文。但《宋史·食貨志》記載：

> 嘉定五年（1212），湖廣餉臣王釜，請以度牒、茶引兌第五界舊會、每度牒一道，價千五百緡，又貼搭茶引一千五百緡，方許收買，期以一月。然京湖二十一州止置三場，不便。制臣劉光祖乃會總所以第六界新會五萬緡，令軍民以舊楮二而易其一；繼又令軍民以一楮半而易其一；又請于朝添給新楮十萬，軍民賴之。十四年（1221），造湖廣會子三十萬易破會。十七年（1224），造湖廣第六界會子二百萬。[51]

嘉定五年湖廣總領王釜要收回第五界湖會，然規定嚴苛，不便於民。於是制置使劉光祖建議發行第六界新湖會，以舊湖會二兌換新湖會一（後改為舊湖會一點五兌換新湖會一）。若將嘉定五年當作第六界湖會的發行時間，則距紹熙元年發行第一、二界湖會，已有二十二年。紹熙元年之後二十二年間，只發行了第三至第五界，平均七年發行一界。（若按照劉森的計算方式，湖會每界發行的間隔時間更長。）可見所謂「三年一界」，完全形同具文。湖廣總領只有在湖會發行過多，價值貶值太大的情形下，才會考慮回收舊會以稱提其價值。因此，在嘉定十四年、嘉定十七年，湖廣總領所印造的湖會，仍是第六界。

　　至於第七界湖會發行的時間：「嘉熙二年（1238），撥第七界湖會九百萬付督視參政行府。」第八界湖會的發行時間則為：「寶祐二年

二界，紹熙元年為三、四界，紹熙三年為第五界。其二認為淳熙十一年為第一界，紹熙元年為二、三界，紹熙三年為第四界。見劉森：《宋金紙幣史》，頁112。

51　《宋史》，卷181〈食貨志·會子〉，頁4413。

（1254），撥第八界湖會三百萬貫付湖廣總所，易兩界破會。」[52] 第六界發行至第七界發行，相隔二十六年。第七界與第八界則相隔十六年。可見湖廣總領所完全不遵行「三年一界」的制度。

而湖北會子本身的價值如何？據《建炎以來朝野雜記》記載：「今（寧宗年間）江浙會子一千，率得銅錢七百五十。湖北會子一千，率得錢五、六百。」[53] 可見到了南宋中期，湖北會子與東南會子相比，雖然有所貶值，但幅度不大，大致仍在百姓可接受的範圍內。不過，寧宗之後，湖北會子貶值似乎相當迅速，這可能與前述只增印而少回收的作法有關。汪聖鐸先生在嘉定八年（1215）知湖北漢陽軍黃榦的文書中，看出嘉定年間湖北會子的重大變化。黃榦說道：

> 本軍（漢陽軍）每歲米價每升只是十七、八文湖會，今客人高抬米價，增至四、五倍。……本軍自去歲六月糴客米只是四十文（鐵錢）一升，只作四十文湖會出糴。有孫知軍樁積米經隔三年，已是陳腐，故又減作三十五文湖會，然比之市價雖減一半，比之每年價例已增一倍。[54]

以往漢陽軍米價為每升十七、八文湖會（每石則為一貫七、八百文湖會），後來米價上揚四、五倍，約在每石七、八貫湖會，漢陽軍糶賑災米每升為四十文湖會（每石為四貫湖會），雖然較市價低了一半，但仍比往年價錢高了一倍左右。到了理宗端平年間，據吳潛所言：

> 自京襄首納唐鄧之空城，繼與彼合兵攻蔡，兵事一開，招納浸廣，調度浸繁，公私之積，遂至掃地。目今湖襄間米石之價為

52　同前註，頁 4413。

53　李心傳：《建炎以來朝野雜記》甲集，卷 16〈東南會子〉，頁 363。

54　黃榦：《勉齋先生黃文蕭公文集》，卷 31〈申制置司為賑糶米價太高事〉，頁 15 上 - 下。

　　湖會五十券，百姓狼狽，死者枕藉。[55]

可見端平元年宋蒙聯軍攻蔡州時，湖北米價已是每石五十貫湖北會子，較嘉定年間（每石七、八貫）又上漲了八倍。與嘉定以前一貫七、八百文湖會相比，「此時湖會的購買力已跌到嘉定年以前的幾十分之一。」[56] 可以看見到了南宋後期，湖北會子貶值的速度相當迅速。

　　因為湖北會子迅速貶值，湖廣總領在發放軍費時，也不敢完全支付湖會，而是採取湖會與東南會子分成搭放的方式。據《宋會要輯稿·食貨》記載：

　　（嘉定十五年）湖廣總領所言：本所契勘每年承准朝省科定江西、湖南上供綱米應副本所諸屯大軍支遣，……有湖南一路合發米四十七萬五千二百餘石，……所有改撥荊襄、均州、光化之糧，自鄂州至交卸之地，一切水腳之費，全係本所抱認。從前止支湖會。……（現）遂將合支改撥米綱水腳錢以十分為率，到鄂州先支七分，內改三分支行至（在）會子，比之時價，每貫已多一貫七百湖會，餘支四分會。更有三分錢，則椿留以留其到襄陽等處，卻以交、會各半支給。[57]

　　一方面可見當時湖北會子貶值嚴重，前引《建炎以來朝野雜記》：「今（寧宗年間）江浙會子一千，率得銅錢七百五十。湖北會子一千，率得錢五、六百。」湖北會子的價格僅略低於東南會子，但此時「每貫已多一貫七百湖會」，意謂改用東南會子支付，較湖北會子每貫多出一貫七百湖會，亦即東南會子一貫相當於湖北會子二貫七百。可見米

55　吳潛：《履齋遺稿》（影印文淵閣四庫全書本，臺北市：臺灣商務印書館，1986 年），卷 4〈上廟堂書〉，頁 14 上 - 下。

56　汪聖鐸：《兩宋貨幣史》下冊，頁 748-749。

57　《宋會要輯稿·食貨》44 之 21。

價上漲的原因不光是因為戰爭，湖北會子發行過多而貶值也是原因之
一。另一方面，因湖北會子貶值，湖廣總領所在支付水腳錢（搬運費）
時，以往皆是支付湖會，此時也改為先支付七分（其中東南會子三分、
湖會四分），後支付三分（東南會子、湖會各半），總計東南會子與湖會
的支付比例為四點五比五點五。

到了理宗端平二年（1235），李鳴復上書說道：

> 國家養兵之費居多。……慮湖會之太輕，易以京楮，楮用而無
> 節，亦將為湖會矣。[58]

可見不但湖北會子大幅貶值，百姓已難以使用，故湖北地區改用
東南會子（京楮）；但東南會子在湖北也流通過多，故李鳴復擔心東南
會子恐將重蹈湖北會子的覆轍。

從湖北會子的發行來看，我們可以看到兩點：其一，湖廣總領
所堅持發行湖北會子，反對廢除湖會改行東南會子。因為湖會為湖廣
總領發行，湖廣總領可以根據其需要，自由調整發行數量；若採用東
南會子，則貨幣之權完全操之於中央朝廷之手，這是湖廣總領堅持發
行湖北會子的真正原因。其二，即使淳熙十三年孝宗下詔湖廣會子以
三年為一界，湖廣總領仍然置若罔聞，這與四川總領為了按界兌換錢
引，用盡各種方法籌集錢財相比，不啻天壤之別。因為四川的錢引源
自北宋的交子，立界的制度深入人心，故四川總領不敢擅改成法。但
湖北會子為湖廣總領所創，總領視之為自己的家業，故用之無忌憚
焉。

58　黃淮、楊士奇編：《歷代名臣奏議》卷 99，頁 20 上。

第三節　淮東、淮西總領所與「兩淮交（會）子」

兩淮地區的紙鈔，據李心傳《建炎以來朝野雜記》記載：

> 兩淮會子者，乾道二年（1166）夏，初令戶部印給二百萬緡，謂之交子，不得過江。[59]

首先遇到的便是名稱問題，兩淮流通的紙幣，是「交子」還是「會子」？劉森認為兩淮發行的是「交子」，認為史料中稱為「會子」，或為「交子」之誤，或因宋人有「交」、「會」混稱之例。[60] 汪聖鐸先生也認為：「淮南交子，又稱淮南鐵錢會子或淮南會子，簡稱淮交。」[61] 同樣以交子為正式名稱。王曾瑜先生則認為：「乾道六年（1170）經林安宅建議，於是在淮南發行交子，交子後改名會子，但宋人有時仍稱交子。」[62] 認為兩淮紙幣初名交子，後來改稱會子，但仍俗稱交子。關於兩淮紙幣名稱的演變，茲論述如下：

孝宗乾道元年，右諫議大夫林安宅「以銅錢多入北境，請禁之，而即蜀中取鐵錢，行之淮上。」欲將兩淮改為鐵錢區，後因洪适（景伯）反對未行，但仍「即蜀中取十五萬緡（鐵錢）行之盧、和二州。」[63] 可見當時已有在兩淮設置鐵錢區的計畫。乾道二年發行者，應為「交子」，據《宋史‧食貨志》記載：

> 紹興末，會子未有兩淮、湖廣之分，其後會子太多而本錢不

---

[59]　李心傳：《建炎以來朝野雜記》甲集，卷16〈兩淮會子〉，頁364。

[60]　劉森：《宋金紙幣史》，頁132。

[61]　汪聖鐸：《兩宋貨幣史》下冊，頁731。

[62]　王曾瑜：〈南宋的新鐵錢區及淮會與湖會〉，收入車迎新主編：《宋代貨幣研究》（北京市：中國金融出版社，1995年），頁9。

[63]　李心傳：《建炎以來朝野雜記》甲集，卷16〈淮上鐵錢〉，頁360。

足，遂致有弊。乾道二年，詔別印二百、三百、五百、一貫交
子三百萬，止行用於兩淮，其舊會聽對易。凡入輸買賣，並以
交子及錢中半。如往來不便，詔給交子、會子各二十萬，付鎮
江、建康府榷貨務，使淮人之過江、江南人之渡淮者，皆得對
易循環以用。然自紹興末年，銅錢禁用於淮而易以鐵錢，會子
既用於淮而易以交子，於是商賈不行，淮民以困。右司諫陳良
祐言交子不便，詔兩淮郡守、漕臣條其利害，皆謂所降交子數
多，而銅錢并會子不過江，是致民旅未便。於是詔銅錢并會子
依舊過江行用，民間交子許作見錢輸官，凡官交，盡數輸行在
左藏庫。[64]

乾道二年印造的交子，分成二百、三百、五百、一貫四等，應是以鐵
錢為本位，用來收換東南會子。宋廷有意將兩淮地區，變成行使交子
與鐵錢的鐵錢區，當時並規定江南人入淮，應將東南會子換為交子，
淮人到江南，則以交子換成東南會子，由淮東總領所（鎮江）、淮西總
領所（建康）所屬的榷貨務負責兌換。不過，這種作法造成了商人的
不便，因兩淮地區未禁止行使東南會子，商人不願收受兌換鐵錢的交
子，導致「商賈不行，淮民以困」。於是朝廷同意銅錢與東南會子可以
在兩淮地區使用，兩淮地區成為銅鐵錢混用區，並將交子回收。這一
次發行淮交與設置鐵錢區的計畫，並不成功。

然而《宋史‧食貨志》又記載：

（乾道）三年，詔造新交子一百三十萬，付淮南漕司分給州軍對
換行使，不限以年；其運司見儲交子，先付南庫交收。[65]

---

64 《宋史》，卷 181〈食貨志‧會子〉，頁 4411。

65 同前註，頁 4411。

可見宋廷再度發行新交子，銅錢、鐵錢、東南會子、淮交皆可在兩淮地區通行。然而這種「不以限年」（沒有行使年限）的交子，發行過多，迅速貶值。李心傳《建炎以來朝野雜記》記載：

> （乾道）八年（1172）秋，以交子易壞，始出行在會子收兌。[66]

開始用行在會子回收交子，第二次淮交的發行，歷時約為五年，又受挫折。

乾道六年，宋廷又命司農寺丞許子中往淮西措置鐵錢，在舒、蘄二州鑄造夾錫鐵錢。[67] 當鐵錢在兩淮通行之後，於紹熙三年（1192）再度發行紙幣。《建炎以來朝野雜記》記載：

> 紹熙三年夏，議者以淮上鐵錢多，欲革其弊。會趙子直為吏部尚書，與從官陳進叔、羅春伯、謝子肅等合奏，乞印造兩淮會子三百萬貫，付於兩路，每貫准鐵錢七百七十。淮東二分，淮西一分，依湖北例，三年一兌，更不申展。事下兩省台諫議，而尤延之等議以為可，遂施行之。其會子仍分一貫、五百、二百者，凡三等，許流轉至江、池、太平、常州、建康、鎮江府、興國、江陰軍界內行應用，兩淮上供及戶部錢物並權發見錢三年，令淮南漕司樁管，而沿江八州軍合發上供，一半（東南）會子，則許用交子通融，起發於江，淮東、西總領所樁管焉。[68]

前面提到紹熙元年湖廣總領梁總奏請發行兩界湖北會子，故兩淮新紙幣也立界，三年一兌。此時發行的紙幣，似乎正式名稱為「兩淮會

66　李心傳：《建炎以來朝野雜記》甲集，卷16〈兩淮會子〉，頁364。
67　同前註，卷16〈淮上鐵錢〉，頁360。
68　同前註，卷16〈兩淮會子〉，頁364。

子」，不過為了與「東南會子」區別，故仍通稱為交子。如上文中：
「沿江八州軍合發上供，一半（東南）會子，則許用交子通融」。

紹熙三年兩淮會子發行之後，在兩淮地區開始通行。《宋會要輯
稿・食貨》記載：

> （紹熙三年）九月二十三日，中書門下省言：前淮西總領劉穎乞
> 將鹽鈔許商賈每袋用交子一貫（收買），計四十八萬貫。除應副
> 屯戍軍兵支遣外，餘數合行措置。詔依劉穎所申，其交子依已
> 降指揮，每貫作七百七十足出入，所收交子有出剩之數，仰本
> 所樁管，聽候朝廷指揮。[69]

這是朝廷允許淮西總領劉穎出賣鹽鈔，允許商人用用交子（兩淮會子）
收買。

不過，兩淮地區是銅鐵錢並用區，所以在各種官府收受各種稅收
時，更常見的方式是將各種錢幣分成搭收。例如：

> （紹熙三年）十月十七日，詔淮東提舉司，客旅入納貼鈔錢，自
> 今每袋許用會子、鐵錢各三分，交子四分。[70]

亦即要求商人在購買鹽鈔時，要以會子（東南會子）、鐵錢各三分，交
子（兩淮會子）四分的方式來支付。然而這種支付方式弊端甚多。首先
是貨幣種類太多，準備不便。嘉泰二年時：

> 十二月十八日，詔淮東提鹽司貼納鹽錢與免納二分交子，止用
> 錢會中半。（原注：舊例用錢、會各四分，交子二分，至是客

69　《宋會要輯稿・食貨》28 之 37。

70　同前註 28 之 37-38。

人訴其不便故也。)[71]

可見商人貼納鹽鈔時，要準備三種貨幣，太不方便，故朝廷同意免用交子（兩淮會子），只用鐵錢與東南會子。又如在發放軍餉時，官吏可能會用兩淮會子代替東南會子、鐵錢使用，利用兩者兌換錢幣時的差價，從中漁利。例如：

> 諸軍調發或回柵拆洗，所支發遣錢，總所支降未到，即借兌於軍中備急庫，比總所錢至，自合正還。今乃暗收總所之錢用作欠眼，按旬克除。又於支給之際，或二分、或三分折支鐵錢交子（兩淮會子），軍人安得不困邪？此其一也。諸軍每旬券錢元降指揮會子七分、鐵交三分，今會子一貫市換鐵錢三貫四百，乃止以鐵交三貫一二百準會子一貫與之，減克於錙銖，軍中又安得不困邪？此其二也。[72]

當時東南會子一貫折鐵錢為三貫四百，而鐵錢折為兩淮會子，如按紹熙三年的官方定價（兩淮會子每貫兌鐵錢七百七十文）計算，三貫四百鐵錢應值兩淮會子四貫四百一十六。但官員只用兩淮會子三貫一、二百兌換東南會子一貫，難怪軍士「安能不困」。

因此，許多朝廷官員都建議減少貨幣種類，例如：

> 兩淮鐵錢交子試就今不行處作簡措置，不若禁行在會子不許過江，只專令用交子。如淮人要過江買賣，江南須自有人停榻交子，便能換錢。又不若朝廷捐數萬貫錢，在江南收買交子，卻發過淮南，自可流通。（吳）必大曰：不許行在會子過淮，此

71　同前註 28 之 49。

72　程珌：《洺水集》（影印文淵閣四庫全書本，臺北市：臺灣商務印書館，1986 年），卷 4〈進故事〉，頁 17 上。

恐難禁。先生（朱熹）以為然。[73]

朱熹希望兩淮專行交子（兩淮會子），禁止行在會子（東南會子）過江在兩淮通行，並將在江南地區使用的交子（兩淮會子）收買，送回兩淮地區使用，使兩淮專用兩淮會子，江南專用東南會子。但吳必大認為「此恐難禁」，難以辦到，而朱熹也以為然，認為這種「兩淮專用兩淮會子，江南專用東南會子」的作法難以做到。湖廣總領楊王休也認為：

> 貲泉取其流通，今自裂而三之，東南則用行在會子，兩淮則用鐵錢會子，湖北會子則又異於二者，是使商旅不通，嗟怨相聞，不若罷兩淮、湖北會子，其在民間用行在官會收之。俟收兩處會子盡絕，則官會通行，實為利便。[74]

建議廢除兩淮、湖北會子，只行使東南會子。官員曹盅也奏請：「乞止用官會，不必再印兩淮鐵錢交子。」[75] 袁甫也說：「湖淮交子，盡合易以銅楮，通彼所以寬此。」[76] 不過，對於這些意見，宋廷皆未採納，繼續在兩淮地區時使銅鐵並行、多種貨幣兼用的政策。例如：

> （嘉定五年二月）十四日，詔行在、建康、鎮江三務場，真州賣鈔司，自三月一日為始，並照自來定例入納官錢。……建康務

---

[73] 黎靖德輯：《朱子語類》（影印宋刊本，京都：中文出版社，1979 年），卷 111〈論財〉，頁 9 上。

[74] 樓鑰：《攻媿集》（四部叢刊本，臺北市：臺灣商務印書館，1975 年），卷 91〈文萃閣待制楊公（王休）行狀〉，頁 851。

[75] 同前註，卷 106〈朝請大夫曹公（盅）墓銘〉，頁 1041。

[76] 袁甫：《蒙齋集》（影印文淵閣四庫全書本，臺北市：臺灣商務印書館，1986 年），卷 4〈戊戌風變擬應詔封事〉，頁 11 下。

> 場用交、會、見錢，鎮江務場用錢、會，真州賣鈔司用交、
> 會。[77]

至於紹熙三年兩淮會子發行之後，是否按界如期收兌更新？《宋史‧食貨志》記載：

> 慶元四年（1198），詔兩淮第二界會子限滿，明年六月，更展一
> 界。[78]

紹熙三年是議者建議、朝廷討論、下詔發行之年，故正式發行應在紹熙四年（1193），至慶元五年（1199）適為六年，為第二界到期之時。而朝廷下令展一界，也就是將第二界淮交延長三年使用。紹熙至慶元年間，南宋並無重大對外戰爭，卻也將淮交展界，似乎也出現發行過多，在兌界時無法如數兌換，故延期支付，拖延時間的現象。

到了寧宗嘉定年間，因忠義軍李全等活躍於兩淮地區，最後甚至叛宋投蒙。使得兩淮地區軍費大增。《宋史‧食貨志》記載：

> 嘉定十一年，造兩淮交子二百萬，增印三百萬。十三年，印
> 二百萬，增印一百五十萬。十四年、十五年，皆及三百萬。自
> 是其數日增，價亦日損，稱提無術，但屢與展界而已。[79]

當時長期擔任淮東總領的岳珂，應負很大的責任。故袁甫批評岳珂：「珂總餉二十年，焚林竭澤。」[80] 可見兩淮地區也走上四川錢引、湖北會子大量濫印紙鈔以應急需的老路，在大量印造兩淮會子的情況之下，兩淮會子價值大貶，淮東、淮西總領所也無力稱提兩淮會子的價格，

77　《宋會要輯稿‧食貨》28 之 53。
78　《宋史》，卷 181〈食貨志‧會子〉，頁 4411-4412。
79　同前註，頁 4412。
80　《宋史》，卷 405〈袁甫傳〉，頁 12241-12242。

更無法用其他錢物兌換所有的兩淮會子，因此只能不斷展界，拖延時間，使兩淮會子不斷貶值。

本章小結

南宋時期的貨幣，複雜多變，東南地區行使銅錢，並發行東南會子。四川地區使用鐵錢，並發行以鐵錢為本位的錢引，京西湖北地區使用鐵錢，卻發行以銅錢本位的湖北會子。兩淮地區銅鐵錢並行，除了東南會子可在兩淮地區使用外，又發行兌換鐵錢的兩淮會子。且紙幣又有「界」（使用期限）的限制，但政府卻不一定遵守，經常「展界」（延長兌換期限），使得貨幣的使用更為複雜。十九世紀英國商人到中國（清朝）貿易時，見到中國使用銅錢、大錢、銀兩、銀元、銅元以及各種紙鈔，不禁問道：「請問中國的貨幣到底是什麼？可有人能夠為我們指點迷津？」[81] 如果他生活在南宋時代，可能也會有同樣的印象。

不過，與北方的金國相比，南宋紙幣的發行，還算健全得多。金代除了銅錢之外，也使用紙鈔。海陵帝貞元二年（1154），發行「交鈔」，有大鈔一貫、二貫、三貫、五貫、十貫五等；小鈔一百文、二百文、三百文、五百文、七百文五等。交鈔的使用最初也有「界」的規定，七年為一界，但是世宗大定二十九年（1189）之後，交鈔流通時間改為無限期，並且允許由地方政府印造。因此，交鈔數量大增，導致了嚴重的貶值。故宣宗在貞祐二年（1214），又發行二十貫至百貫、二百貫至千貫的大面額紙鈔。「交鈔」貶值之後，宣宗貞祐三年（1215）發行「貞祐寶券」新紙幣。但「貞祐寶券」發行兩年，同樣大幅貶值。興定元年（1217）又發行「貞祐通寶」紙幣，一貫當「貞祐寶券」千貫。

81　大英博物館編，周全譯：《金錢的歷史》（臺北市：博雅書屋，2009 年），頁 239。

「貞祐通寶」同樣難逃貶值的命運，元光二年（1223）又發行「興定寶泉」，每貫當「貞祐通寶」四百貫。金朝末代皇帝哀宗時期，於天興二年（1233）在蔡州發行「天興寶會」紙鈔。可見金朝陷於濫發紙鈔、大幅貶值、改發新鈔的惡性循環中，經濟情況較南宋更為惡劣。[82]

　　從南宋發行四川錢引、湖北會子、兩淮交（會）子的經驗中，我們可以看到，當官府為了支付軍事開支而大量印造紙幣，便會導致紙幣的貶值，整個紙幣制度甚至會因而崩潰。這些道理，宋人並非不知道，從北宋末年蔡京濫印錢引的教訓中，宋人對此便知之甚詳。然而南宋的紙幣，仍舊走上濫印貶值的道路，原因何在？總領所制度應該是重要關鍵。因為總領所的首要責任為理財，而理財的首要目標，是滿足軍需財賦的供應，而不是控制金融，維持貨幣的穩定。所以當軍需財賦與貨幣穩定相衝突時，總領所只能取前者而捨後者。因此，紙幣大幅貶值，成了南宋後期四川錢引、兩淮會子、湖北會子的普遍現象。

82　參見劉森：《宋金紙幣史》，頁 214-258。彭信威：《中國貨幣史》，頁 549-554。

第六章
南宋四川總領所地位的演變
——以總領所與宣撫司、制置司的關係為中心

　　南宋的淮東、淮西、湖廣三總領所，正式設置於高宗紹興十一年（1141），四川總領所則是設置於紹興十五年（1145），雖同為總領，但是四川總領的職權，卻與東南三總領有所不同。以往學者對總領職權的研究，雖已有相當多的成果，不過，對於四川總領的特殊性，卻著墨甚少。事實上，四川總領的情形，與東南三總領大為不同。據李心傳《建炎以來朝野雜記》的記載：

> 東南三總領所掌利權，皆有定數，然軍旅飢饉，則告乞於朝。惟四川在遠，錢幣又不通，故無事之際，計臣得以擅取予之權；而一遇軍興，朝廷亦不問。[1]

可見，四川總領的職權，與東南三總領有相當大的差異。四川總領可以「擅取予之權」，與東南三總領有事只能「告乞於朝」，其差異可說相當明顯。南宋的魏了翁在賀四川總領王鉛生日的詩中亦說道：

> 古來五大不在邊，國家長慮初解絃，西南計臣授鈇鉞，獨以一手擎半天。三邊將士趨節制，百城吏民服威惠。[2]

魏了翁認為四川總領「西南計臣授鈇鉞，獨以一手擎半天。三邊將士趨

---

[1] 李心傳：《建炎以來朝野雜記》甲集，卷17〈四川總領所〉，頁393。
[2] 魏了翁：《鶴山先生大全文集》，卷2〈王總領鉛生日〉，頁7下-8上。

節制，百城吏民服威惠」，儼然掌控四川的軍政大權。林天蔚在《宋代史事質疑》第六章〈南宋時強幹弱枝政策是否動搖？——四川特殊化之分析〉第三節「四川總領所之特殊財權及其影響」之中，即根據李心傳的說法加以引申，認為南宋四總領所之中，四川為一特例，總領所得以擅取予之權。一遇軍興，朝廷亦不問。究其原因，在於東南三總領所，將帥不能干涉財政，但四川離朝廷遠，宣撫司有權宜控制財政權，開禧以後，在體制上總領所更受宣撫司控制，故四川總領所為南宋時對四川的特殊措施之一。[3] 可見南宋設置四川總領所的目的，在於加強四川之財賦徵集與調配功能，方便當地自行解決財政困難。

然而，四川總領所的設置，除了解決財賦徵集與調配的問題之外，也帶有「制衡」的目的，四川總領在行使職權的過程中，經常與四川當地的宣撫使、制置使發生衝突；若在戰時，這種軍政權、財政權分離的制度，不利於宣撫使、制置使行使統率權。因此，在寧宗開禧北伐時期，以及南宋末年對金、蒙古戰爭時期，四川總領都成為宣撫使或制置使的附庸。本章將從南宋四川總領職權與地位的演變，特別是總領與宣撫使、制置使之間的關係，來探討南宋「軍政權、財政權分立」政策的演變與面臨的問題。

第一節　高宗時期四川總領所的創設

一　趙開「專一總領四川財賦」

四川總領所正式設置於紹興十五年，然而在此之前，四川似乎也曾經一度設置總領財賦官。《宋史》卷一七四〈食貨志上二·賦稅〉記

3　參見林天蔚：《宋代史事質疑》（臺北市：臺灣商務印書館，1987 年），頁 193-196。

載：「建炎三年（1129），張浚節制川、陝，承制以同主管川、秦茶馬趙開為隨軍轉運使，總領四川財賦。」[4] 李燾〈趙待制開墓誌銘〉亦記載：

> 張忠獻公（按：即張浚）既復明辟，繇知樞密事拜宣撫處置使，天子方託以不御之權，將治兵秦州，經營兩河。未至所治，雅知公善理財庀賦，即承制以公兼宣撫處置使司隨軍轉運使、專一總領四川財賦，時建炎三年十月也。[5]

趙開被張浚任用為「隨軍轉運使，專一總領四川財賦」，雖然只是臨時性的頭銜，而非正式的官名，但為日後的四川總領制度開先河。趙開擔任隨軍轉運使，但此職只能掌管軍需財賦之供應，無法督促四川各級地方官府上繳財賦，故又加上「專一總領四川財賦」之名，以加強其事權。

根據李燾〈趙待制開墓誌銘〉的記載，可以看出趙開當時的職責不限於管理供軍財賦而已，對於四川地區的許多財政政策，如變更酒法、變更鹽法、修改貨幣制度、買賣公有田宅、調整雜稅收入等方面，「專一總領四川財賦」的趙開都有權決定。趙開為滿足宣撫使張浚的軍需財賦需求，除了在擔任「專一總領四川財賦」之前曾「主管川秦茶馬」，對茶法進行改革之外，擔任「專一總領四川財賦」後，又提出許多「理財」政策，茲舉其犖犖大者如下：

1 變更酒法

關於酒法的變更，李燾〈趙待制開墓誌銘〉說道：

4　《宋史》，卷174〈食貨志上二・賦稅〉，頁4223。
5　李燾：〈趙待制開墓誌銘〉，收入杜大珪編：《名臣碑傳琬琰集》（臺北市：文海出版社，1969年）中集卷32，頁869-872。（以下所引不另注）

> 公（趙開）見忠獻，首以兵食為問，公亟諗忠獻：「蜀之民力盡
> 矣，錙銖不可以有加矣，獨榷率稍存盈餘，而貪猾認為己私，
> 共相隱匿，根穴深固，未易剗除，惟不恤怨詈，斷而敢行，庶
> 幾可救一時之急，舍是無策矣。」忠獻銳於興復，委信不疑。公
> 於是大變酒法，自成都始，先罷公使賣供給酒，即舊撲買坊場
> 所置隔槽，設官主之。麴與釀具，官悉就買，聽釀戶各以米赴
> 官，自釀凡一石米輸錢三千，并頭子雜用等二十二，其釀之多
> 寡，惟錢是視，不限數也。明年遂遍四路行其法。

也就是將原先由地方官府的「公使庫」賣酒之制度，改為由百姓至官設
坊場自釀，每釀米一石納錢三千（另有附加稅二十二文），且釀酒的多
寡不設限制，百姓釀酒賣酒愈多，則政府的收入也愈多。這種作法，
將地方官府「公使庫」的收入，變成由專官監管，百姓自由釀造，而由
趙開掌握運用的財賦，難怪趙開擔心會遭到地方官員的反彈，一定要
得到張浚的支持才能實行。

2 貨幣改革

在貨幣改革方面，則推行紙鈔（錢引），李燾〈趙待制開墓誌銘〉
記載：

> 又依成都府法，於秦州置錢引務，興州鼓鑄銅錢，官賣銀絹，
> 聽民以錢引或銅錢買之。凡民錢當入官者，並聽用引折納，官
> 所支出亦如之。民私用引為市，於一千并五百上，許從便加
> 抬，惟不得擅減。錢引法既流通，民甚便焉，六年間累增印之
> 料，總為錢引一千七百一十萬緡，人亦未始厭其多也。

趙開將成都的「錢引」制度，推行於陝西的秦州，又在陝西的興州鑄

造銅錢。此外，由於錢引大量發行，導致貶值嚴重，實際價值往往低於面額甚多，故將面額一千文與五百文的錢引，要求地方官得以「加抬」其價，增加兌換鐵錢的數量，而不許任意貶值，以維持錢引的價格。六年間，累計增印了一千七百一十萬緡，對戰爭時期的財政貢獻甚鉅。（詳見本書第五章第一節）

3 變更鹽法

而在鹽法方面，李燾〈趙待制開墓誌銘〉說道：

> 最後又變鹽法，其法實祖大觀東南、東北鹽鈔條約，置合同場鹽市，驗視稱量，封記發放，與茶法大抵相類。鹽引每一斤納錢二十五，土產稅及增添等共約九錢四分。鹽所過，每斤納錢七分，住納一錢五分，若以錢引折納，別輸稱提勘合錢共六十，其推行蓋自紹興二年九月始。

亦即採行北宋徽宗蔡京時的鹽鈔法，鹽戶到合同場納土產稅賣鹽，鹽商則到合同場交錢購買鹽引（交易許可證）每斤二十五錢，然後與鹽戶在合同場交易。交易完成後，鹽商在運輸販賣途中，尚要在設關卡處繳納過稅七分，在販賣地繳納住稅一錢五分。梁庚堯教授認為，紹興二年（1132）實施的引鹽法，不同於以往四川鹽榷之處，一方面在於將北宋中葉以來新興的卓筒井（小型私人鹽井）全面納入管制，另一方面則在於將徵課的重心從井戶轉移到鹽商身上，鹽商所負擔的引錢比井戶所負擔的土產稅要高得多。同時經由合同場發售鹽引與稽查斤重，來達到防禁私鹽、增加收入的目的。[6]

6　參見梁庚堯：〈南宋四川的引鹽法〉，《臺大歷史學報》第 20 期（1996 年 11 月），頁 534。

4 其他

此外，趙開「又措置戶絕及坊場沒官抵擬田宅，並檢估典賣、定帖、契稅等錢」[7]。將各種官方沒入的田宅加以拍賣，並查核百姓在典賣、定帖、立契約時所繳交的手續費。

由上可見，趙開「專一總領四川財賦」的職權，較「隨軍轉運使」只負責軍需財賦之供應要大得多。趙開在四川期間，對四川鹽酒的專賣與紙幣的發行進行了許多變革，前面曾提到，李心傳認為四川總領所「無事之際，計臣得以擅取予之權；而一遇軍興，朝廷亦不問」，擁有財政上相當大的自主權，此一情形自趙開「專一總領四川財賦」時期即已開始。根據李燾〈趙待制開墓誌銘〉的記載，「自建炎三年（1129）至紹興二年（1132）終，茶鹽酒息增額錢並賣抵擬絕戶田產等錢，共收一千五百三十五萬餘貫，兼隨軍秦州應副陝西茶駄，及於陝西創行印造銅錢引，紐計川錢八百三十四萬餘貫。」趙開推行茶法（擔任「專一總領四川財賦」之前）、酒法、錢引、鹽法等多項改革措施，使得川陝財賦大幅增加，滿足戰時四川龐大的財賦需求。

關於「專一總領四川財賦」的地位，趙開係由宣撫使張浚所任用，故為宣撫司之下屬，應無疑問。且在文書格式上，趙開對宣撫司行文時用「申」狀，[8] 更證明了趙開為宣撫司之下屬。紹興五年（1135）十一月乙酉，因趙開之請，將「專一總領四川財賦」改為四川都轉運使。[9] 四川都轉運使的職權，僅限於監督四川各路轉運使轉送財賦，似乎較「專一總領四川財賦」為小。此一轉變，可能與張浚被罷有關。紹興三年（1133），「忠獻（張浚）既遭讒，將召歸。……六月，浚罷

7　李燾：〈趙待制開墓誌銘〉，頁 870。

8　《要錄》卷 154，紹興十五年十一月庚申，頁 2492。

9　《宋史》，卷 28〈高宗紀五〉，頁 522。又李心傳：《建炎以來朝野雜記》甲集，卷 11〈都轉運使〉，頁 225，將時間誤為「紹興六年冬」。

宣撫處置，召歸樞密。」[10] 在張浚被罷之後，趙開也不安於位，紹興四年（1134），趙開因「忠獻（張浚）歸右府，尋得罪」，所以「亟白王、盧（宣撫副使王似、盧法原）求罷」。[11] 故紹興五年改「專一總領四川財賦」為四川都轉運使之舉，實起因於張浚被罷，張浚薦舉之趙開雖未立即去職，但職權也大幅縮小。到了紹興六年（1136）八月癸卯，宋廷即以李迨代趙開為四川都轉運使，[12] 趙開在四川治理財賦的事業即告一段落。

二　四川總領所的職權及其與宣撫司、制置司的關係

四川正式設立總領所，是在紹興十五年（1145）。本書第二章已經提到，紹興十五年設置四川總領的背景，起因於四川宣撫副使鄭剛中與秦檜不合，導致秦檜採取了對付韓世忠、張俊、岳飛的同一手段，來箝制鄭剛中的權力。此年十一月，高宗任命宗室趙不棄為四川總領，而趙不棄到四川後，不斷採訪鄭剛中之陰事，作為羅織罪名的根據，至紹興十七年（1147），終將鄭剛中罷黜。鄭剛中被罷宣撫副使之後，掌握軍政大權的四川宣撫司，在紹興十八年（1148）裁撤，原宣撫使李璆改充四川安撫制置使，宣撫司都統制楊政改充御前諸軍都統制，以汪召嗣總領四川財賦軍馬錢糧，四川總領並得「專一報發御前軍馬文字」。[13] 制置使的權力，與宣撫使相近，按李心傳《建炎以來朝野

10　李燾：〈趙待制開墓誌銘〉，頁 871。關於張浚遭讒，可參見趙鼎：《忠正德文集》（影印文淵閣四庫全書本，臺北市：臺灣商務印書館，1986 年），卷 2〈除宣撫處置使朝辭疏〉，頁 15 下 -17 下。

11　李燾：〈趙待制開墓誌銘〉，頁 872。

12　《要錄》卷 104，紹興六年八月癸卯，頁 1694。

13　《要錄》卷 157，紹興十八年五月甲申，頁 2558；《宋史》，卷 30〈高宗紀七〉，頁 568。

雜記》的記載：

> 自休兵後，獨成都守臣帶四川安撫制置使，掌節制御前軍馬，
> 官員升改、放散，類省試舉人，銓量郡守，舉辟邊州守貳，其
> 權略視宣撫司，惟財計、茶馬不與。[14]

宣撫使與制置使，都有節制御前諸軍的權力。制置使與宣撫使不同之
處，在於「惟財計、茶馬不與」，也就是沒有處置財賦的權力。[15] 而在
趙不棄任四川總領時，強調「與宣撫司別無統攝，止用公牒行移」，[16]
表明總領所與宣撫司為平行機構，自然更不可能位居地位較宣撫使為
低的四川安撫制置使之下，故四川總領所與四川安撫制置司為平行之
機構，互不隸屬，應無疑問。

　　總領的職權，主要包括「監軍」與「供應軍需財賦」兩項。所謂
「監軍」，即為「專一報發御前軍馬文字」並「預聞軍政」。「專一報發御
前軍馬文字」意謂御前諸軍欲向朝廷有所乞請，朝廷對諸軍的指揮，
其文書皆須經由總領。而「預聞軍政」則是總領對於軍政事務，亦有建
議之權。例如，紹興三十年（1160）擔任四川總領的王之望，曾上疏奏
陳宣撫使吳璘多病，請求將吳璘之侄吳拱（吳玠之子）調回四川擔任都
統制，王之望言：

> 只論目今蜀中形勢，不若亟令吳拱復還，使吳璘一向安健，而
> 得吳拱之助，則軍聲愈振，可速成大功；假使疾勢增損不常，
> 則此一軍亦無他慮。吳璘既為宣撫而尚領都統職事，若除吳拱

14　李心傳：《建炎以來朝野雜記》甲集，卷 11〈制置使〉，頁 220。

15　關於宣撫司與制置司的區別，可參見余蔚：〈論南宋宣撫使和制置使制度〉，《中華文
　　史論叢》2007 年第 1 期，頁 129-179。

16　《要錄》卷 154，紹興十五年十一月庚申，頁 2492。

為都統，而吳璘以宣撫使判興州，於體尤順。[17]

可知總領對於軍政事務，也有提供建議的權力。不過，這種「預聞軍政」的權力也只限於建議而已。王之望自己亦說道：

> 某職總四川財賦，專一報發御前軍馬文字，有大利害、公上所宜知者，不敢不以上聞，若朝廷行與不行，則非某之所敢必也。[18]

故總領之「預聞軍政」，只有建議權而已。

除了「專一報發御前軍馬文字」，有監軍之權以外，總領的另一主要責任則為供應御前諸軍之錢糧。四川總領供應財賦的對象，則為興元府、興州（吳曦之叛後改為沔州，又分置利州副都統制司）、金州三都統制司。馬端臨《文獻通考‧兵六》記載：

> 御前軍者，帥臣不可得而節制，得自達於朝廷。[19]

御前諸軍並不能由當地的帥司（各路安撫使）指揮，四川的御前諸軍只接受四川宣撫使、四川制置使的節制。而四川總領所，則負責提供其軍需財賦。至於四川地區各路安撫使部下所擁有的禁軍、廂軍及其他新設之軍，則為地方軍，其軍需財賦由各路自行籌措，並不由總領所供應。

為了滿足錢糧的供應，總領所必須督促地方官府上供財賦。王之望擔任四川總領時，即上疏說道：

> 某紹興三十年十二月末交割總領職事，申畫措置，將諸州正月

17　王之望：《漢濱集》，卷8〈論吳璘多病乞吳拱自襄陽歸蜀朝箚〉，頁17上。

18　同前註，頁16上。

19　《文獻通考》，卷154〈兵考六〉，頁1343。

一日至年終實到庫錢物，不論趲補年分新舊，只以本年額起之
數，比較增虧，從上取無虧欠州軍一十處，又從下取虧欠最多
州軍一十處，具知、通職位姓名，申尚書省，候逐官任滿改授
差遣日，自朝廷參照勤惰，斟酌施行。如有起發年額數足外，
更能補發以前舊欠，即是材力有餘、職事濟辦之人，別具名銜
保明申奏，乞籍記以待選擢。蒙朝廷選擢，依申行下，四川官
吏，莫不欣然，悉心尊奉，各務協濟。本所不遣一卒，不差一
官，不追一吏，以相督責，而逐處錢物按月而至，爭赴期會，
以取增羨。[20]

王之望用上供財賦的績效，做為考課地方官吏的依據，使得地方官吏
不敢拖欠，以達成滿足軍需財賦的目的。

　　至於總領所與宣撫司、制置司的關係，也需要再做進一步的說
明。前面提到，紹興十五年初設四川總領所時，是為了要箝制宣撫副
使鄭剛中的權力，因此總領趙不棄強調總領所「與宣撫司別無統攝，止
用公牒行移」，為互不隸屬的平行機構。但在孝宗以後的政治運作中，
總領仍須接受宣撫使的監督。例如孝宗淳熙三年（1176），四川總領李
蘩向孝宗奏言四川和糴事：

六十萬石米若從官糴，石增一千，多至四千，歲約百萬緡，第
總領所財賦已經宣撫使虞允文覈實，歲入有常，未易增費。[21]

按：虞允文於孝宗乾道三年（1167）至五年（1169）擔任四川宣撫使，
此時總領所的收支，已須經由宣撫使「覈實」，可見總領所仍須受宣

20　王之望：《漢濱集》，卷8〈乞推賞知通應副贍軍錢物增額朝箚〉，頁14下-15上。
21　魏了翁：《鶴山先生大全文集》，卷78〈朝奉大夫府卿四川總領財賦累贈通奉大夫李
　　公墓誌銘〉，頁2上。

撫司的查核。因此，李蘗向孝宗進獻政策十一條，其第十一條即是：「總領所與宣撫司平牒往來，其職事則諸司不得與，願專責任，以塞浮論。」但孝宗的作法，仍是「且令成大（四川制置使范成大）同共詳度，至是孝廟猶未以剸屬公也。」[22] 可見四川總領雖然是由朝廷直接任命，專掌四川財賦，但在行政體系上仍須受宣撫使的監督。總領趙不棄與宣撫副使鄭剛中分庭抗禮，只是一個特例。

　　而總領所與制置司的關係，則大不相同。前引李心傳《建炎以來朝野雜記》的記載，制置司「其權略視宣撫司，惟財計、茶馬不與」，可見制置司並無掌管財賦的權力，因此總領所與制置司為互不隸屬、各自辦事的機構。舉例言之，寧宗嘉定元年（1208）十一月戊戌，四川總領所突然下令於利州收兌第九十界錢引，並規定年底即不再收兌舊引，由於時間急迫，造成「民間大驚」、「咨嗟怨泣，其聲載道」。當時制置使吳獵得知此事，「乃揭榜，除收兌一千三百萬引外，其餘三界依舊通行使用，又檄總領所分取金銀，就成都置場收兌舊引」。然而當時宣撫使安丙卻認為吳獵「沮壞其事」，輿論也認為「錢幣專屬計台，制司無所預，由是不直吳獵」。[23] 此一事件，反映了制置司與總領所互不隸屬的關係，制置使吳獵因干涉總領所的職權，故為輿論所非議。

　　雖然總領須受宣撫使的監督，但是總領仍由朝廷直接任命，且有監軍之權，故保留了相當的自主性。而總領所與制置司更是互不隸屬，各自獨立行使職權。因此，總領所與宣撫司、制置司之間，出現「軍政權、財賦權分立」的情形。南宋也巧妙的運用這種制度，當局勢危急時，便由宣撫使主持大局，總領即儼然成為下屬。而當朝廷想要

22　同前註，頁 3 上。

23　不著撰人，汝企和點校：《續編兩朝綱目備要》（北京市：中華書局，1995 年）卷 11，頁 200-201。另參見蔡東洲、胡寧：《安丙研究》（成都市：巴蜀書社，2004 年），頁 67。

節制宣撫使的權力時，便改宣撫司為制置司，使總領掌管之財賦不再受其節制，達到「軍政權、財賦權分立」的目的。從下述安丙的例子中，我們可以很清楚看到這種作法。

第二節 四川總領所與宣撫使、制置使關係的變遷

一 南宋初期的總領所、宣制司衝突

紹興十五年設置四川總領所的用意，在於將軍政權與供軍財賦管理權分立，以避免宣撫司之專擅。但是，這種體制容易導致宣撫使、制置使與總領之間，因財賦問題而產生衝突。尤其四川總領，在財政政策上有較大的自主權，因此也更容易與宣撫使、制置使產生衝突。魏了翁對此一問題有詳細的說明：

> 餉所主財粟，宣、制司主軍民，二司之不相為謀也久矣。蓋自建炎三年，張忠獻公（浚）宣威川陝，始承制以主管茶馬趙應祥開為隨軍轉運使、總領四川財賦。雖云總賦，未以名官也。張公虛己以任，趙公盡力以報。自忠獻之去，則交相為瘉矣。吳玠與開爭陸運，而吳、趙始不咸。詔遣都漕親督錢糧以應吳，俾制置大使席益趣行，大光（席益字）乃以轉運司錢就糴于果、利、閬，而席、趙文又不咸。李子及（李迨）繼之，吳武安（吳玠諡）刻其乏興，而吳、李又不咸。趙不棄繼之，與鄭亨仲分隸宣總司錢，而鄭、趙又不咸。然是時和戎既久，未有緩急牽制之患也。紹興之末，王瞻叔之望以括民曰（田）契，與制置使沈德和介交章爭辯，而王沈之不咸至是滋甚。大抵三十四年之間，二司紛紛，殆如先正所謂「三司取財已盡，

而樞密益兵無窮」者，實矛盾之術使然耳。[24]

南宋四川總領剛剛設置的最初三十餘年，總領與宣撫司、制置司的衝突便已經常出現。總領（後改都轉運使）趙開與宣撫副使吳玠不合，又與制置使席益不合。宣撫副使吳玠又與都轉運使李迨不合，《宋史·勾濤傳》記載：「川、陝宣撫使吳玠言都轉運使李迨朘刻賞格，迨亦奏玠苛費，帝以問濤，濤曰：『玠忠在西蜀，縱費，寧可覈？第移迨他路可爾。』帝然之。」[25] 在朝廷仰賴吳玠的情形下，只好將李迨調職。紹興十五年正式設置四川總領所之後，宣撫副使鄭剛中與總領趙不棄的衝突，前文已經談及。而總領王之望與制置使沈介也不合，事情的起因，據《宋史》記載：

> （紹興）三十一年（1161），先是，諸州人戶典賣田宅契稅錢所收窠名，七分隸經總制，三分屬係省。至是，總領四川財賦王之望言，請從本所措置拘收，以供軍用，詔從之。凡嫁資、遺囑及民間葬地，皆令投契納稅，一歲中得錢四百六十七萬餘引，而極邊所捐八郡及瀘、夔等未輸者十九郡不與焉。[26]

總領王之望將原先屬於經總制錢與係省錢的田宅契稅，改由總領所拘收，因此與制置使沈介「交章爭辯」。對於這一連串的衝突，南宋時的魏了翁已經認知到總領所與宣撫司、制置司之間的矛盾，與北宋時期中央三司理財、樞密院掌兵的權力分割如出一轍。北宋中央權力的分割，錢穆先生認為：「宋代軍事、財政、用人三權都有掣肘，都分割了，這顯見是相權之低落。相權低落之反面，即是君權提升。」[27] 同樣

---

[24] 魏了翁：《鶴山先生大全文集》，卷44〈重建四川總領所記〉，頁20下、21上。

[25] 《宋史》，卷382〈勾濤傳〉，頁11772。

[26] 《宋史》，卷174〈食貨志上二·賦稅〉，頁4223。

[27] 錢穆：《中國歷代政治得失》（臺北市：東大圖書公司，1977年），頁73。

的，在地方上總領所與宣制司爭執不下的時候，中央的仲裁與決定便具有關鍵的影響力。因此，南宋時期總領所與宣、制司分立的作法，可以說完全是承襲北宋以來分割權力、集權中央的「祖宗家法」。

二　吳挺與四川總領

南宋初期四川的軍事力量，以吳氏家族的勢力最為龐大。[28] 因此，總領也不可避免的會與掌握軍政大權的吳氏家族發生衝突。前面已經提到，吳玠曾與趙開、李迨發生衝突，而吳玠在紹興九年（1139）死後，其軍事力量由其弟吳璘繼承。四川宣撫司在紹興十八年（1148）裁撤之後，至三十一年（1161），因金海陵帝南侵，高宗始復置四川宣撫司，以吳璘為宣撫使。[29] 吳璘時期，可謂吳氏家族在四川權力的頂峰。吳璘於孝宗乾道三年死後，擔任四川宣撫使者，有汪應辰（主管宣撫司事）、虞允文、王炎、虞允文（再任）、鄭聞、沈夏（或作沈复），淳熙二年（1175）罷宣撫司，改設制置司。而吳氏家族勢力，則由吳璘子吳挺繼承。吳挺於淳熙元年（1174）時就任興州都統制，[30] 吳挺對於他的上司，當時的四川制置使胡元質，甚至上奏彈劾，胡元質因此罷制置使。[31] 由此可見吳挺在四川的影響力甚至在制置使之上。因此，吳挺與四川總領的關係，也值得我們加以探究。

由於吳挺在四川影響力甚大，朝廷對於吳挺，也希望牽制其權

28　關於南宋四川吳氏家族的研究，可參見陳家秀：《吳氏世襲武將與南宋四川政局的發展》（臺北市：國立臺灣大學歷史研究所碩士論文，1980 年）；王智勇：《南宋吳氏家族的興亡》（成都市：巴蜀書社，1995 年）；楊倩描：《吳家將──吳玠吳璘吳挺吳曦合傳》（保定市：河北大學出版社，1996 年）。

29　《宋史》，卷 32〈高宗紀九〉，頁 600。

30　《宋史》，卷 366〈吳璘傳附子吳挺〉，頁 11422。

31　李心傳：《建炎以來朝野雜記》乙集，卷 17〈都統制劾制置使擅興〉，頁 819-820。

力，李蘩出任四川總領，就是出自這種考慮。據魏了翁〈李蘩墓誌銘〉的記載，李蘩在擔任四川總領之前，曾攝茶馬司，當時為了買馬問題，與吳挺爭執不下，李燾即認為「是時吳氏擁兵再世，公（李蘩）亦欲假是分挺之權，非但為馬政請也」。李蘩其人，「於吳氏之專橫，尤切切致意焉」。而吳挺對於這個處處與之作對的四川總領李蘩，也「蓄憤久矣」。於是，當李蘩就任四川總領後，吳挺開始上奏彈劾李蘩。魏了翁〈李蘩墓誌銘〉繼載：

> 暨公（李蘩）領餉事，挺繆奏謂軍食陳腐，龍、劍米粗黑。孝廟內批凡再賜公。公奏：「此土實不同也。」乃各緘樣進呈。上大悅，曰：「李蘩曉了如此。」於是挺之妄窮矣。[32]

吳挺攻擊李蘩提供的軍糧粗惡，而李蘩則向孝宗提供軍糧米的樣本，否定吳挺的指控。孝宗時期對於軍人的權力過大問題，還是時時留意提防。讓李蘩擔任四川總領，以牽制權力過大的吳挺，是承襲高宗以來「軍政權、財賦權分立」的政策。

三　吳曦之亂前後的四川總領所與宣撫司

然而，到了寧宗開禧北伐時，四川宣撫使與總領所的關係，出現明顯的轉變。寧宗開禧二年（1206），程松為四川宣撫使，吳曦為副使。根據李心傳《建炎以來朝野雜記》的記載：

> 四川計司，舊屬宣撫司節制，鄭亨仲在蜀久，秦會之惡其專，始命趙德夫以少卿為之，自是二司抗衡。開禧用兵，程松、吳曦並為宣撫，韓侂胄急于成功，遂有節制財賦指揮，且許按

32　魏了翁：《鶴山先生大全文集》，卷78〈朝奉大夫（太）府卿四川總領財賦累贈通奉大夫李公墓誌銘〉，頁10上-下，12上。

劾，于是計司拱手。[33]

魏了翁亦說道：

> 開禧以後，事異前時，吳曦生長邊陲，習聞交爭之害，而未睹
> 相資之力，密啟于韓侂胄，俾宣司得以制財賦之入出，其事
> 似是而其實不然。蓋曦既蓄無君之心，將託是為亂，而正使
> （按：指宣撫使程松）由其術而不悟耳。趙季明善宣、劉志大崇
> 之，以是各相繼引去。[34]

寧宗時韓侂胄以吳曦為四川宣撫副使，為了軍事行動的順利，又給予
宣撫司「節制財賦」的權力，使得總領所完全成為宣撫司的下屬。不
過，日本學者伊原弘〈南宋總領所の任用官──「開禧用兵」前後の四
川を中心に〉指出，雖然四川的軍政財賦足以割據自立，且總領所的
官吏多為四川人，但宋朝對四川地區仍有相當大的支配力，四川人士
也沒有叛宋自立的想法，如廣安人安丙、成都人楊巨源（監四川總領所
興州合江倉），皆為討平吳曦之亂的重要功臣。故吳曦之亂，最後以失
敗告終。[35]

　　吳曦叛亂弭平之後，「總領所隸屬於宣撫司」的架構卻並未改變。
安丙為四川宣撫使，推薦陳咸為四川總領。根據李心傳《建炎以來朝野
雜記》記載：

> 及安觀文為宣撫，薦陳逢孺總賦，逢孺事之甚謹。時蜀計空

33　李心傳：《建炎以來朝野雜記》乙集，卷16〈四川宣、總司抗衡〉，頁803。

34　魏了翁：《鶴山先生大全文集》，卷44〈重建四川總領所記〉，頁21上-下。

35　〔日〕伊原弘：〈南宋總領所の任用官──「開禧用兵」前後の四川を中心に〉，收入
　　磯部武雄編《アジアの教育と社會──多賀秋五郎博士古稀記念論文集》（東京都：
　　不昧堂，1983年），頁126-138。

虛，而軍費日夥，宣司為之移屯、減戍、運粟、括財，計司實賴其力。後以兌引事，稍有違言，逢孺不敢校也。[36]

由於四川總領陳咸為安丙所推薦，故陳咸對安丙「事之甚謹」。也就是說，吳曦叛亂平定之後，四川宣撫司與總領所的關係，仍為上級與下屬的關係。又根據魏了翁〈通陳總領〉一文的記載：

龍渡以後，歲漕中都宿戍，今已逾七十年，供億不知幾千萬計，牢盆榷酤，盡利不遺力，續引祠牒，鑿空無餘謀；重以火旱而木饑，取之山童而澤涸。荒年無備，夷至飲馬；常心不固，民幾帶牛。使甕貯斗米而床有百錢，偷安尚可。今室如懸罄，野無青草，善後若何？[37]

此處的陳總領，按文中所說「龍渡以後，歲漕中都宿戍，今已逾七十年」來算，時間約在韓侂冑開禧北伐前後，應即為開禧三年（1207）擔任四川總領的陳咸。開禧北伐失敗後，四川地區「牢盆榷酤，盡利不遺力，續引祠牒，鑿空無餘謀，重以火旱而木饑，取之山童而澤涸」，可謂山窮水盡矣。又據魏了翁〈重建四川總領所記〉的記載：

曦（吳曦）既授首，財之僅存者六百萬，是歲之出乃至四千餘萬。陳勤節公咸未知所以為計，微安沂公（安丙）為之移屯、減戍、運粟、括財，有以翼蔽而扶掖之，勤節公逢孺（陳咸）亦未知攸濟矣。[38]

可知當時的宣撫使安丙，為了解決四川總領陳咸所遇到的困難，

<hr>

36 李心傳：《建炎以來朝野雜記》乙集，卷16〈四川宣、總司抗衡〉，頁803。

37 魏了翁：《鶴山先生大全文集》，卷66〈通陳總領〉，頁五上。

38 同前註，卷44〈重建四川總領所記〉，頁21下。另見《宋史》，卷412〈陳咸傳〉，頁12390。關於安丙在四川的治績，可參考蔡東洲、胡寧：《安丙研究》一書。

採取「移屯、減戍、運粟、括財」等一切手段，使得四川的財政得以維持。這種宣撫使與總領合作的情形，得力於總領由宣撫使所推薦，故兩人之間關係較緊密。這種宣撫司獨大的情形，雖有助於解決當時四川面臨的困難，但是宋廷於嘉定二年（1209）將安丙由宣撫使改為制置大使，似乎也有意逐步限制安丙的權力，走向「軍政權、財賦權分立」的傳統作法。

雖然安丙已經由宣撫使改為制置大使，在制度上已經不具有節制財賦的權力，總領陳咸也非制置大使的下屬。然而安丙視四川總領陳咸為下屬的作法，並不因其官職由宣撫使改為制置大使而有所改變。嘉定三年（1210），安丙主張收兌第九十一界錢引，但總領陳咸反對，「堅持不行」，因此安丙派御前軍四人入總領所，「縛都副吏三人以去」。陳咸也因而「以印付屬官，稱疾，申大制司乞致仕」。[39] 陳咸離任之後，王釜繼任四川總領，開始挑戰制置大使安丙大權獨攬的作法。

四　四川總領與制置司再起衝突

吳曦之亂前後，四川總領所與宣制司的關係，從相互對立改變成隸屬關係，這一情況在王釜擔任四川總領之後，有相當大的改變。李心傳《建炎以來朝野雜記》說道：

> 王少監釜子益代陳總計，先請于朝，尚書省勘會：軍政、財賦各專任責。權臣前降節制財賦指揮，合行釐正。于是二司始忤。未數月，二人交章論劾，乃移子益湖廣總領焉。王子益之總計也，制置大使司奏乞減三路兵籍，以八萬一千人為額，有闕乞招填，然兵籍舊為八萬九千人，曦亂後僅存七萬餘人，雖

云減額八千，若盡招填，實增萬人矣。會朝廷泛行下三衙、江上及四川諸軍覈實，詭填虛額遂止。[40]

王釜擔任四川總領後，重新聲明「軍政、財賦各專任責」，強調互不隸屬，因此又出現了「總領、制置使抗衡」的情形。當時爭論的一個重點，在於駐紮四川御前諸軍的數量問題，制置大使安丙想要增加兵力至八萬一千人，但總領王釜卻主張維持現有七萬兵力。兩者的立場相左，除了個人的對立以外，政治上的現實因素也不能忽視：制置司以軍備為先，當然希望兵力多多益善；而總領為減少軍需財賦的壓力，自然希望軍隊數量越少越好，因而反對擴軍。而朝廷則在兩者的爭論中，居於仲裁者的角色，最後中央決定覈實諸軍，使得制置大使安丙不能藉「詭填虛額」來增加兵力。又同書卷十六〈四川總、制司爭鬻鹽井〉又記載：

> 三路官井，舊法令人承煎。自軍興後，總領所已依官田法召人投買，得錢數十萬緡。大使司以為未及價，復賣之，又得錢百萬緡，入制司激賞庫。王子益以為失信，檄止之。大使司乃以總計所負制司廣惠倉米三十萬石，言之於朝，子益議遂格。[41]

在財賦事務上，制置大使司與總領所都在爭取控制權，遂出現官井「一井二賣」的情形。而最後是制置大使安丙向中央告狀，申訴總領所尚欠廣惠倉米三十萬石，總領王釜才屈服，而王釜不久也去職。由安丙與王釜的衝突過程，我們可以看出，在招填士兵的事件中，宋廷支持總領王釜的看法；而在官井買賣及總領尚欠軍糧二十萬石的事件中，宋廷則支持制置大使安丙，導致王釜去職。由於制置司與總領所的對

40　李心傳：《建炎以來朝野雜記》乙集，卷 16〈四川宣、總司抗衡〉，頁 803-804。
41　同前註，卷 16〈四川總、制司爭鬻鹽井〉，頁 804。

立，南宋中央朝廷對制置使與總領之間的爭執，擁有最後的決定權，
亦即宋廷利用兩者職權上的互相制衡，達到集權中央的目的。

　　對於四川總領所與宣、制司的關係，又由合作走向對立，魏了翁
認為：

> 王君釜代陳（陳咸），雖拔節制之命出於權臣，釐而正之，是
> 也。不知二司之情不可以不通。未幾，而張東甫子震繼之，歲
> 虧四百萬，莫非倚安公以共濟。王鉛代張，又昧乎此，擠安公
> 而去之。始未見甚害也，一旦虜乘虛大如（入），董仁父居誼倉
> 黃（皇）度劍，王董之勢相抵不容，以不易使也，則楊九鼎代
> 之，以激叛卒之變。於是代楊者任君處厚，一惟沂公（安丙，
> 於嘉定十二年五月再任四川宣撫使）與南海崔正子（崔與之）
> 是依，僅克有濟。[42]

可知在戰事停歇之際，宋廷採取的政策是改宣撫使為制置使，並使四
川總領與制置司對立，達到集權中央的目的。故從王釜到王鉛，大多
採取與制置使安丙對抗的態度，最後「擠安公而去之」，導致安丙去
職。但是一旦邊境事起，宋廷又須顧及戰事的需要而加重宣制司的權
力，一方面在王鉛與制置使董居誼對立的情形下，宋廷支持董居誼而
將王鉛撤換。另一方面又於嘉定十二年（1219）重新設置四川宣撫司，
以安丙為宣撫使。故總領任處厚只能「惟宣撫使安丙、制置使崔與之是
依」，失去了分立、制衡的功能。

---

[42] 魏了翁：《鶴山先生大全文集》，卷44〈重建四川總領所記〉，頁21下-22上。關於
制置使崔與之整頓四川財賦，滿足軍費需求，可參考梁端文：〈崔與之傳〉，收入駱小
民編：《崔與之研究文集》（廣州市：廣東高等教育出版社，1996年），頁227-231；
王德毅：〈崔與之與晚宋的政局〉，《臺大歷史學報》第19期（1996年6月），頁123-
138。

第三節　南宋後期四川總領所地位的弱化

一　嘉定和議後的宋金戰爭

　　宋金之間的衝突，起因於嘉定三年（金衛紹王大安二年〔1210〕）蒙古侵金，因此七年（1214）時，南宋趁機罷納歲幣，宋金在「嘉定和議」之後，又啟戰端。在四川地區，十年（1217）四月丁巳，因金兵入寇湖北，乃命四川制置使董居誼「便宜行事」。[43] 次年（1218）元月，金兵圍攻皂郊堡、隔茅關，興元都統李貴遁去。二月，金兵焚大散關而去，攻陷皂郊堡，死者五萬人。四川制置司召忠義人復皂郊。三月，利州統制王逸等率官軍及忠義人收復皂郊堡，但不久又為金兵攻陷。而同月辛卯，官軍又大潰於赤谷口，沔州都統劉昌祖焚西和州、成州而遁。五月，宋廷命四川制置司招集忠義人。嘉定十二年（1219）正月，金兵攻成州，沔州都統張威自西和州退守仙人關，興元都統吳政戰死於黃牛堡。二月，金兵攻陷興元府。[44]

　　從這些戰事的記載中，我們可以看出，四川地區的宋軍主力「御前諸軍」（興元府都統制、沔州都統制，利州統制）屢戰屢敗，甚至大量招募「忠義人」參戰，可見御前諸軍的勢力日漸萎縮。御前諸軍日趨衰敗的另一個象徵是叛亂四起，嘉定十二年三月乙亥，興元軍士權興等作亂；閏三月癸亥，興元軍士張福、莫簡等作亂，並於四月攻入利州，殺害四川總領楊九鼎。[45]

　　除了金兵的進攻之外，蒙古人也對四川發動攻擊。理宗紹定四年

---

[43]　《續編兩朝綱目備要》卷15，頁283。

[44]　同前註，頁284-287。

[45]　同前註，頁287-288。

（蒙古太宗窩闊台三年〔1231〕），「八月己未，大元兵破武休，入興元，攻仙人關」；十月癸酉，「大元兵破蜀口諸郡」[46]。御前諸軍對於外寇入侵，似乎招架乏力。

　　此外，戰爭時期的四川地區籌措軍費，也已經到了山窮水盡的地步。嘉定十一年四月戊申，命四川增印錢引五百萬，以給軍費。[47] 可見四川除了「增印錢引」這種造成通貨膨脹、紙幣貶值的飲鴆止渴的方法外，也別無其他方式可資軍費。又據魏了翁的記載：

> 曩在朝著時，得任（處厚）、楊（師復）書，煎熬科降，知逐年以收計支，凡虧一千七百萬，皆鑿空架虛，脫漏過日。朝廷方思所以變通文術，會遣李卿打算，則言每歲有增無虧，計支外尚多五千萬，若使蜀人為之，則徇私失催。於是李以嘉定十六年改官班見之人，而明年以總屬（蜀）餉。既給取官職，而幹旋不行，於是又朝廷求科降。[48]

嘉定十三（1220）至十六年（1223），四川總領以無法理財，只能「鑿空架虛，脫漏過日」。當時雖有李某（失其名）自告奮勇，認為可以「有增無虧，計支外尚多五千萬」，但是「當家才知柴米貴」，李某就任四川總領後，也只能求朝廷科降。魏了翁又記載：

> 蜀餉歲虧千餘萬，朝廷降祠牒，諸司助羨緡，其計已窮。舊在朝列時，每得楊（師復）、李（名不詳）諸文書，即縷縷言之，廟堂亦搏手無策。不知今宿師益久，為力視前如何？[49]

---

[46]　《宋史》，卷 41〈理宗紀一〉，頁 794-795。

[47]　《續編兩朝綱目備要》卷 15，頁 285。

[48]　魏了翁：《鶴山先生大全文集》，卷 35〈答黃總領申〉，頁 12 上。

[49]　同前註，卷 36〈答蔡總領廙〉，頁 1 上。

對於四川的財政問題，連朝廷也束手無策。

南宋與金的戰爭，轉捩點在於宋蒙的結盟。紹定五年（1232）十二月，蒙古遣使至京湖，議夾攻金，理宗許之。紹定六年（1233）八月，蒙古都元帥塔察兒遣使約攻蔡州。十月，宋將孟珙與蒙古軍合圍蔡州。至端平元年（1234）正月，宋蒙聯軍攻陷蔡州，金哀宗死，金朝滅亡。宋蒙約定陳蔡西北之地屬蒙古。宋朝好不容易才可以從宋金戰爭的衝突中喘一口氣。

二　宋蒙戰爭

端平元年六月，趙范、趙葵建議趁機收復三京，宰相鄭清之贊成其議。八月，以趙范、趙葵、全子才為帥，北上收復汴京、洛陽，為蒙古逐走。蒙古反責宋人敗盟，於是又開啟宋蒙之間的戰端。

宋蒙戰爭開啟後，四川地區也陷入戰局。端平三年（1236）九月壬午，「利州駐箚御前諸軍統制曹友聞與大元兵大戰于大安軍陽平關，兵敗，死之。」[50] 據王曾瑜教授的研究，此時曹友聞的部下，有敢勇軍總管夏用、西和州神勁軍總管趙興、安邊軍總管呂嗣德與陳庚、保捷軍統領劉虎等人，敢勇等軍都是另設的新軍，可知當時四都統司的軍事體制已經發生變化。曹友聞戰死，蒙古軍長驅入川後，四都統司的體制便完全破壞。[51] 王曾瑜教授並根據牟子才的奏議：「丙申（端平三年）以來，逃亡死損，所餘無幾。今以所聞參之，興戎司見管四千六百餘人，沔戎司僅及三千人，金戎司不及千人，利戎司約七、八千人。」指出余玠在淳祐二年（1242）擔任四川制置使後，四都統司

50　《宋史》，卷 42〈理宗紀二〉，頁 811。
51　王曾瑜：《宋朝軍制初探（增訂本）》，頁 248。

只剩下一萬六、七千人,還不足四川總兵力的五分之二。[52]

　　既然總領所提供錢糧的對象,為御前諸軍,而此時御前諸軍四都統司已不堪作戰。另一方面,對於四川財賦的管理與徵收,四川總領也毫無辦法,只能「惟宣撫、制置使是依」,甚至「鑿空架虛,脫漏過日」,完全沒有南宋初年趙開整頓財賦的規劃(事實上,趙開以來的各種整頓財賦的方法,都已用盡,實也無計可施)。因此,四川總領所職權日低,逐漸成為宣撫、制置司的附庸機構。而徵收到的財賦,也由宣撫司、制置司來統籌運用,供應財賦的對象,不再僅限於御前諸軍。

　　對於朝廷而言,既然設置總領已經無法達到「理財」的功能,戰爭時期也無「監軍」之必要。在四川總領不斷求朝廷科降,而朝廷又無法回應的情形下,朝廷最後的方式也就是將理財之權完全交於宣撫、制置司之手,由宣撫、制置司自行處理軍需財賦的問題。這種逃避責任的方式,似乎也是宋廷唯一可以採行的方式。於是,理宗於淳祐二年(1242),授余玠「兵部侍郎、四川安撫制置使、兼知重慶府、兼四川總領、兼夔路轉運使」[53],四川總領由制置使兼任,此後成為慣例。而余玠又以利州西路安撫使王惟忠「治財賦」[54],這種授權親信屬下掌管財賦的方式,與南宋初年張浚授權趙開「專一總領四川財賦」如出一轍,四川總領所理財的功能,至此名存實亡。

　　南宋高宗初設四川總領的目的,是由中央派遣官員解決四川的軍需財賦問題,當時的「專一總領四川財賦」的趙開是宣撫使張浚的下

52　同前註,頁248-249。牟子才的奏疏,見黃淮、楊士奇等編:《歷代名臣奏議》卷
　　100,頁20上-下。

53　《宋史》,卷416〈余玠傳〉,頁12469。關於余玠在四川抗蒙的事蹟,參見姚從吾:
　　〈余玠評傳〉,收入宋史座談會編:《宋史研究集》(臺北市:國立編譯館,1969年)
　　第4輯,頁95-158。陳世松:《余玠傳》(重慶市:重慶出版社,1982年)。

54　《宋史》,卷416〈余玠傳〉,頁12473。

屬。而宋金戰爭告一段落後，四川總領所正式設立，則代表軍政權與財賦權的分立。雖然孝宗以後，宣撫使仍有查核總領所事務的權力，但四川總領由朝廷任命，象徵著朝廷加強了對四川財賦的控制。寧宗開禧北伐時期，雖一度將四川總領所置於宣撫使之下，且此一作法在開禧北伐失敗後，仍維持一段時間。但在朝廷將安丙的職銜由宣撫使改為制置大使，以及新任四川總領王釜重新強調「軍政、財賦各專任責」，代表了南宋朝廷重新採取了軍政權、財賦權分立的政策。然而宋金戰爭再度爆發，以及接踵而來的宋蒙戰爭，使得四川總領的理財功能受到嚴重挑戰。四川總領向朝廷求助，朝廷也無計可施。最後朝廷只有將四川財賦的權力，完全交由四川制置使掌理，打破了制置使「惟財計、茶馬不與」的限制，四川總領至此完全成為制置使的附庸。

本章小結

趙開擔任「隨軍轉運使，專一總領四川財賦」，其地位是宣撫使張浚的下屬，但是在財政政策上卻有絕大的權力，可以對茶、鹽、酒等專賣事務提出新的規劃。這種財政的自主權，在紹興十五年之後被正式設置的總領所所繼承，成為四川總領所與淮東、淮西、湖廣不同之處。

然而，紹興十五年正式設立總領所，提供四川御前諸軍軍需財賦。是宰相秦檜為了箝制四川宣撫副使鄭剛中的權力，故以趙不棄為四川總領。趙不棄行文宣撫司「用平牒」，地位與宣撫司並行，而不再是宣撫司的下屬。紹興十七年，鄭剛中又在趙不棄羅織罪名之下，被罷去宣撫副使的職務。紹興十八年，四川宣撫司被裁撤，改設權限較小的四川安撫制置使，四川總領與四川安撫制置使成為兩個平行而相互制衡的機構。即宋廷利用兩者職權上的互相制衡，達到集權中央、

提升皇權的目的。軍事權與財政權的分立，的確提高中央的權威，使得四川此一「計臣得以擅取予之權，一遇軍興，朝廷亦不問」之地區，少有割據之患。除了紹興時期的四川總領趙不棄之外，紹興末總領王之望與制置使沈介對抗，孝宗時以李蘩制衡軍事將領吳挺，都是「抗衡型」總領的代表。

　　但是到了寧宗時，為了進行北伐，韓侂冑給予四川宣撫司節制總領所之權。吳曦之叛，雖然是讓宣撫司擴權的一大失策，但是吳曦之亂後宣撫使安丙與四川總領陳咸之合作，也是四川可以度過財政危機的關鍵。所以軍政權與財賦權是否應完全分立，實為南宋政府一左右為難的課題。開禧年間，陳咸理財之術的其中一個方法是請宣撫使安丙「括財」。可見四川總領已逐漸失去獨自理財的能力，必須要得到宣撫司的配合，才能有新辦法挽救財政危機。四川總領陳咸與宣撫使安丙的關係，可謂是「合作型」的代表。

　　嘉定年間情形為之一變，朝廷將安丙的職銜由宣撫使改為制置大使，以及新任四川總領王釜重新強調「軍政、財賦各專任責」，可見朝廷重新採行「軍政權、財賦權分立」的政策，王釜雖然被制置大使安丙攻擊而離任，王鉛卻迫使安丙去職。王釜、王鉛可謂是南宋後期「抗衡型」總領的代表人物。但是，這種「軍政權、財賦權分立」的體制，雖有助於中央集權，卻無法因應戰爭需要。因此當宋金戰爭再度發生，王鉛也隨之去職，其後的總領在財政困窘的情況下，除了向朝廷求助之外，更需要宣撫、制置使的協助與通融，於是如總領任處厚僅能「惟宣撫、制置使是依」。嘉定年間，四川總領面對戰爭的需求，只能「增印錢引」，甚至「鑿空架虛，脫漏過日」，由於四川總領的獨立理財功能日趨衰弱。因此任處厚之後的四川總領，只能稱之為「僚屬型」。

　　理宗寶慶年間，魏了翁曾告訴四川總領張釜：「陳陳之粟誇西都，長旗一搖掃地無，剝民肌血事軍賦，天乎生此桑大夫。」「要知元和國

計簿，不以末世供軍圖，人間遺利或盡取，天下大本須持扶。」[55] 四川總領既然已是在「剝民肌血事軍賦」、「人間遺利或盡取」，遂要求張釜應注意「天下大本須持扶」。但是在戰爭頻仍、兵荒馬亂的時代，總領聚斂財賦以供軍需尚嫌不足，又有何能力注意民生？

宋金戰爭尚未結束，又發生紹定四年蒙古假道攻金事件。後來雖然達成宋蒙聯盟，聯軍攻破蔡州，金國滅亡。但宋蒙戰爭隨著宋朝「端平入洛」而爆發，此後兵連禍結，直至南宋滅亡。在這段期間，四川地區的財政已瀕臨破產，總領幾乎已失去理財的功能。因此淳祐二年，余玠以四川制置使兼四川總領，象徵著四川總領所制度已完全名存實亡。取總領所制度而代之者，是一個戰時經濟體制，朝廷放手由四川制置使全權控制四川財賦，制置使得以運用一切手段，徵發調度四川地區的所有財賦，這一作法一直持續到南宋滅亡。

宋代「強幹弱枝，集權中央」的國策，不只用於「杯酒釋兵權」，並經常「師其意」，用各種方式展現於宋朝的歷史之上。如宰相、樞密使、三司分立，則宰相、樞密使、三司皆是「枝」，三者相互牽制的結果，是是需仰賴皇帝的旨意行之，皇帝則是主幹。又如宋太祖、太宗收地方藩鎮的權力，收藩鎮之精兵，在地方設置通判制衡知州，在諸路分設轉運司、提點刑獄司，使之相互制衡，分割其事權，故知州、通判、轉運使、提點刑獄皆是「枝」，中央政府則是主幹。這一強幹弱枝、集權中央的作法運用於南宋，則出現總領所與制置司抗衡，軍政權與財賦權分立的局面。因此，中央政府與皇帝不但是決策者，在制置司與總領所發生爭端時，更是最後的仲裁者。然而，這種強幹弱枝、集權中央的理想，敵不過戰爭的現實需要。南宋中央政府為了因應現實環境的變化，對總領所與宣撫司、制置司的關係不斷務實的進

55　魏了翁：《鶴山先生大全文集》，卷 97〈送張總卿釜護餉益昌〉，頁 1 上 - 下。

行調整。南宋設置總領所，以分制置司之權，在平時也許是防患於未然的統治之術。但是宋金、宋蒙戰爭發生之後，基於戰爭的需要，財賦權最後還是由制置司所掌控。這種作法反映平時朝廷希望「權力分割，集權中央」的理想，故偏向總領所與制置司分立；而戰時又希望軍財一體，故總領所成為宣撫司、制置司的下屬。四川總領所與宣撫司、制置司的關係，就是不斷擺盪於這兩種策略之中。

第七章
結　論

　　南宋高宗時期，設置淮東、淮西、湖廣、四川四總領所，有兩大目的，一為「監軍」，一為「理財」。先就監軍而論，南宋初年與金戰爭的非常時期，雖然有「總領財賦官」的設置，但是總領所的正式設置，卻不是在宋金戰爭最艱苦的時期，而是在宋金戰爭即將結束的紹興十一年。當時南宋朝廷為了集權中央，先罷去張俊、韓世忠、岳飛三宣撫使的兵權，並將三大鎮之兵改為御前諸軍，又設總領所「專一報發御前軍馬文字」，如果這只是制度上防範武臣專擅的設計，還無可厚非。然而，當時的總領還負有為高宗與秦檜剷除異己的政治任務，如胡紡構陷韓世忠，汪叔詹陷害岳飛，以及趙不棄打擊鄭剛中，使得高宗時期的總領所，成為一個變相之恐怖統治的特務機關。其後，在四川地區，由於離行在臨安較遠，四川宣撫使、制置使「天高皇帝遠」，中央難以節制，故四川總領所仍有「監軍」、「制衡」的功能，透過軍政與財政權分立，使中央保有最後的決策權與仲裁權。但一遇戰爭，為了統一指揮的需要，總領所往往又變成宣撫使、制置使的下屬，開禧北伐、宋蒙戰爭時期，皆出現總領成為宣、制司附庸的現象。南宋時期朝廷對四川總領所的政策，便是在「軍政、財政分立」與「統一指揮事權」兩端中搖擺。

　　南宋四總領所的的另一個重大責任，就是負責提供御前諸軍各都統司的軍需財賦。四總領所之中，四川總領所，是以四川各路之財賦，供應興州、興元府、金州各都統司的財賦需求。湖廣總領所的財賦來源，則是廣南東西路、荊湖南北路，江南西路、京西路共六路，

以提供鄂州、江州、荊南各都統司的軍馬錢糧。淮東總領所的財賦，係來自淮南東路、江南東路、浙西路，為鎮江都統司提供財賦。淮西總領所的財賦來源，為淮南西路、江南東路、江南西路，為建康府、池州都統司提供財賦。南宋各路的財賦，大多送至四總領所，以滿足御前諸軍的需要。朝廷從這些路分中得到的財賦，實際上非常有限，只有福建路、兩浙東路的財賦完全由中央控制。因此，南宋時期國家財賦的流通，宛如五條輸送帶，將各地財賦送至行在臨安與四總領所。這是南宋經濟的特色。

　　不過，南宋總領所的最大問題，在於其「理財為先」的性質，為了滿足御前諸軍的需要，總領所不斷向地方各級官府加強財賦的徵收。由於總領所的地位位於地方官府之上，對於理財不力的地方官可以有彈劾之權，因此地方官府望風承旨，紛紛以徵收財賦為施政的優先目標。南宋許月卿曾感慨說道：

> 臣觀朝廷不恤餉所，餉所不恤州縣，州縣不恤黎庶，豈無守令知恤吾民？水旱蠲租，亦既得請。稟軍定數，不容虧折，朝廷未肯如數科撥，闊屯逼迫，甚於束濕，餉所僅理，不得不然，州縣往往自悔請蠲，他日水旱，隱而不言。二稅之入，盡於軍儲，州縣之間，無復贏餘，二稅之外，別作名色，巧取於民，以紓事力。[1]

由於總領以督促軍需財賦為先，地方官在壓力之下，不但災荒時無法得到蠲免，平時地方官也要巧立名目，變相增加賦稅，以滿足地方官府的經費需求。因此，南宋時期苛捐雜稅之多，遠遠超越北宋，如經

---

[1]　許月卿：《百官箴》（影印文淵閣四庫全書本，臺北市：臺灣商務印書館，1986 年）卷六〈總領財賦軍馬錢糧箴〉，頁 13 上～下。

制錢、總制錢、版帳錢、月樁錢、醋息錢等，無名雜稅繁多，百姓苦不堪言。

　　紙幣的出現，是宋代在世界歷史上的的創舉。南宋的總領所，也負責紙幣的發行與管理，四川的「錢引」、荊湖的「湖北會子」、兩淮的「兩淮會子」，皆由總領所負其責。不過，在以軍需為先的目標之下，南宋後期各總領所往往濫印紙幣，導致貨幣貶值，通貨膨脹，更加深了百姓的痛苦。

　　究其原因，總領所的工作為「理財」，但理財的目的不是為了造福民生，而是為了軍事支出。理財目的的偏差，便導致水深火熱、民不堪命的結果。

　　錢穆先生在《中國歷史精神》一書中，談到民國時期的地理與人物，曾說：

> 目前的中國文化，則都集中在東北從遼東以迄西南達廣東的沿海一條狹邊上，愈向內，愈黯澹，直到西北邊寧夏、蒙古、新疆、西康、西藏至滇緬邊境，我們一概置之度外，不加理會，如一個大瓜，腐爛了大半個，只剩沿海一線之地，只是一層薄皮了。[2]

又說：

> 江浙沿海一帶，雖是今天經濟文化之重要地區，一切人才集中，然而像一樹繁花，已經開到爛漫極盛之時，快該凋謝了。……民國二十六年我由洛陽而長安，遊覽西北，一路看到許多鄉村社會的生活情況，已覺得中國大亂之將至。正如天空

---

[2]　錢穆：《中國歷史精神》（錢賓四先生全集第 29 冊，臺北市：聯經出版事業公司，1995 年），頁 129。

的氣候，一邊太熱，一邊太冷，雙方醞釀，一接觸後必然會發生大旋風。中國的內地西北和東南沿海，在同一個國家之內部，卻存在有兩個絕不同的社會，經濟文化太過懸殊，這真是一個大問題。[3]

錢穆先生所言，雖然是民國時期的社會情形，但我在進行總領所相關問題的研究時，這幾句話卻不斷的浮現在我的腦海中。如同本書緒論中所言，南宋雖然有繁榮發達的一面，但南宋基層社會的平民百姓，卻是飽受剝削壓迫，是劉克莊所謂「籠商賈、困郡縣」的社會，是魏了翁所說「剝民肌血事軍賦」的世界，是袁甫所說「焚林竭澤」的慘狀，是《宋史‧食貨下八‧商稅》所說「寬大之旨屢頒，關市之征迭放」，地方吏治卻仍然是「貪吏並緣，苛取百出」的景況。

　　本書的標題「聚斂謀國」，有兩個相反的意義：所謂「謀國」，是為國家規劃政策，是儒家「治國平天下」理念的實踐，故「謀國」二字帶有正面的意義，如「老成謀國」、「工於謀國，拙於謀身」（海瑞評價張居正語）、「謀國之忠，知人之明」（左宗棠評價曾國藩之語）。而「聚斂」二字，卻是剝削、壓迫的代名詞。南宋的總領，出身儒家士大夫，未嘗沒有治國平天下的謀國理想，但人在官場，身不由己，一旦坐上的總領的位子，便只能隨波逐流，成為聚斂言利之臣。

　　希望本書之作，可以讓我們對南宋總領所制度，以及它對社會經濟的影響，有更深一層的認識。也希望透過本書，對那些在南宋重稅政策之下，飽受壓迫剝削的芸芸眾生，寄上深刻的同情。

---

[3]　同前註，頁131。

附表一

淮東、淮西、湖廣總領年表

時間	淮東總領	淮西總領	湖廣總領	備考
高宗紹興三年（1133）		（姚舜明）（正月始）		
四年		（張成憲）		
五年		（張成憲）		
六年	（劉寧止）	（宋棐）	（霍蠡）（九月始）	
七年	（劉寧止）	（掌均）	（霍蠡）（薛弼）	
八年	（張成憲）	（莫將）	（霍蠡）（薛弼）	
九年	（張成憲）	（吳彥璋）	（邵相）	
十年	（張成憲）	（吳彥璋）	（曾慥）	
十一年	胡紡	（吳彥璋）吳彥璋	（曾慥）曾慥林大聲（六月始）汪叔詹（代理）	汪叔詹，見本書第二章。

（續）

時間	淮東總領	淮西總領	湖廣總領	備考
十二年	胡紡 呂希常 （十二月始）	吳彥璋	汪叔詹（代理） 鮑琚（三月始）	
十三年	呂希常 吳彥璋 （閏四月始）	吳彥璋 呂希常 （閏四月始）	張匯	
十四年	吳彥璋 林大聲 （十月始）	呂希常	張匯	
十五年	林大聲	呂希常	張匯	
十六年	林大聲 華初成 （三月始） 榮嶷（五月始）	呂希常	張匯	
十七年	榮嶷 周石（二月始）	呂希常	張匯	
十八年	周石	呂希常	汪叔詹	
十九年	周石	呂希常	汪叔詹	
廿年	周石	呂希常	汪叔詹	
廿一年	周石	呂希常	汪叔詹	
廿二年	周石	呂希常	汪叔詹	
廿三年	周石	呂希常	汪叔詹	
廿四年	周石	呂希常 宋睍 （十一月始）	汪叔詹	

（續）

時間	淮東總領	淮西總領	湖廣總領	備考
廿五年	周石 蘇振（八月始）	宋昵	汪叔詹 方師尹	
廿六年	蘇振 董莘（五月始）	宋昵 徐林（三月始）	方師尹 逢汝霖	
廿七年	董莘	徐林 趙子瀟 （五月始） 方師尹 （八月始）	逢汝霖	
廿八年	董莘 朱夏卿 （三月始）	方師尹	逢汝霖	
廿九年	朱夏卿	方師尹	逢汝霖 彭合（八月始）	
卅年	朱夏卿	方師尹 都絜（三月始）	彭合	
卅一年	朱夏卿	都絜	彭合（二月卒） 向伯奮 （二月始）	
卅二年	朱夏卿 林安宅 （閏二月始） 徐康（三月始） 洪适（四月始）	都絜 李若川 （二月始）	向伯奮 王玨	
孝宗隆興元年 （1163）	洪适	李若川	王玨	
二年	洪适 王弗（三月始）	李若川 楊倓（六月始）	王玨 （閏十一月卒） 司馬倬	

（續）

時間	淮東總領	淮西總領	湖廣總領	備考
乾道元年（1165）	王弗 張津（三月始） 趙公稱（九月始）	楊倓	司馬倬	
二年	趙公稱 韓元龍（九月始） 韓彥直（十二月始）	楊倓 司馬伋（八月始） 葉衡（十一月始）	司馬倬	
三年	韓彥直	葉衡	司馬倬 鍾世明	
四年	韓彥直 呂擢（三月始）	葉衡	鍾世明	
五年	呂擢	葉衡	鍾世明 韓彥直	
六年	呂擢 蔡洸（三月始） 沈复（四月為兩淮總領） 張松（五月為兩淮總領） 蔡洸（十二月暫兼淮東總領）	葉衡 沈复（二月始，四月為兩淮總領） 張松（五月為兩淮總領，十二月罷通領，為淮西總領）	韓彥直 沈复（八月始）	
七年	蔡洸 唐琢（三月始） 蔡洸（五月始）	張松 查籥（六月始） 周閟（八月始）	呂游問 李安國（十二月始）	
八年	蔡洸	周閟 滕膺（五月始） 單夔（八月始）	李安國 呂游問	

（續）

時間	淮東總領	淮西總領	湖廣總領	備考
九年	蔡洸 沈祖德 曹總 曾逮 胡與可 （九月始）	單夔	呂游問	
淳熙 元年 （1174）	胡與可 許子中 （四月始）	單夔	呂游問 梁總	
二年	錢良臣 （正月始）	單夔	梁總 劉邦翰	
三年	錢良臣	單夔 蓋經（二月始）	劉邦翰	
四年	錢良臣 趙思（二月始） 葉翥 （十一月始）	蓋經	劉邦翰 周嗣武	
五年	葉翥	蓋經	周嗣武	
六年	葉翥	蓋經 葉宏（八月始）	周嗣武	
七年	葉翥 宇文子震 （十月始）	葉宏	周嗣武	
八年	宇文子震	葉宏	周嗣武	
九年	宇文子震 朱佺（二月始）	葉宏 韓彥質 （八月始）	李昌圖	

（續）

時間	淮東總領	淮西總領	湖廣總領	備考
十年	朱倧 吳琚（八月始）	韓彥質 蔡戡（七月始） 趙汝誼 （十一月始）	李昌圖 趙汝誼 蔡戡	
十一年	吳琚	趙汝誼	蔡戡	
十二年	吳琚	趙汝誼	蔡戡 趙彥逾	
十三年	吳琚	趙汝誼	趙彥逾	
十四年	吳琚 趙師𥊍 （十二月始）	趙汝誼	趙彥逾 王尚之	
十五年	趙師𥊍	趙汝誼 張抑（九月始）	王尚之	
十六年	趙師𥊍	張抑	王尚之 梁總	
光宗紹 熙元年 （1190）	趙師𥊍 錢端忠 劉穎（七月始）	張抑 錢端忠 （八月始）	梁總 詹體仁 （十月始）	
二年	劉穎	錢端忠	詹體仁	
三年	吳珽（正月始）	劉穎（正月始） 楊萬里 鄭湜（九月始）	詹體仁	
四年	吳珽	鄭湜	詹體仁 張抑	
五年	吳珽 葉適 （十二月始）	鄭湜 趙師𥊍 （三月始）	張抑 蔡戡 （十二月始）	

（續）

時間	淮東總領	淮西總領	湖廣總領	備考
寧宗慶元元年（1195）	葉適	趙師嶧 胡瑑（六月始）	蔡戡 楊王休 （七月始）	
二年	葉適 朱希顏 （四月始）	胡瑑 張釜 萬鍾（七月始）	楊王休 陳謙	
三年	朱希顏	萬鍾 楊文昺（四月始）	陳謙 趙不迹	
四年	朱希顏 沈作賓 （二月始）	楊文昺 曾炎（七月始）	趙不迹	
五年	沈作賓 薛紹 （十月始）	曾炎 曾栗（八月始）	趙不迹	
六年	薛紹	曾栗 韓亞卿 （十二月始）	趙不迹 林祖洽	
嘉泰元年（1201）	薛紹	韓亞卿	林祖洽	
二年	薛紹 梁季珌 （八月始）	韓亞卿 王補之 （九月始）	吳旰	
三年	梁季珌	王補之	吳旰	
四年	梁季珌	王補之 葉甄（四月始）	吳旰 傅伯成	

（續）

時間	淮東總領	淮西總領	湖廣總領	備考
開禧 元年 （1205）	梁季珌 趙不儳 （十月始）	葉籈 商飛卿 （正月始）	傅伯成 吳獵 詹體仁	
二年	趙不儳 林祖洽 （四月始） 程準（八月始）	商飛卿	詹體仁 陳謙	
三年	程準 葉籈（六月始）	商飛卿 徐邦憲 （三月始）	陳謙 項安世 趙善恭	
嘉定 元年 （1208）	葉籈 汪文振 （九月始）	徐邦憲 李洪（二月始）	趙善恭 曹彥約	
二年	汪文振 林祖洽 （七月始）	李洪 趙不儳 （五月始）	曹彥約 何炳	
三年	林祖洽	趙不儳	何炳	
四年	林祖洽 錢仲彪 （六月始）	趙不儳	錢學 趙彥橚	
五年	錢仲彪	趙不儳 胡槻 （十一月始）	王釜	
六年	錢仲彪	胡槻	王釜	
七年	錢仲彪	胡槻	王釜 綦奎	
八年	錢仲彪 宋均（八月始）	胡槻	綦奎	

（續）

時間	淮東總領	淮西總領	湖廣總領	備考
九年	宋均	胡槻	綦奎	
十年	宋均	胡槻	綦奎	
十一年	宋均 汪綱（七月始）	胡槻	綦奎	
十二年	汪綱 程覃（三月始）	胡槻 商碩（八月始）	綦奎	
十三年	程覃	商碩	綦奎 何炳	
十四年	程覃 岳珂（九月始）	商碩	何炳	
十五年	岳珂	商碩 陳宗仁 （六月始）	何炳	
十六年	岳珂	陳宗仁 李駿（三月始）	何炳	
十七年	岳珂	李駿	何炳	
理宗寶 慶元年 （1225）	岳珂	李駿	陳允迪	
二年	岳珂	李駿 戴桷（十月始）	陳允迪	
三年	岳珂	戴桷	陳允迪	
紹定 元年 （1228）	岳珂	戴桷	陳允迪	
二年	岳珂	戴桷	？	

（續）

時間	淮東總領	淮西總領	湖廣總領	備考
三年	岳珂	戴桷	？	
四年	岳珂	戴桷 楊紹雲 （二月始）	？	
五年	岳珂	楊紹雲 吳潛（五月始）	？	
六年	岳珂 韓大倫 （十二月始）	吳潛	？	
端平 元年 （1234）	韓大倫	吳潛 蔡範	何元壽	
二年	韓大倫 吳淵（七月始）	蔡範	何元壽	
三年	吳淵	蔡範	何元壽 史嵩之	
嘉熙 元年 （1237）	吳淵	蔡範	史嵩之	
二年	吳淵 吳潛（七月始）	蔡範 何元壽 （閏四月始）	朱鑒	
三年	吳潛 丁煜 （丁暉？七月始）	何元壽 李曾伯 （十一月始）	朱鑒	
四年	丁煜（丁暉？）	李曾伯 尤焴 （十二月始）	朱鑒	

（續）

時間	淮東總領	淮西總領	湖廣總領	備考
淳祐 元年 （1241）	丁煜（丁暉？）	尤焴	朱鑒 賈似道 （四月始）	
二年	丁煜（丁暉？） 丘岳 （徐瑑？七月始）	尤焴 池聖夫	賈似道	
三年	丘岳（徐瑑？） 馬光祖 （八月始）	池聖夫	賈似道	
四年	馬光祖 王埜（九月始）	池聖夫	賈似道	
五年	王埜	池聖夫 董槐 王爚（五月始）	賈似道（沿江制 置副使兼）	
六年	王埜	王爚 鄭霖	賈似道 （京湖制置使兼）	
七年	王埜 趙汝㮚	鄭霖 韓補（二月始）	賈似道 （京湖制置使兼）	
八年	趙汝㮚 李迪（八月始）	韓補 陳綺 （四月始）	賈似道 （京湖制置使兼）	
九年	李迪	陳綺	賈似道 （京湖制置使兼）	
十年	李迪 余晦（十月始）	陳綺 徐栗 （十一月始）	賈似道 （京湖制置使兼） 李曾伯 （京湖制置使兼）	

（續）

時間	淮東總領	淮西總領	湖廣總領	備考
十一年	余晦 徐栗（六月始）	徐栗 呂好問 （十月始）	李曾伯 （京湖制置使兼）	
十二年	徐栗	呂好問	李曾伯 （京湖制置使兼）	
寶祐 元年 （1253）	徐栗	呂好問 馬光祖 （八月始）	李曾伯 （京湖制置使兼）	
二年	徐栗	馬光祖 趙與𥟋 （十二月始）	李曾伯 （京湖制置使兼）	
三年	徐栗	趙與𥟋	吳淵 （京湖制置使兼）	
四年	趙與訔 （五月始）	趙與𥟋	吳淵 （京湖制置使兼）	
五年	趙與訔	趙與𥟋 余晦（四月始）	吳淵 （京湖制置使兼） 趙葵 （京湖制置使兼）	
六年	趙與訔 徐栗（五月始）	余晦 鄭羽（二月始） 倪垕（七月始）	趙葵 （京湖制置使兼） 馬光祖 （京湖制置使兼）	
開慶 元年 （1259）	徐栗	倪垕 印應雷 （十二月始）	馬光祖 （京湖制置使兼） 賈似道 （京西湖南北四川 宣撫大使兼）	

（續）

時間	淮東總領	淮西總領	湖廣總領	備考
景定 元年 （1260）	徐栗 糜弅（七月始）	印應雷 馬光祖 （五月始）	呂文德 （京湖制置使兼）	
二年	糜弅 印應飛 趙日起 （三月始） 吳勢卿 （四月始）	馬光祖 趙與	呂文德 （京湖制置使兼）	
三年	吳勢卿 章炯（九月始）	趙與 姚希得	呂文德 （京湖制置使兼）	
四年	章炯 趙汝楳 （九月始）	姚希得 吳革 姚希得	呂文德 （京湖制置使兼）	
五年	趙汝楳 陸景思 （九月始） 趙與可 （十二月始）	姚希得 陸景思 （二月始） 馬光祖	呂文德 （京湖制置使兼）	
度宗咸 淳元年 （1265）	趙與可	馬光祖 趙溍（四月始） 陳謙亨 （八月始）	呂文德 （京湖制置使兼）	
二年	趙與可 趙崇絢 （十二月始）	王己？	呂文德 （京湖制置使兼）	
三年	曹元發 （正月始）	費伯恭？	呂文德 （京湖制置使兼）	
四年	曹元發 趙孟奎	？	呂文德 （京湖制置使兼）	

（續）

時間	淮東總領	淮西總領	湖廣總領	備考
五年	趙孟奎	？	呂文德 （京湖制置使兼）	
六年	趙孟奎 趙溍	？	？	
七年	陳蒙？	？	？	
八年	？	？	胡穎	
九年	？	？	胡穎 汪立信（京湖制置使兼，四月始）	
十年	？	？	汪立信 （京湖制置使兼）	
恭帝德祐元年（1275）	？	？	？	

資料來源：盧憲：《嘉定鎮江志》，卷 17〈寓治‧總領所〉，頁 13 下 -15 十五下；脫因修，俞希魯纂：《至順鎮江志》，卷 17〈寓治‧總領所〉，頁 28 下 -29 下；周應合修纂：《景定建康志》，卷 26〈官守志三‧總領所〉，頁 7 上 -16 下；李之亮：《宋代路分長官通考》上冊，頁 82-135。

附表二

四川總領與宣撫使、制置使年表

　　本書第六章介紹四川總領所與宣撫司、制置司之間的關係，特將歷任四川總領與宣撫使、制置使列為年表，以便讀者查索。

時間	四川總領	宣撫使	制置使	備考
高宗建炎三年（1129）	（趙開）	張浚（川陝宣撫使）		趙開為隨軍轉運使專一總領四川財賦
四年	（趙開）	張浚		
紹興元年（1131）	（趙開）	張浚		
二年	（趙開）	張浚		
三年	（趙開）	張浚 王似、盧法原（副使）		
四年	（趙開）	趙鼎 吳玠（副使）		趙鼎旋改任都督川陝荊襄諸軍事
五年	（趙開）	吳玠	席益（大使）	改總領為都轉運使
六年		吳玠	席益	
七年		吳玠	席益	

（續）

時間	四川總領	宣撫使	制置使	備考
八年		吳玠	胡世將	
九年		吳玠（宣撫使） 胡世將（副使）	胡世將	正月己巳吳玠為宣撫使，六月卒。胡世將宣撫副使，罷制置司
十年		胡世將		
十一年		胡世將		
十二年		胡世將 鄭剛中（副使）		胡世將卒
十三年		鄭剛中		
十四年		鄭剛中		改川陝為四川
十五年	趙不棄	鄭剛中		正式設置四川總領
十六年	趙不棄	鄭剛中		
十七年	趙不棄 符行中	鄭剛中 李璆（權）		
十八年	符行中 汪召嗣	李璆（權）	李璆	廢宣撫司，改設四川安撫制置使
十九年	汪召嗣		李璆	
廿年	汪召嗣		李璆	
廿一年	汪召嗣		李璆 曹筠	五月李璆卒

（續）

時間	四川總領	宣撫使	制置使	備考
廿二年	汪召嗣 符行中		曹筠	
廿三年	符行中		曹筠 蕭振	
廿四年	符行中 鄭靄 湯允恭		蕭振 符行中	
廿五年	湯允恭		符行中 蕭振	
廿六年	湯允恭		蕭振	
廿七年	湯允恭 符行中		蕭振 李文會	六月蕭振卒
廿八年	符行中		李文會 王剛中	八月李文會卒
廿九年	符行中 許尹		王剛中	
卅年	許尹 王之望		王剛中	
卅一年	王之望	吳璘	王剛中	
卅二年	王之望	吳璘	王剛中 沈介	
孝宗隆興元年 （1163）	趙沂	吳璘	沈介	
二年	趙沂	吳璘	沈介 汪應辰	

（續）

時間	四川總領	宣撫使	制置使	備考
乾道元年（1165）	趙沂	吳璘	汪應辰	
二年	趙沂 查籥	吳璘	汪應辰	
三年	查籥	吳璘 汪應辰（主管） 虞允文	汪應辰	吳璘卒
四年	查籥	虞允文	晁公武	
五年	查籥	虞允文 王炎	晁公武	
六年	查籥	王炎	晁公武	罷制置司
七年	查籥 韓曉	王炎		
八年	韓曉	王炎 虞允文		
九年	韓曉	虞允文		
淳熙元年（1174）	趙公亮	虞允文 鄭聞 沈夏（沈复）	薛良朋 范成大	虞允文卒 趙公亮，《會要》又作趙公說、趙公碩
二年	趙公亮	沈夏（沈复）	范成大	廢宣撫司
三年	趙公亮 李蘩		范成大	
四年	李蘩		胡元質	

（續）

時間	四川總領	宣撫使	制置使	備考
五年	李蘩		胡元質	
六年	程价 李昌圖		胡元質	
七年	李昌圖 張堅		胡元質 祿東之（權）	
八年	？		陳峴	
九年	馮憲		陳峴 留正	
十年	馮憲		留正	
十一年	馮憲		留正	
十二年	馮憲		留正 趙汝愚	
十三年	馮憲		趙汝愚	
十四年	馮憲 趙彥逾		趙汝愚	
十五年	趙彥逾		趙汝愚 京鏜	
十六年	趙彥逾		京鏜	
光宗紹熙元年（1190）	趙彥逾 李結		京鏜	
二年	李結 楊輔		京鏜	
三年	楊輔		京鏜 丘崈	

（續）

時間	四川總領	宣撫使	制置使	備考
四年	楊輔 楊經		丘崈	
五年	楊經 馮震武		丘崈 趙彥逾	
寧宗慶 元元年 （1195）	馮震武		趙彥逾	
二年	馮震武		趙彥逾	
三年	馮震武		趙彥逾 袁說友	
四年	權安節		袁說友	
五年	權安節		袁說友 劉德秀	
六年	權安節 王寧		劉德秀	
嘉泰 元年 （1201）	王寧		劉德秀	
二年	陳曄		謝源明	
三年	陳曄		謝源明	
四年	陳曄		謝源明	
開禧 元年 （1205）	陳曄 趙善宣		謝源明 程松	
二年	趙善宣 劉崇之	程松	程松	二月程松進宣 撫使，吳曦宣 撫副使

（續）

時間	四川總領	宣撫使	制置使	備考
三年	劉崇之 陳咸	程松 楊輔 安丙（副使）	楊輔 吳獵	程松二月罷，楊輔二月除制置使，三月進宣撫使，四月召。
嘉定元年（1208）	陳咸	安丙	吳獵	
二年	陳咸	安丙	吳獵 安丙（大使）	安丙改制置大使，罷宣撫司
三年	陳咸		安丙	
四年	陳咸 王釜 張子震		安丙	
五年	張子震		安丙	
六年	張子震		安丙	
七年	張子震		安丙 董居誼	
八年	王鉛		董居誼	
九年	王鉛		董居誼	
十年	王鉛		董居誼	
十一年	王鉛 楊九鼎		董居誼	

（續）

時間	四川總領	宣撫使	制置使	備考
十二年	楊九鼎 牛大年？	安丙	聶子述	四月，楊九鼎戰死。 《宋史》卷422〈牛大年〉：「四川提舉茶馬兼權總領、知黎州兼管內安撫司公事。」似於戰亂時接替楊九鼎之職。 五月聶子述召還，安丙除宣撫使。
十三年	牛大年？ 任處厚	安丙		魏了翁《鶴山先生大全文集》卷四十四〈重建四川總領所記〉：「代楊者任君處厚，一惟沂公與南海崔正子是依。」
十四年	任處厚	安丙	崔與之	十一月安丙卒，崔與之為制置使
十五年	楊師復		崔與之	
十六年	楊師復		崔與之	

（續）

時間	四川總領	宣撫使	制置使	備考
十七年	李□		崔與之 鄭損	魏了翁《鶴山先生大全文集》卷 35〈答黃總領申〉：「於是李以嘉定十六年改官班見之人，而明年以總屬（蜀）餉。」
理宗寶慶元年（1225）	黃申		鄭損	魏了翁《鶴山先生大全文集》卷 35〈答黃總領申〉，應在李□之後。
二年	蔡廙？		鄭損	魏了翁《鶴山先生大全文集》卷 36〈答蔡總領廙〉：「舊在朝列時，每得楊、李諸文書……」故應在楊師復、李□之後，時間不詳，暫附於此。

（續）

時間	四川總領	宣撫使	制置使	備考
三年	張釜？		鄭損	魏了翁《鶴山先生大全文集》卷九十七〈送張總卿釜護餉益昌〉：「八十餘年久胡虜，有弓未弛仍張舒。」估計此詩寫於寶慶年間。若以四川總領所設於紹興十五年（1145）估計之，寶慶元年（1225）為八十一年。
紹定元年（1228）	？		桂如淵	
二年	？		桂如淵	
三年	？		桂如淵	
四年	安癸仲		桂如淵 李𡊟（趙彥吶為副使）	
五年	安癸仲		李𡊟	
六年	安癸仲		李𡊟	
端平元年（1234）	安癸仲		丁黼	
二年	安癸仲		丁黼	

（續）

時間	四川總領	宣撫使	制置使	備考
三年	安癸仲 王朝		丁黼	丁黼戰死
嘉熙 元年 （1237）	王朝	李㘴	楊恢	蒙古入侵，王朝戰死。
二年	？	？	？	
三年	？	（彭大雅？）	陳隆之	
四年	？	孟珙	陳隆之	
淳祐 元年 （1241）	？	孟珙	陳隆之	二月孟珙改京湖制置大使，十一月陳隆之戰死
二年	余玠（兼）		余玠	
三年	余玠（兼）		余玠	
四年	余玠（兼）		余玠	
五年	余玠（兼）		余玠	
六年	余玠（兼）		余玠	
七年	余玠（兼）		余玠	
八年	余玠（兼）		余玠	
九年	余玠（兼）		余玠	
十年	余玠（兼）		余玠	
十一年	余玠（兼）		余玠	
十二年	余玠（兼）		余玠	

（續）

時間	四川總領	宣撫使	制置使	備考
寶祐元年（1253）	余玠（兼） 余晦（兼）		余玠 余晦	
二年	余晦（兼）	李曾伯	余晦 蒲擇之 （副使）	蒲擇之制置副使兼宣撫判官
三年	？	李曾伯	蒲擇之	
四年	？		蒲擇之（使）	
五年	？		蒲擇之	
六年	？		蒲擇之	蒙古蒙哥汗入蜀
開慶元年（1259）	呂文德（兼）	賈似道	蒲擇之 呂文德 （副使）	賈似道為京西湖南北四川宣撫大使，蒙哥死於合州
景定元年（1260）		賈似道		《宋史全文》：四月癸丑，賈似道為少師、衛國公，其宣司職事令結局。
二年	劉雄飛（兼）	呂文德	俞興 劉雄飛 （副使）	
三年	劉雄飛（兼）		劉雄飛	
四年	劉雄飛（兼）		劉雄飛（使）	
五年	劉雄飛（兼） 夏貴（兼）		劉雄飛 夏貴	

（續）

時間	四川總領	宣撫使	制置使	備考
度宗咸淳元年（1265）	夏貴（兼）		夏貴	
二年	夏貴（兼）		夏貴	
三年	夏貴（兼）		夏貴	
四年	夏貴（兼）		夏貴	
五年	朱禩孫（兼）		朱禩孫	
六年	朱禩孫（兼）		朱禩孫	
七年	朱禩孫（兼）		朱禩孫	
八年	朱禩孫（兼）		朱禩孫	
九年	朱禩孫（兼）		朱禩孫	
十年	朱禩孫（兼）	朱禩孫		京湖四川宣撫使
恭帝德祐元年（1275）			張珏（副使）	

資料來源：魏了翁：《鶴山先生大全文集》；不著撰人：《宋史全文續資治通鑑》；不著撰人：《續編兩朝綱目備要》；脫脫：《宋史》；徐松輯：《宋會要輯稿》；錢大昕：《十駕齊養新錄》卷八〈四川宣撫〉、〈四川制置〉；吳廷燮：《南宋制撫年表》；李昌憲：《宋代安撫使考》；李之亮：《宋代路分長官通考》上冊，頁66-81。

附錄

一

評介趙冬梅：《文武之間：北宋武選官研究》

《文武之間：北宋武選官研究》，趙冬梅著，北京市：北京大學出版社，2010 年。402 頁，ISBN：978-7-301-17020-5

一

宋朝的政治制度複雜多變，常使研究者如入五里霧中。如何將宋朝複雜的制度理清頭緒，以便學者參考利用，成為宋史研究者之重要課題。趙冬梅：《文武之間：北宋武選官研究》（以下簡稱「趙書」）一書，即在此方面有重要貢獻。

趙書的章節目次與頁數（括號部分）如下：

　　趙書指出：北宋的武選官，包括橫行（由上而下，自內客省使至西上閣門副使，共十階）、諸司使（自皇城使至供備庫使，共二十一階）、諸司副使（自皇城副使至供備庫副使，共二十一階）、三班使臣（自內殿承制至三班借職，共十階）。見附表一：

附表一：北宋武選官寄祿格的演變

類別		北宋前期	政和六年新定官階	紹興釐正官階
			太尉（正二品）	太尉（正二品）
正任		節度使	節度使（從二品）	節度使（從二品）
		節度觀察留後	承宣使（正四品）	承宣使（正四品）
		觀察使	觀察使（正五品）	觀察使（正五品）
		防禦使	防禦使（從五品）	防禦使（從五品）
		團練使	團練使（從五品）	團練使（從五品）
		刺史	刺史（從五品）	刺史（從五品）
遙郡	（加銜）	遙郡節度觀察留後	遙郡承宣使	遙郡承宣使
		遙郡觀察使	遙郡觀察使	遙郡觀察使
		遙郡防禦使	遙郡防禦使	遙郡防禦使
		遙郡團練使	遙郡團練使	遙郡團練使
		遙郡刺史	遙郡刺史	遙郡刺史
		內客省使	通侍大夫（正五品）	通侍大夫（正五品）
			正侍大夫（正五品）	正侍大夫（正五品）
			宣正大夫（正五品）	宣正大夫（正五品）

（續）

類別	北宋前期	政和六年新定官階	紹興釐正官階
（一不歸一般武臣磨勘遷轉，特旨除授）橫行（橫班）		履正大夫（正五品）	履正大夫（正五品）
		協忠大夫（正五品）	協忠大夫（正五品）
		中侍大夫（正五品）	中侍大夫（正五品）
	客省使	中亮大夫（從五品）	中亮大夫（從五品）
	引進使	中衛大夫（從五品）	中衛大夫（從五品）
		翊衛大夫（從五品）	翊衛大夫（從五品）
		親衛大夫（從五品）	親衛大夫（從五品）
	四方館使	拱衛大夫（正六品）	拱衛大夫（正六品）
	東上閣門使	左武大夫（正六品）	左武大夫（正六品）
	西上閣門使	右武大夫（正六品）	右武大夫（正六品）
	客省副使	正侍郎	武功大夫（正七品）
		宣正郎	武德大夫（正七品）
		履正郎	武顯大夫（正七品）
		協忠郎	武節大夫（正七品）
		中侍郎	武略大夫（正七品）
		中亮郎	武經大夫（正七品）
	引進副使	中衛郎	武義大夫（正七品）
		翊衛郎	武翼大夫（正七品）
	東上閣門副使	親衛郎	正侍郎（從七品）
		拱衛郎	宣正郎（從七品）
		左武郎	履正郎（從七品）

（續）

類別	北宋前期	政和六年新定官階	紹興釐正官階
	西上閤門副使	右武郎	協忠郎（從七品）
諸司使	皇城使	武功大夫	中侍郎（從七品）
	宮苑使、左騏驥使、右騏驥使、內藏庫使	武德大夫	中亮郎（從七品）
	左藏庫使、東作坊使、西作坊使	武顯大夫	中衛郎（從七品）
	莊宅使、六宅使、文思使	武節大夫	翊衛郎（從七品）
	內園使、洛苑使、如京使、崇儀使	武略大夫	親衛郎（從七品）
	西京左藏庫使	武經大夫	拱衛郎（從七品）
	西京作坊使、東染院使、西染院使、禮賓使	武義大夫	左武郎（從七品）
	供備庫使	武翼大夫	右武郎（從七品）
諸司副使	皇城副使	武功郎	武功郎（從七品）
	宮苑副使、左騏驥副使、右騏驥副使、內藏庫副使	武德郎	武德郎（從七品）
	左藏庫副使、東作坊副使、西作坊副使	武顯郎	武顯郎（從七品）
	莊宅副使、六宅副使、文思副使	武節郎	武節郎（從七品）
	內園副使、洛苑副使、如京副使、崇儀副使	武略郎	武略郎（從七品）

（續）

類別	北宋前期	政和六年新定官階	紹興釐正官階
大使臣	西京左藏庫副使	武經郎	武經郎（從七品）
	西京作坊副使、東染院副使、西染院副使、禮賓副使	武義郎	武義郎（從七品）
	供備庫副使	武翼郎	武翼郎（從七品）
	內殿承制（真宗時設置）	敦武郎（正八品）	訓武郎（正八品）
	內殿崇班（太宗時設置）	修武郎（正八品）	修武郎（正八品）
小使臣	東頭供奉官	從義郎（從八品）	從義郎（從八品）
	西頭供奉官	秉義郎（從八品）	秉義郎（從八品）
	左侍禁（太宗時設置）	忠訓郎（正九品）	忠訓郎（正九品）
	右侍禁（太宗時設置）	忠翊郎（正九品）	忠翊郎（正九品）
	左班殿直	成忠郎（正九品）	成忠郎（正九品）
	右班殿直	保義郎（正九品）	保義郎（正九品）
	三班奉職（原名殿前承旨）	承節郎（從九品）	承節郎（從九品）
	三班借職（原名借職承旨）	承信郎（從九品）	承信郎（從九品）
流外	三班差使	進武校尉	進武校尉
	三班借差	進義校尉	進義校尉
	殿侍	下班祗應	下班祗應
	大將	進武副尉	進武副尉

（續）

類別	北宋前期	政和六年新定官階	紹興釐正官階
	正名軍將	進義副尉	進義副尉
	守闕軍將	守闕進義副尉	守闕進義副尉
	甲頭	甲頭	進勇副尉
	公據	公據	守闕進勇副尉
	橫行 10 階，諸司使 21 階，諸司副使 21 階，三班使臣（大小使臣）10 階，流外八階	橫行 25 階，諸司使 8 階，諸司副使 8 階，三班使臣 10 階，流外八階	階數同左。武功至武翼大夫改置於正侍郎至右武郎之上。

資料來源：龔延明：《宋代官制辭典》，頁 694-695。

趙書指出：北宋的武選官（包括橫行、諸司使、諸司副使、三班使臣）是文官與軍職之外的第三種官僚，其來源為唐代後期由宦官擔任的「內諸司使」與「使臣」。唐代後期的內諸司使，包括負責飲食、醫藥、宴會、服飾、奢侈品製造、園林管理、宮殿門禁、皇族監管、庶務總管等單純內廷事務，以及軍器、車馬、建築、外交、庫藏、營利等「非單純內廷事務」，又包括內廷與外朝間的通進賓贊等工作。唐昭宗天復三年（西元 903 年），朱全忠誅宦官，以士人為內諸司使。五代時期，許多有名無實的使職開始「階官化」，至宋真宗以後，諸使階官化確立。

唐代後期的「使臣」亦由宦官擔任，包括「供奉官」、「殿前承旨」、「殿直」等，供皇帝驅使差遣之用，地位較內諸司使更低。五代時期亦改由士人擔任，擔任使臣者多為將帥子弟、皇帝親信家臣、皇親國戚。

士人取代宦官擔任內諸司使、使臣等「內職」之後，往往又有外任差遣，如擔任「兵馬都監」（監軍）、「巡檢」、「隨軍使臣」等軍事工作，使得「內職」逐漸不再擔任其本職工作，「內職」品位化，「軍壁

董戎」成為內職新的核心身份。宋初以後，官僚子弟、從戎文臣、落第舉人、各色人等紛紛湧入內職隊伍，形成了與文官、軍職並列的「武選官」體系。

「內諸司使」、「使臣」等武選官之上，又有節度使、節度觀察留後、觀察使、防禦使、團練使、刺史（趙書統稱為「牧伯」）的高級武官序列，武選官在武階之外加領刺史至節度觀察留後，以厚俸祿，是為「遙郡」；落武階只帶刺史至節度使，是為「正任」。除武選官外，「軍職轉員至軍都指揮使，又遷則遙領刺史，又遷為廂都指揮使，遙領團練使」（頁14），可見牧伯為武選官與軍職共有的品位符號。「牧伯」為唐末五代之藩鎮，宋初以文官「知州」取代牧伯，使牧伯也轉變為品位符號。

武選官擔任的職務，包括「監當管庫」，亦即「掌茶、鹽、酒稅、場務、征輸及冶鑄之事」的監當官；負責邊防的「兵官」（包括都部署、部署、鈐轄、兵馬都監、緣邊巡檢）；維持內地治安的州都監和內地巡檢；禮賓通進機構中的職位（如橫行、閤門等），以及其他職位（如武臣知州、提點刑獄等）。

負責邊防的「兵官」，源於唐朝臨時性的軍事組織——「行營」，長官為都部署。太宗時因宋遼戰爭持續不斷，臨時性的行營轉變為常設的都部署司。但兵官（都部署、部署、鈐轄、兵馬都監等）之間混亂的統屬關係，加上兵官與軍隊之間臨時鬆散的關係（兵將不相習），使得宋朝在宋夏戰爭中屢戰屢敗。宋朝乃改以文臣出任經略安撫使兼都部署，為一路之最高軍政長官，武選官通常最高只能擔任副都部署。

負責內地治安的州都監（本城都監），為知州的屬官，統率廂軍維持治安。至於內地巡檢，則隸屬於路級長官轉運使或提點刑獄。

「內諸司使」階官化之後，不再負責原有職務，但中央事務機構仍然存在，趙書稱為「諸使類機構」，另由宦官、文官、武選官管理。唯

有「通進賓贊機構」，保持了「內職」、「近侍」的原有特徵，通進賓贊機構包括客省、四方館、閣門三司，其官包括橫行諸正使、副使、閣門通事舍人（諸司副使兼）、知閣門事（三班使臣兼），成為皇帝的近侍親信，南宋孝宗重用「近習」，乃至寧宗韓侂胄用事，皆出於此。

關於武選官的考核，熙寧三年以前，由三班院考核低階武選官、樞密院考核中高級武選官。熙寧三年以後，中高級武選官改由審官西院考核。元豐改制後，三班院改稱吏部侍郎右選，審官西院改為吏部尚書右選，考核權力改歸吏部。

至於武選官的來源，頗為複雜，包括恩蔭、軍校「換前班」、流外出職、武舉入仕等，故武選官正式授與差遣之前，須先進行「呈試」（資格考試）。真宗咸平四年（1001）規定武選官七年磨勘升遷，仁宗明道二年改為五年一遷。遷轉方式：三班使臣無論有無戰功，每次轉一資；諸司使、副使則有戰功者每次轉七資，無戰功者每次轉五資。但因官多闕少，故注擬差遣時採用「材武格」、「薦舉」等方式，希望達到選拔人才之目的。

趙書認為：武選官淵源於內職，是「業餘的統兵官」，以武選官統兵，雖有防範職業軍人割據之效，但武選官大多長期擔任管理茶鹽稅收之監當官，對於統兵官的培養來說，無異南轅北轍。因武選官統兵體制的不善，又改以文官擔任經略安撫使，賦予統兵之任，更加深了宋人對於武人的輕視。

二

趙書對於武選官的沿革，作了完整而詳細的考察，對於宋代制度的研究，實有相當大的貢獻。不過，書中若干名詞的使用與考證，似有值得商榷之處。

　　如武選官中的「使臣」，宋代又稱為「三班使臣」，但何謂「三班」？趙書只引用李燾《續資治通鑑長編》卷三一〇說道：「以供奉官、左右班殿直為三班，立都知、行首領之。又有殿前承旨班院，別立行首領之。」（頁80。引自《長編》卷三一〇，頁7518。）似乎認為供奉官、左右班殿直為三班。實際上，這段文字是出於神宗元豐三年曾鞏的奏議。不過，趙雨樂在《唐宋變革期軍政制度史研究（一）：三班官制之演變》（臺北市：文史哲出版社，1993年），已列舉宋人對於「三班」的不同解釋：

　　李燾《續資治通鑑長編》卷二十二，太宗太平興國六年（981）二月：「國初，以供奉官、殿直、承旨為三班，隸宣徽院。」

　　曾鞏《曾鞏集》卷三十一〈再議經費箚子〉：「按國初承舊，以供奉官、左右班殿直為三班，立都知、行首領之。又有殿前承旨班院，別立行首領之。」此即趙書前引曾鞏之奏議。趙雨樂認為若將左、右班殿直視為二班，則供奉官當時也分為東頭供奉官、西頭供奉官，為何又合為一班？故此一說法略見牽強。

　　葉夢得《石林燕語》卷八：「國初，以供奉官、左右班殿直為三班。後有殿前承旨班。」與曾鞏之說相同。

　　趙彥衛《雲麓漫鈔》卷四：「初，武官處以三班，號祗應官，有左、右班，供奉班是也。至太宗，以其資品少，又創三班借職、三班奉職、左右侍禁、左右殿直、東西頭供奉官，有司號為小使臣；內殿崇班、內殿承制為大使臣。」趙雨樂認為，《雲麓漫鈔》誤以為左右班殿直、東西頭供奉官是太宗時創立，故將宋朝初年已有的左、右班殿直，含混的稱為「左、右班」。

　　綜上所述，趙雨樂認為李燾《續資治通鑑長編》卷二十二所引「以供奉官、殿直、承旨為三班」的說法較為切合歷史的發展規律。（見趙雨樂前引書，頁119-122）

此外，趙書用「牧伯」來稱呼節度使、節度觀察留後、觀察使、防禦使、團練使、刺史的高級武官序列，固然有歷史典故作為根據，但一般習慣上，將節度使至刺史這一高級武官序列，常用「方鎮」、「藩鎮」來統稱，如宋代歐陽修、宋祁《新唐書》有〈方鎮表〉，清代顧炎武《日知錄》卷九有〈藩鎮〉條，黃宗羲《明夷待訪錄》有〈方鎮〉篇，民國吳廷燮有《唐方鎮年表》。因此，若用「方鎮」、「藩鎮」取代「牧伯」，似乎更符合唐宋以來學者的使用習慣。

三

關於唐朝「內職」演化為北宋「武選官」的歷史背景，趙書雖有提及，但一些關鍵性的重大事件似乎可以作更清楚的敘述，以便讀者理解。

如唐末朱全忠誅殺宦官一事，為「內職」官員由宦官轉為士人的重要關鍵。趙書只提到：「五代後梁，一方面，士人取代宦官全面接掌諸使。」（頁33）「昭宗天復三年，朱溫（朱全忠）統兵入長安誅殺宦官之後，奏留步騎萬人於故兩軍，又以汴將張廷範為宮苑使，王殷為皇城使，蔣玄暉充街使。」（頁44）「昭宗天復三年，朱全忠殺皇城使王建勛（宦官），代之以親信胡規。」（頁46）「唐末宦官內諸司使蓋有二十四內司，唐昭宗天復三年誅宦官，以士人為內諸司使，時所存者九使而已。」（頁67）對於唐末朱全忠率兵入長安誅殺宦官的原因與過程，如能多做介紹，可以讓讀者對於這一影響官制變遷的重大歷史事件之背景，有更深入的了解。

此外，上述朱全忠用「士人」取代宦官，所謂「士人」，似乎是相對於宦官而言，並非指「士大夫（文官）」。前引文中曾提到的張廷範、王殷、蔣玄暉為「汴將」，又據《舊唐書》卷二十下〈哀帝紀〉記

載：「和王傅張廷範者，全忠將吏也。」《舊唐書》卷一一三〈裴遵慶附裴樞傳〉記載：「全忠嘗奏用牙將張廷範為太常卿。」《新唐書》卷二二三下〈柳璨傳〉記載：「（朱全忠）宿衛士皆汴人，（柳）璨一厚結之，與蔣玄暉、張廷範尤相得。」《舊五代史》卷十九〈胡規傳〉記載：「胡規，兗州人。初事朱瑾為中軍都校。」張廷範、蔣玄暉、胡規等人，其出身為「將吏」、「牙將」、「宿衛士」、「中軍都校」，可見取代宦官的「士人」，更可能是武人將校。

宋太祖「杯酒釋兵權」，也是宋初政局轉危為安的重要關鍵。建隆二年七月庚午，宋太祖將禁軍將領高懷德、石守信、王審琦、張令鐸等人授予節度使（虛銜）；開寶二年十月己亥，又罷實任之節度使王彥超、武行德、郭從義、白重贊、楊廷璋等五人，改授虛銜將軍。（以上參見李燾《續資治通鑑長編》相關年月）趙書在談到牧伯（方鎮）「階官化」時，似可將此一歷史背景，多作描述，使讀者深刻了解決策者的用心所在。

四

唐代的武官，有「武散官」（驃騎大將軍至陪戎副尉，共四十五階）作為官階標記，文官亦有「文散官」（開府儀同三司至將仕郎，共二十九階）作為官階標記。北宋文官在寄祿官、差遣之外，仍帶唐代之文散官階。但武選官源自於唐代「內職」而非武官，故武官不帶唐代之武散官階，此為與文官不同之處。例如在《金石萃編》卷一三四所記宋代皇祐二年石碑碑陰所列舉之官員名氏，有「文林郎・守冀州武邑縣令・管勾定州路安撫司機宜文字陳薦」、「將仕郎・試秘書省校書郎・權節度掌書記馬良器」、「朝奉郎・太常博士・通判定州軍州兼制置營田及管內勸農事・上騎都尉・借緋錢貽範」、「登仕郎・守司理參軍趙

諮」、「承奉郎・守錄事參軍曹盡忠」等人（前引書，卷一三四，頁三下-五上）。其中「文林郎」、「將仕郎」、「朝奉郎」、「登仕郎」、「承奉郎」為文散官。在上述同一碑記中，武官的頭銜則如下：「供備庫副使・定州路駐泊兵馬都監趙滋」、「西染院使資州刺史・定州路駐泊兵馬鈐轄張忠」、「北作坊使綿州團練使・內侍省內侍右班副都知・定州路駐泊兵馬鈐轄任守忠」、「侍衛親軍馬軍副都指揮使・保大軍節度觀察留後・定州路駐泊兵馬副都部署狄青」。其中張忠、任守忠二人，諸司使之後又兼刺史、團練使，是為「遙郡」；狄青則無諸司使頭銜，故「保大軍節度觀察留後」為正任官，又加「侍衛親軍馬軍副都指揮使」的「管軍」榮銜。但這些武選官的官銜中皆無武散官。

宋神宗元豐改制，以恢復唐朝典制為目標，也未將武選官改為唐朝之武散官。徽宗政和新制，將武選官各階名稱改為太尉至承信郎（見前附表），而非恢復唐代武散官制。可見宋人似乎有意無意之中，皆將源於唐代內職之武選官，與唐代的武散官劃清界限。

前面說道，朱全忠以士人取代宦官為內諸司使，這些「士人」實際上可能為武人將校。趙雨樂《唐宋變革期之軍政制度─官僚機構與等級之編成》（臺北市：文史哲出版社，1994 年）一書又根據《宋史》的記載，舉出許多例子，如《宋史》卷二六一〈陳思讓〉：「初隸（後唐）莊宗帳下，即位，補右班殿直。」《宋史》卷二七〇〈魏丕〉：「（後周）世宗征淮甸，丕獲江南諜者四人，……遷供奉官。」《宋史》卷二五八〈曹彬〉：「隸（後周）世宗帳下，從鎮澶淵，補供奉官。」《宋史》卷二五〇〈王彥昇〉：「初事宦官驃騎大將軍孟漢瓊，漢瓊以其驍勇，言於（後唐）明宗，補東班承旨。」《宋史》卷二五九〈郭守文〉：「周祖憐之，招隸帳下，廣順初，補左班殿直。」《宋史》卷二七一〈王晉卿〉：「周世宗在澶淵，晉卿以武藝求見，得隸帳下，及即位，補東頭供奉官。」《宋史》卷二五〇〈韓重贇〉：「少以武勇隸周太祖麾下，

廣順初，補左班殿直副都知。」《宋史》卷二七九〈耿全斌〉：「（全
斌）以善左射，隸（宋太宗）帳下。即位，補東班承旨。」《宋史》卷
二七九〈呼延贊〉：「贊少為驍騎卒，太祖以其材勇，補東班長，入承
旨。」（見趙雨樂前引書，頁 150-153。）這些出身「帳下」、「麾下」、
「驍騎卒」者，應為軍伍出身，其後皆成為武選官。可見五代宋初的皇
帝，多為將帥篡位而稱帝，稱帝後，其屬下之武人將校則多授以諸司
使、副使或使臣。趙雨樂說道：「五代大部分時間內，使臣與軍人之間
角色，頗難釐清，兩者工作往往是互相補足、重疊，甚至以互調之形
式進行，使五代帝王以下之權力分配，顯得多元而靈活。」（趙雨樂前
引書，頁 113-114）如此則諸司使、副使、三班使臣，可以視作是武人
的加銜，而非趙書所謂在武人軍職之外另成一武選官體系。

　　趙書指出：在軍職之中，最高級別的十一個軍職，為「管軍」，包
括殿前都指揮使、馬軍都指揮使、步軍都指揮使、殿前副都指揮使、
馬軍副都指揮使、步軍副都指揮使、殿前都虞候、馬軍都虞候、步軍
都虞候、殿前捧日天武四廂都指揮使、侍衛馬步軍龍神衛四廂都指揮
使。北宋中期以後，三衙都指揮使不常除，副都指揮使以下的八人，
號稱「八桄梯」。「管軍」的任免由皇帝親自決定，一般軍職轉員（升
遷）的上限為廂都指揮使。（頁 15）趙書又指出：都部署體制之下，
邊防軍的體制可分為兵官（都部署、部署、鈐轄、都監）、使臣（軍中
指使）、軍員（禁軍軍官）、禁軍士兵四層。（頁 195）又說：「在邊防
效力的軍員多在指揮使以下，屬於下級軍官。……諸處軍隊，或五十
人，或一十五人，或不及二十五人，為一隊。軍員所統，少則一隊，
多不過三百人。使臣所統，最少為三百到三百人，最多不過一千人。
兵官所統，則在一千人以上。」（頁 201）

　　由上可見：一、實際帶兵作戰的軍員，最高為指揮使，指揮使
以上的軍都指揮使、廂都指揮使，在北宋中期以後應已成為虛職，不

再負實際領兵作戰之責任。廂都指揮使之上,則為「管軍」的「八桄梯」,更是高級武官的虛銜。二、實際作戰的部隊中,軍員所統,少則一隊,多不過三百人,大概相當於現代軍隊之排、連長;使臣所統,少則二百到三百人,多不過一千人,相當於現代軍隊之營長;兵官所統為千人以上,則相當於現代軍隊之團、旅、師長。可見軍職似為武選官之下級,非與武選官並立。北宋的軍職猶如現代軍隊的「士官」階層(士官長、上士、中士、下士),北宋的武選官則猶如現代軍隊之「軍官」階層(上將、中將、少將、上校、中校、少校、上尉、中尉、少尉)。軍職與武選官之間的隔閡,猶如現代軍隊裡士官與軍官的差異。現代軍隊中,士官大多終身停留在士官階層,由士官晉升軍官者甚少;軍官大多出身於軍官學校,而士官直接晉升為軍官者,在軍官階層中常受到歧視,如同出身恩蔭、武舉的武選官,自視較軍職出身的武選官為高。北宋時期恩蔭、武舉出身的武選官,可以擔任樞密使(如真宗時的曹利用);而軍職出身的武選官,一旦擔任樞密院首長便大遭物忌(如仁宗時的狄青)。兩者出身不同,故社會觀感與評價也有別。

因此,本人認為武選官似乎並非文官、軍職之外的第三種官僚。武選官與軍職並非平行並立,而是上下級的關係。據李燾《續資治通鑑長編》卷二四五所記,熙寧六年樞密院為獎勵鄉兵作戰,曾奏立「諸路勇敢、效用法」:「弓箭手有功,亦以八等定賞:一、押官、承局,二、將虞候、十將,三、副兵馬使、軍使,四、副指揮使,五、都虞候,六、都指揮使,七、三班差使,八、借職。」(《長編》卷二四五,頁5955-5956。)其中前六等為軍職,第七等為武選官之流外雜職,第八等已為武選官三班使臣之最低一階。(參見龔延明《宋代官制辭典》,頁412-413、591-592、693。)同為弓箭手,授官有軍職,有武選官,可見軍職與武選官,只是官位高低之別,而非兩個不同的官僚體系。

五

　　以上所論，為本人對趙冬梅《文武之間：北宋武選官研究》一書的
若干不同看法。因本人所據資料有限，未敢稱為定論，僅提供趙冬梅
教授與學界同仁參考。

　　即使本人對趙書有不同意見，仍不否認趙書用力甚勤，史料豐
富，為我們理解宋代軍事制度，提供了詳細的資料與解說。

（本文初稿刊登於《中國史研究》（韓國，中國史學會，2011 年 10 月）
第 74 輯，頁 381-388）

二

評姚建根：《宋朝制置使制度研究》

《宋朝制置使制度研究》，姚建根著，上海市：上海書店出版社，2010
年。三一二頁，ISBN：978-7-5458-0152-1

一 全書大要

　　宋代的政治制度複雜多變，往往使治史者如入五里霧中，尤其南
宋的制度，與北宋有相當大的差異，一般學者對於宋代制度的認識，
多以北宋為主，對南宋部分則討論較少。因此，如何呈現南宋制度的
特色，實為宋代制度史研究者的重要任務。姚建根《宋朝制置使制度研
究》（以下簡稱姚書）一書，將宋代制置使制度自北宋至南宋的演變，
作出詳細而完整介紹。

　　姚書除〈前言〉、〈結語〉外，全書分為五章。第一章〈宋朝制置使
的設置〉，說明北宋時期，制置使為臨時性的差遣，除了領兵作戰的的
軍職制置使之外，尚有屯（營）田制置使、糧草制置使、修河制置使、
茶鹽制置使、陝西解鹽制置使、封禪經度、奉祀經度制置使、群牧制
置使等。到了南宋，建炎三年（1129）以呂頤浩為江浙兩淮制置使，紹
興五年（1135）以席益為四川安撫制置大使，李綱為江南西路安撫制置
大使，呂頤浩為荊湖南路安撫制置大使，制置使逐漸成為地方上的方
面大員與戰區統帥。此外，本章並介紹了制置使的各種兼職，以及制
置使的幕僚及幕僚的任用方式。

　　第二章〈制置使的主要職能〉，本章介紹制置使的主要任務，包括軍事上對外策劃攻防，對內訓練軍隊並鎮壓盜匪、叛亂，控制「蠻夷」。此外，在經濟上，制置使尚有籌措軍糧、管制貨幣、干預賦稅、賑贍勸農等任務。在人事行政上，制置使對下屬有賞罰之權，並可奏辟幕僚、考核選拔州縣官員、甚至主持科考（如四川的「類省試」由制置使主持）、興辦文教等。

　　第三章〈制置使制度與南宋國防體系〉，本章說明南宋為了國防需要，劃分成四川、京湖、廣南、江淮、沿海等戰區，分別由制置使擔任戰區之統帥；並進一步討論了南宋的戰略思想，以及分析戰區之間的互助、統合等問題。

　　第四章〈制置使與諸職官的關係〉，本章說明制置使與督府（都督府、督視行府）、宣撫使、招討使、鎮撫使、總領、提舉茶馬、路級諸司（安撫使、轉運使、提點刑獄、提舉常平）、州縣以及御前諸軍各都統制的關係。其中督府與宣撫使，地位高於制置使，宣撫使與制置使有時並置，有時不並置，在宣撫使、制置使並置時期，兩者既分工合作，但彼此也互相牽制（例如高宗時，以王剛中為四川制置使，牽制宣撫使吳璘）。此外，宋廷在制置使之外又設總領所掌管財賦，實現軍事、財務分權，故兩司必須合作以措置戰區軍財事務，但制置使與總領兩者之間，亦互相牽制，使制置使無法獨攬大權。

　　第五章〈宋廷對制置使的控馭〉，說明宋廷雖然賦予制置使重責大任，然而也採取各種手段限制制置使的權力，其方法包括嚴格限制制置使便宜行事之權，逐步削弱制置使的兵權，限制制置使的辟舉權，制置使的幕僚由朝廷選差，以其他官員（如督府、宣撫使、總領等）牽制監督制置使，貫徹分權原則，並實現制置使文官化，防止武臣專擅。

　　透過以上的介紹，我們可以看到姚書對制置使制度的沿革、功

能、與國防的關係、與其他官員的互動、以及中央對制置使的控馭等
問題，都做了完整詳盡的討論。不過，書中仍有若干觀點，有待商
榷，筆者不避淺陋，列舉於後，供姚先生與學界先進參酌。

二 制置使的理財職權

姚書在第四章〈制置使與諸職官的關係〉談及制置使與宣撫使的關
係時，指出宣撫使與制置使有時並置，有時不並置，在宣撫使、制置
使並置時期，兩者既分工合作，但彼此也互相牽制。由於宣撫使、制
置使職權相近，都負有戰區統帥與方面大員之任，究竟宣撫使與制置
使有何區別？據李心傳《建炎以來朝野雜記》的記載：

> 自休兵後，獨成都守臣帶四川安撫制置使，掌節制御前軍馬，
> 官員升改、放散，類省試舉人，銓量郡守，舉辟邊州守貳，其
> 權略視宣撫司，惟財計、茶馬不與。[1]

宣撫使與制置使職權相近，不同之處，僅在於「惟財計、茶馬不與」，
制置使處置財賦的權力似乎相當有限。而掌管地方財賦大權者，為總
領所。淮東、淮西、湖廣總領所設於紹興十一年（1141），四川總領所
設於紹興十五年（1145）。姚書在第二章〈制置使的主要職能〉中，指
出制置使在經濟上，負有籌措軍糧、管制貨幣、干預賦稅、賑贍勸農
等功能。不過，姚書在第四章〈制置使與諸職官的關係〉談及制置使與
總領的關係時，又強調宋廷設制置司、總領所兩司，實現軍事、財務
分權。究竟制置使是否擁有充分的理財權力？

舉例言之，寧宗嘉定元年（1208）十一月戊戌，四川總領所突然下
令於利州收兌第九十界錢引，並規定年底即不再收兌舊引，由於時間

---

[1] 李心傳：《建炎以來朝野雜記》甲集，卷 11〈制置使〉，頁 220。

急迫,造成「民間大驚」、「咨嗟怨泣,其聲載道」。當時制置使吳獵得知此事,「乃揭榜,除收兌一千三百萬引外,其餘三界依舊通行使用,又檄總領所分取金銀,就成都置場收兌舊引」。然而當時宣撫使安丙卻認為吳獵「沮壞其事」,輿論也認為「錢幣專屬計臺,制司無所預,由是不直吳獵」。[2] 此一事件,反映了制置司與總領所互不隸屬的關係,制置使吳獵因干涉了總領所的職權,故為輿論所非議。姚書談及此一事件時(頁74),未引用《續編兩朝綱目備要》「錢幣專屬計臺,制司無所預」之語,故認為制置使具有「管制通貨,調控物價」的理財權力。

另一方面,宣撫使則可以監督總領所,對財賦有較大的控制權。孝宗淳熙三年(1176),四川總領李蘩向孝宗奏言「總領所財賦已經宣撫使虞允文覈實,歲入有常」。[3] 可見總領所的收支,須經由宣撫使「覈實」。到了寧宗開禧北伐時,「程松、吳曦並為(四川)宣撫,韓侂胄急于成功,遂有節制財賦指揮,且許按劾,于是計司(總領所)拱手。」開禧北伐失敗後,「安觀文(安丙)為宣撫,薦陳逢孺(陳咸)總賦,逢孺事之甚謹。時蜀計空虛,而軍費日夥,宣司為之移屯、減戍、運粟、括財,計司實賴其力。」[4] 可見宣撫使對於總領,有彈劾、薦舉之權,就地位而言,總領如同宣撫使之下屬。

不過,宋廷於嘉定二年(1209)將安丙由宣撫使改為制置大使,[5] 顯示宋廷有意重新走回「軍政權、財賦權分立」的傳統作法。隨後,又以王釜擔任四川總領,強調「軍政、財賦各專任責。」[6] 可見制置使在理

2　不著撰人,汝企和點校:《續編兩朝綱目備要》卷11,頁200-201。

3　魏了翁:《鶴山先生大全文集》,卷78〈朝奉大夫府卿四川總領財賦累贈通奉大夫李公墓誌銘〉,頁二上。

4　李心傳:《建炎以來朝野雜記》乙集,卷16〈四川宣、總司抗衡〉,頁803。

5　不著撰人,汝企和點校:《續編兩朝綱目備要》卷11,頁208。

6　李心傳:《建炎以來朝野雜記》乙集,卷16〈四川宣、總司抗衡〉,頁803。

財方面的權力確實有限，總領得以與制置使分庭抗禮。這種情形一直到理宗淳祐四年（1244）之後，制置使陸續兼任總領，制置使的理財權力才得以擴大。姚書在第一章談及制置使的兼職時，已提到淳祐四年余玠為四川安撫制置使兼四川總領（頁17），淳祐六年（1246）賈似道為京湖制置使兼湖廣總領（頁19）。並說明「對戰時經濟的統制是制置使職能中一個很重要的方面，在制置使兼任財職後則更為明顯。」（頁17）可見姚書似乎看出，制置使兼任總領之前與之後，其權力似乎有所不同。

然而，姚書在第二章〈制置使的主要職能〉中，談到制置使的理財職能時，曾列所舉的部分事例：「紹興十一年二月江東制置大使葉夢得被命兼總四路漕計，以給餽餉」（頁70），然而此時尚未設置總領所。「開慶元年（1259）沿江制置司招糴米五十萬石」（頁70），此在制置使兼任總領之後。「紹興六年（1136）四川制置大使席益增印錢引三百萬緡」（頁73），此事在四川設置總領之前。姚書將不同時期的事例混為一談，使讀者無法看出制置使理財職權的前後變化。

此外，在姚書所舉的部分理財的事例中，制置使實際上只能向朝廷上奏建議，並無實際的管理權。在討論制置使的理財職權時，這些部分也需注意釐清。例如：「紹興二十三年（1153）四川安撫制置使蕭振奏留對糴米八萬斛以足軍食，以其直歸計所」（頁70），所謂「對糴」，按《宋史》所記：「如戶當輸稅百石，則又科糴百石，故謂之對糴。」[7] 意謂官府向百姓徵收稅米之時，同時又向百姓糴買同樣數量的米，故稱對糴。然而由「直歸計所」一語可知對糴收入的實際掌管者為總領所，制置使蕭振只能「奏請」，亦即只有建議權。

由上可見，在總領所設置後，制置使的理財職權，似乎相當有

7　《宋史》，卷174〈食貨上二・賦稅〉，頁4224。

限，主要的理財權力掌握在總領之手。制置使與總領之間，理財的職權如何劃分，應可作更深入的探討。

三　何謂「沿江制置使」

　　南宋的制置使中，有「沿江制置使」一職，姚書在第三章〈制置使制度與南宋國防體系〉中討論江淮戰區的防務時，曾論及江淮制置使、淮東制置使、淮西制置使、沿江制置使對江淮防務的貢獻與影響。不過，對於沿江制置使，姚書曾說道：「沿江制置使的設立，在加強江防的同時，也引起京湖、江淮戰區之間在指揮權上重疊、牴牾的矛盾。因為『沿江』是一個不確定的地理概念。」（頁 135）可見姚書對沿江制置使的職掌，似未有清楚的認識。

　　實際上，宋代以後的史家，對於「沿江制置使」的認識，似乎也十分模糊。例如清代學者錢大昕在《十駕齋養新錄》談到「沿江制置」時，說道：

> 自開禧用兵，而建康守臣，遂有江淮制置之名，厥後兩淮別立制府，而建康帥獨兼沿江制置使，嘉定十二年，嘗置制置副使於鄂州，尋省。咸淳中，又有制置副使，治黃州，未幾而國亡矣。[8]

錢大昕亦未能清楚說明沿江制置使的職掌。

　　所謂「沿江制置使」，起源為高宗建炎三年（1129）二月，「龍圖閣待制知江州陳彥文為沿江措置使，總領江陵府至池州沿江防守等事，

8　錢大昕：《十駕齋養新錄》（臺北市：臺灣商務印書館，1978 年），卷 8〈沿江制置〉，頁 176。

及措置戰船。承議郎新通判襄陽府程千秋副之。」[9] 可見其負責長江沿岸水軍防守事務。至同年閏八月，「徽猷閣待制知廬州胡舜陟知建康府，充沿江都制置使，集英殿修撰王羲叔副之。」[10] 至此始有制置使之名。姚書認為建炎元年（1127）劉寧止已擔任「同提領水軍沿江制置副使」（頁 255），記載有誤。據《宋史》記載：建炎三年六月癸酉「以右司郎中劉寧止為沿江措置副使。」[11] 可見劉寧止擔任沿江措置副使，為建炎三年六月，非建炎元年。

沿江制置使的全稱應為「沿江水軍制置使」，按《宋會要輯稿》記載：

> （乾道三年八月）二十九日，新除集英殿修撰知建康府兼沿江水軍制置使史正志言：「契勘今沿江制置使，除專一措置水軍海船，要為久遠利便之計，所有合用印記，今乞於禮部關借奉使印前去，專充制置司使用。所有朒差簽廳一司官吏，竊慮耗費財用，今只就用安撫司簽廳官吏兼制置司職事，卻乞復置省罷闕。請給依安撫司屬官吏。屬官所帶銜位，稱『江東安撫司、沿江水軍制置司』。所有庫務更不別置。凡有修造船隻、教閱支費，就用安撫司錢物。」並從之。[12]

從以上引文中，我們可以確知沿江制置使的全名為「沿江水軍制置使」，其職掌為「專一措置水軍海船」，亦即沿江制置使負責管理長江水軍。在嘉定年間，沿江制置使通常由淮西制置使兼任，但因沿江制置使負責長江中下游的防線（從荊湖北路至淮東），有首尾不能兼顧

9　李心傳：《建炎以來繫年要錄》卷 20，建炎三年二月己未，頁 398。

10　李心傳：《建炎以來繫年要錄》，卷 27，建炎三年閏八月戊寅，頁 529。

11　《宋史》，卷 25〈高宗紀二〉，頁 466。

12　《宋會要輯稿·職官》40 之 14-15。

之慮，因此嘉定十四年（1221）時，曾一度在鄂州設置「沿江制置副
使」[13]，以輔助制置使。其後，又常以江南西路安撫使知江州兼任沿江
制置副使（姚書年表，頁 269）。此外，龔延明先生在《宋代官制辭典》
一書中，也有「沿江水軍制置使」、「沿江水軍制置使司」、「沿江水軍
制置副使司」等條目，列舉前引各種史料，對於沿江制置使的職掌有
清楚的說明。[14]

四　江淮、兩淮、淮東、淮西制置使

　　南宋在江淮地區設置的制置使，除了上述的沿江制置使之外，又
有江淮制置使、兩淮制置使、淮東制置使、淮西制置使等名，這一疊
床架屋的複雜建制，也往往使研究者如入五里霧中。姚書在第三章〈制
置使制度與南宋國防體系〉中討論江淮戰區的防務時，未詳述江淮、
淮東、淮西、兩淮制置司的分合情形，反而將重心放在汪綱、王萬、
李曾伯對淮東、淮西制司是否應合併的議論，以及劉克莊、張守對於
「江防」的觀點，對於一部「制度研究」的專著來說，似有本末倒置之
嫌。現根據姚書書後所附之〈南宋制置使年表〉，將江淮、淮東、淮
西、兩淮制置司的分合，略述於後。

　　所謂江淮制置使，管轄範圍包括江南東、西路與淮南東、西路，
範圍甚大，實際上並不常置。紹興十一年「紹興和議」之後，設置江
淮制置使的時間包括：高宗紹興三十一年（1161）劉錡為江淮浙西制置
使，這是為因應金海陵帝南侵而設置。開禧三年（1207）至嘉定十二年
（1219），葉適、趙淳、徐誼、丘　、何澹、黃度、劉榘、李大東、李珏
等人相繼擔任江淮制置使，這是從開禧北伐到「嘉定和議」之後的宋金

---

[13]　《宋史》，卷 40〈寧宗紀四〉，頁 777。

[14]　龔延明：《宋代官制辭典》，頁 455。

對峙時期。理宗紹定三年（1230）至六年（1233），趙善湘擔任江淮制置使，這是在淮東李全之亂前後。端平元年（1234）七月以趙范為江淮制置大使，這是在宋廷開始進行「收復三京」、「端平入洛」的北伐戰爭時期。此外其他時期，僅設置沿江制置使。沿江制置使的職掌雖為水軍，但因沿江制置使常由江南東路安撫使知建康府或淮西制置使兼任，故同時擁有水陸軍得以調用，形成長江的堅固防線。

關於淮東、淮西制置使，紹興十一年「紹興和議」之後，曾一度在紹興三十一年以鎮江都統制成閔為淮東制置使、建康府都統制李顯忠為淮西制置使，這是為因應金海陵帝南侵而臨時設置。淮東、淮西制置使成為常設，始於寧宗嘉定十二年罷江淮制置司，分置沿江、淮東、淮西制置司。然而自理宗淳祐三年（1243）以李曾伯為淮東西制置使之後，淮東、淮西制置使又有合併的趨勢，李曾伯之後的丘岳，為淮東制置使兼淮西制置使，丘岳之後的賈似道，則自淳祐十年（1250）起擔任兩淮制置大使，淮東、淮西制司正式合併。此後直到南宋末，兩淮制置司成為常設。姚書引用李曾伯〈乞免淮西制帥狀〉、〈再乞免兼狀〉等文，說明李曾伯認為兩淮分立制置使比較適宜，「無疑是對實戰經驗的正確總結」（頁112），但實際上，李曾伯的建議卻未被接納。姚書既然正面肯定李曾伯的議論，似應對李曾伯的意見未被接納，此後產生了何種影響，加以說明。

五　結語

姚書對於宋代制置使制度的研究，廣泛蒐集史料，使讀者可以透過此書，瞭解宋代制置使制度的概況；書後的〈南宋制置使年表〉，更便於讀者查考歷任制置使的任官年月。雖然書中有若干值得商榷之處，筆者已在前文中一一提及，但絕不影響姚書的學術價值。筆者盼

望姚建根先生能在此書的基礎上，對制置使制度之外的南宋其他制度，如宣撫使、總領所、御前諸軍等，作出更深入而完整的探討，以期更完整呈現南宋地方軍政制度運作的整體面貌。

（本文刊登於《漢學研究》第 28 卷第 4 期（2010 年 12 月），頁 351-358）

三
民國以來的宋代人物研究

民國肇建以來，學術研究日新月異，百年來產生了許多新的研究成果，一新歷史的面貌。現就百年來關於宋代人物的學術研究成果（專書部分年），略作介紹，以記百年來宋代人物研究之歷程。

因篇幅有限，本文取材採下列原則：一、未收民國三十八年之後大陸地區的著作，以及大陸地區學者在臺灣出版之著作。二、未收香港出版之著作。三、未收外國學者著作之中譯本。四、碩博士論文因數量太多，僅舉其要。

一　北宋名臣范仲淹、韓琦、歐陽修、文彥博

關於慶曆變法的領導人范仲淹，重要研究成果包括王德毅《范仲淹》（臺灣商務，1978 年），對范仲淹的傳略、思想、著作，做了簡明扼要的介紹。湯承業《范仲淹研究》（國立編譯館，1977 年）介紹范仲淹所處的時代、仲淹的家世與家風、仲淹的學業與志業、仲淹的「立功之德」與「立德之功」、仲淹振士氣與開風氣的貢獻、仲淹的政治作風與修養、仲淹的書法與文學，以及仲淹人格之「全」與性格之「淡」等方面，對范仲淹作了全面而完整的記載。

其他有關范仲淹的其他著作，包括羅敬之《范仲淹之功德與文學》（文津，1976 年）、湯承業《范仲淹的修養與作風》（臺灣商務，1977年）、鄔家聲《北宋重臣范仲淹》（漢欣文化公司，1995 年）、王耀輝《范仲淹的人生哲學》（揚智，1997 年）等。此外，在宋夏戰爭中與范

仲淹齊名的韓琦，則有李世勛《韓琦》（東方圖書，1962 年）一書，介紹韓琦的生平事蹟。

關於歐陽修，蔡世明《歐陽修的生平與學術》（文史哲，1980 年）上編敘述歐陽修的出身及經歷，並評論他的為人處事，乃取孟子「知人論世」之意；下編綜論歐陽修在學術上的造詣。劉子健《歐陽修的治學與從政》（新文豐，1984 年）上編介紹歐陽修的經學、史學、行政理論、文學、信仰等方面，下編介紹歐陽修與北宋政治（如呂范黨爭、慶曆變法、韓富當政等年）的關係。黃篤書《宋代儒宗歐陽修》（臺灣商務，2005 年）全書六十萬字，將歐陽修一生讀書、出仕、罷黜諸階段的波折沉浮，作了詳細的介紹。其他關於歐陽修的傳記，如王靜芝《歐陽修》（河洛，1967 年）、劉若愚《歐陽修研究》（臺灣商務，1989年）等。

歐陽修的學術與文學方面的研究成果，如何澤恆《歐陽修的經史學》（臺大，1980 年）、裴普賢《歐陽修詩本義研究》（東大，1970年）、張健《歐陽修詩文及文學評論》（臺灣商務，1973 年）、陳韻竹《歐陽修、蘇軾辭賦之比較研究》（文史哲，1986 年）、王更新《歐陽修散文研究》（文史哲，1996 年）等。

關於文彥博，並無完整的傳記，只有朱瑞國《北宋文彥博思想之研究》（臺中精華出版社，1987 年）探討文彥博的思想。

二　王安石與司馬光

王安石作為熙寧變法的領導者，學術界對其研究甚多。梁啟超《王荊公傳》（商務，1931 年）允為代表作，該書對王安石的時代背景、執政前的事蹟、與神宗的關係、變法內容、武功、罷政後的生活、以及熙寧新政的成績、新政的反對者、王安石的用人與交友、家庭、學

術、文學等方面，做了詳細的探討；並站在支持變法改革的立場，對
王安石採取正面肯定的態度。梁書後來又以《王安石評傳》（世界，
1935 年）等名，不斷再版。梁啟超《王荊公傳》出版後，關於王安石
的傳記，大量出現，其中具代表性者，如張白山《王安石》（萬卷樓，
1991 年）介紹王安石的家世與背景、由地方官到宰相的經歷與推行
變法的過程，又從哲學與文學思想、古文運動與散文創作、詩歌及詞
曲、與同時代作家詩人的關係、詩文創作的影響等方面，分析王安石
在文學方面的貢獻。王明蓀《王安石》（三民，1994 年）則偏重王安石
的思想方面，除介紹生平著述外，並介紹王安石對先秦諸子的評價及
當代哲學思潮、王安石的宇宙論、倫理學、知識論、文史經學思想、
政治財經思想、人才與教育思想等；又對「荊公新學」進行評價，認為
安石雖為爭議性人物，但「新學」內容廣泛，幾乎宋代的心性義理之學
全歸之於安石之創發，二程以後的理學，可以由此溯源。

其他關於王安石的傳記，如柯敦伯《王安石》（商務，1931 年）、
柯昌頤《王安石評傳》（商務，1933 年）、趙奐《王安石》（商務，1933
年）、盧企芬《王安石》（開明，1935 年）、趙啟人《王安石大政治家》
（江西世界書局，1943 年）、陳嘯江《王安石》（勝利出版社，1946
年）、章衣萍《王安石》（兒童書局總店，1946 年）、廖吉郎《王安石》
（臺灣商務，1979 年）、羅克典《王安石評傳》（國家，1990 年）、李勤
印《王安石》（知書房，1994 年）、姜穆《王安石大傳》（聯經，1995
年）、孫光浩《王安石洗冤錄》（臺灣學生，1996 年）、普穎華《圖治名
臣——王安石》（昭文社，1997 年）等。

關於王安石的新法內容與政治思想方面，有熊公哲《王安石政略》
（臺灣商務，1964 年）、帥鴻勛《王安石新法研述》（正中，1973 年）、
王丕震《王安石變法》（秋海棠，1994 年）、黃乃隆《王安石變法的財
經政策述評》（中興大學，1968 年）、吳演南《王安石財經變法平議》

（帕米爾，1974 年）、張先覺《王安石的教育思想》（文史哲，1982
年）、陳世僧《王安石政治思想及其變法研究》（自印本，1986 年）。關
於王安石之學術思想，有蔡興濟《王安石的學術與作品》（瑞成，1960
年）。關於王安石的文學，有方元珍《王荊公散文研究》（文史哲，
1993 年）、李燕新《王荊公詩探究》（文津，1997 年）。關於王安石其
他軼事，則有鄭行巽《王安石生活》（世界，1930 年）。

關於司馬光，孫毓修《司馬光》（商務，1926 年）為最早研究司
馬光之傳記作品。王德毅《司馬光》（臺灣商務，1978 年）對司馬光的
生平、思想與著作，作了簡明扼要的介紹。葉論啟《司馬溫公之仕宦
與政績研究》（欣欣，1990 年）敘述司馬光仕進風格之養成、宦海之
沈浮，以及溫公之政績、影響與後世評價。鄧啟《司馬光學述》（文史
哲，1994 年）介紹溫公的生平，並從溫公文章之特色、史學之特色、
溫公之文與唐宋八大家的比較、《資治通鑑》與歷代史書比較等方面，
對溫公的學術與文章，進行深入的分析。

關於司馬光的思想研究，則偏重於對《資治通鑑》內容的探討，如
葉論啟《通鑑編修與溫公史論研究》（英橋，1986 年）、黃淑賢《司馬
溫公研究》（臺北南京出版公司，1987 年）、李則芬《泛論司馬光資治
通鑑》（臺灣商務，1986 年）、潘英《資治通鑑與司馬光史論之研究》
（明文，1987 年）、黃美華《司馬光「書儀」研究》（興大中文所碩士論
文，2000 年）等。

三　北宋經學家與理學家

關於北宋時期的儒家學者，研究成果甚多，茲介紹如下：

關於孫復，蔡仁厚《孫復》（臺灣商務，1978 年），介紹孫復的時
代背景、在宋學中的地位、學術思想、著作、影響等方面，對於孫復

的生平與學術，做了概略性的說明。其他研究孫復思想的著作，如曹在松《孫復春秋尊王發微與北宋經史二學之演變》（臺大歷史所碩士論文，1982 年）、林玉婷《孫復春秋尊王發微研究》（臺灣師大國文所碩士論文，2001 年）等。

關於胡瑗，封思毅《胡瑗》（臺灣商務，1978 年），介紹胡瑗的生平事蹟、著作，以及心性、政治、教育思想。其他著作有王延岭《胡瑗研究》（白玉堂，1987 年）。

關於邵雍，陳郁夫《邵雍》（臺灣商務，1978 年）介紹邵雍的傳略、著作、學術淵源，以及觀物、易圖、易數、經世等思想。專門針對邵雍思想的著作，包括吳康《邵子易學》（臺灣商務，1969 年）、趙玲玲《邵康節觀物內篇的研究》（嘉新水泥，1973 年）、陳郁夫《邵康節學述》（文津，1977 年）、鄭定國《邵雍及其詩學研究》（文史哲，1995 年）等。

關於周敦頤，董俊彥《周敦頤》（臺灣商務，1978 年）介紹周敦頤的生平傳略、學術思想以及對後世的影響。陳郁夫《周敦頤》（東大，1990 年）敘述周敦頤上接孔孟心傳，著《太極圖說》與《通書》，重新詮釋天人關係，賦予人生意義與價值，為「理學」奠定形上學與修養論的基礎；並由天道論、人道論等方面介紹與評價周氏的思想。

其他研究周敦頤的著作，包括張德麟《周濂溪研究》（嘉新水泥，1979 年）、毛寬偉《周濂溪學說》（文笙，1978 年）、楊雅妃《周濂溪太極圖說研究》（高師大國文所碩士論文，2000 年）等。

關於張載，陳弘治《張載》（臺灣商務，1978 年）介紹張載的傳略、本體論與宇宙觀、心性論與人生觀、修養論與為學說、政治論與治道說。黃秀璣《張載》（東大，1987 年）第一章敘述張載的歷史背景，第二、三、四章則分別討論張載在宇宙論、倫理學、與知識論這三個領域所作的探究和闡釋，第五章由多方面評價的張載的思想。

其他關於張載思想的研究，包括程運《張橫渠教育思想研究》（臺灣商務，1968 年）、陳俊民《張載哲學與關學學派》（臺灣學生，1990年）、方蕙玲《張載思想之研究》（東海哲學所博士論文，1994 年）、吳昱昶《張載教育思想之研究》（政大教育所碩士論文，1968 年）、朱建民《論張載弘儒道以反佛的理論根據》（臺大哲學所碩士論文，1980年）、朱建民《張載思想研究》（文津，1989 年）等。

關於李覯，謝善元《李覯》（東大，1991 年）介紹宋朝開國以後政、經、社、教各方面的大事，然後逐一分析李覯的主要著述，替李覯在中國儒法兩家思想傳統中尋得定位。夏長樸《李覯與王安石研究》（大安，1989 年）則對李覯與王安石的思想的異同，進行比較與分析。

關於二程，王開府《程顥、程頤》（臺灣商務，1978 年），介紹二程的傳略、明道與伊川的思想、二程排佛的言論、以及二程思想的影響與評價。李日章《程顥、程頤》（東大，1986 年）從現代人之觀點，以批判之態度，陳述二程的思想，剖析其關切之問題，評估其學說之價值，並介紹二程的生活與為人。

其他關於二程的思想研究成果，如管道中《二程研究》（中華，1937 年）、張德麟《程明道思想研究》（臺灣學生，1986 年）、張永儁《二程學管見》（東大，1988 年）、胡自逢《程伊川易學述評》（文史哲，1995 年）、溫偉耀《成聖之道：北宋二程修養工夫論之研究》（文史哲，1996 年）、張瑞麟《二程思想在學術史上的意義——以「自得」概念為樞紐之探討》（暨大中文所碩士論文，2000 年）等。

關於二程的弟子楊時，有傅武光《楊時》（臺灣商務，1978 年）介紹楊時的傳略，並從「論道」、「論性」、「論仁」、「論為學目的」、「論為學方法」等方面探討楊時的學術思想，又介紹楊時的著作以及對後世的影響。

四　北宋文學家

北宋的文學家，除了蘇軾有完整的傳記之外，其他大多只有對文學方面的探討。

蘇軾作為北宋最知名的文學家，研究成果甚多，如林語堂《蘇東坡傳》（遠景，1977 年）分為四卷，卷一介紹蘇軾的童年與青年時代；卷二介紹蘇軾壯年時期參與王安石變法與新舊黨爭的遭遇；卷三介紹蘇軾老練時期寫「赤壁賦」的心境，以及擔任地方官時負責工程、賑災的治績；卷四介紹蘇軾受到二度迫害的嶺南流放歲月。

其他傳記著作，包括孫毓修《蘇軾》（商務，1924 年），周景濂《蘇東坡》（正中，1937 年）、曾普信《蘇東坡傳》（東淨寺出版社，1961 年）、費海璣《蘇軾傳記研究》（臺灣商務，1969 年）、陳宗敏《蘇東坡傳》（文笙，1973 年）、石朝儀《東坡評傳》（文史哲，1974 年）、陳桂芬《千古風流蘇東坡》（莊嚴，1977 年）、劉維崇《蘇東坡傳》（黎明，1978 年）、楊濤《蘇東坡外傳》（世界文物，1984 年）、馮京《蘇東坡新傳》（國際文化，1986 年）、蘇凡《蘇東坡傳奇》（可筑書房，1988 年）、陳德來等《蘇東坡》（智茂，1989 年）、姜濤《蘇東坡傳奇》（莊嚴，1990 年）、歐少游《蘇東坡的故事》（可筑書房，1990 年）、林翠華《蘇東坡》（牛頓，1990 年）、張淑瓊《蘇軾》（地球，1990 年）、王兆奎《蘇東坡風雲》（經世，1992 年）、洪亮《蘇東坡傳》（國際村文庫，1993 年）、丁永淮《風流學士蘇東坡》（漢欣，1994 年）、方志遠《蘇東坡外傳》（國際村文庫，1995 年）、李一冰《蘇東坡新傳》（聯經，1996 年）、林樹嶺《蘇東坡》（光田，1998 年）、王雙啟《全能才子蘇軾》（紅樹林，1998 年）、門冀華《文壇巨擘：蘇東坡》（昭文社，1998 年）、孟瑤《蘇東坡與王安石》（天衛文化，1999 年）、楊雪真《千古文豪：蘇東坡》（驛站文化，2000 年）等。

　　關於蘇軾的學術思想與文學理論，有凌琴為《蘇軾思想按討》（臺灣中華，1964 年）、姜聲潤《蘇軾的莊子學》（文津，1999 年）、游信利《蘇東坡的文學理論》（臺灣學生，1981 年）、游國琛《蘇東坡生平及其作品述評》（臺灣商務，1979 年）、游信利《蘇東坡的立身與論文之道》（臺灣學生，1985 年）、韓介光《論蘇軾謫居海南時期的思想與影響》（文景，1990 年）、唐玲玲等著《蘇軾思想研究》（文史哲，1996 年）、謝敏玲《蘇軾史論散文研究》（萬卷樓，2000 年）。關於蘇軾的其他記載，有沈宗元《東坡逸事》（商務，1918 年）、沈宗元《東坡逸事續編》（商務，1919 年）、胡懷琛《東坡生活》（世界，1929 年）、凌飛雲《蘇東坡逸事》（可筑書房，1990 年）、韓介光《蘇軾謫居海南生涯探討》（文景，1991 年）、潘寶餘《蘇東坡逸事》（錦德，1993 年）、范軍《蘇東坡的人生哲學——曠達人生》（揚智，1996 年）、吳雅婷《北宋士大夫的宦遊生活——蘇軾個案研究》（清大歷史所碩士論文，1999 年）等。

　　「三蘇」的蘇洵與蘇轍，則無完整的傳記，相關研究成果包括謝武雄《蘇洵言論及其文學研究》（文史哲，1981 年）、徐琬章《蘇洵及其政論》（文津，1984 年）、陳正雄《蘇轍學術思想述評》（文史哲，2000 年）等。關於三蘇的綜合研究，如陳雄勛《三蘇及其散文之研究》（文史哲，1991 年）。

　　其他北宋文學家，如王禹偁，有黃啟方《王禹偁研究》（學海，1979 年）。如梅堯臣，有周玉蕙《梅堯臣生平研究考述》（東大，1987 年）。如黃庭堅，有李元貞《黃山谷的詩與詩論》（臺大，1972 年）。如陳師道，有范月嬌《陳師道及其詩研究》（文史哲，1988 年）。如周邦彥，有王國維《清真先生（周邦彥年）遺事》（上海倉聖明智大學，1916 年）。如賀鑄，有黃啟方《賀鑄的生平及其詩詞》（嘉新水泥，1969 年）。如呂本中，有歐陽炯《呂本中研究》（文史哲，1992 年）。

五　北宋其他人物

民國以來的歷史界，似乎甚少為宋朝皇帝撰寫學術性傳記，關於宋太祖趙匡胤，無完整的傳記，只有通俗著作如張金光《宋太祖的統治藝術》（知青頻道出版公司，1994 年）等。另外，關於宋神宗，有遲振漢《宋神宗》（麗文文化，2009 年）介紹神宗的成長環境、熙寧變法圖強的經過、元豐官制改革、神宗人事運用的分析以及神宗對遼夏的策略。

楊家將與狄青，是戲曲小說之中常出現的人物，從歷史角度進行研究者，如白志謙《狄青》（長沙商務，1939 年）、衛聚賢《楊家將及其考證》（重慶說文社，1943 年）、張遐民《楊業父子忠勇事蹟考》（臺灣中華，1985 年）等書。

沈括及其《夢溪筆談》被英國學者李約瑟稱為「中國科學史的座標」，關於沈括的傳記，有蔣秋華《沈括：中國科學史上的座標》（幼獅，1990 年）一書。

此外，關於北宋末年與金的戰爭中，與張孝純死守太原城，力抗金兵而死的將領王稟，則有王國維《宋史忠義傳王稟補傳》（上海倉聖明智大學，1936 年）。

六　南宋抗金名將岳飛

岳飛作為南宋抗金的民族英雄，因此在對日抗戰、反共抗俄的年代，相關著作甚多。鄧廣銘《岳飛》（勝利出版社，1945 年），對於北宋末年的時代背景，岳飛早期的戰績、宋金形勢的轉變、岳飛討平南方群盜、岳飛的北伐事業、岳飛的冤死與平反等，作了詳細深入的探討。鄧書後來在中國大陸不斷改寫增訂，成為研究岳飛的經典著作之

一。李安《精忠岳飛傳》（東大，1980 年）敘述岳飛的時代背景、家世、對金抗戰功績，以及因秦檜誤國而被高宗賜死的冤獄。李安又有《岳飛史事研究》（臺灣商務，1977 年）一書，採專題論文方式，分篇介紹岳飛在南宋的聲望與歷史地位、早年家貧程度與晚年自置田宅、秦檜倡和誤國始末、岳飛生平任官職稱與身後殊榮、光復國土的事功、戡定內亂的成就，並討論「滿江紅」詞、岳夫人的事蹟、岳珂的事蹟與著作等，對岳飛史事作了深入的研究。

其他研究岳飛的著作，包括孫毓修《岳飛》（商務，1917 年）、顧一樵《岳飛及其他》（新月書店，1932 年）、管雪齋《岳武穆》（白鳳軒，1933 年）、范作乘《岳飛》（中華，1935 年）、谷劍塵《岳飛之死》（中華，1936 年）、褚應瑞《岳飛抗金救國》（上海民眾書店，1939 年）、褚應瑞《精忠報國的岳飛》（上海民眾書店，1942 年）、自動生《岳飛》（重慶正中，1943 年）、彭國棟《岳飛評傳》（商務，1945 年）、孔繁錦《岳飛》（青年出版社，1946 年）、李安《岳飛行實與岳珂事蹟》（臺灣商務，1984 年）、李安《岳飛史事研究續集》（臺灣商務，1987 年）、楊蓮福《破虜軍閥——岳飛》（久大文化，1989 年）、李唐《盡忠報國岳飛傳》（莊嚴，1990 年）等。此外，朱希祖《楊么事蹟考》（商務，1935 年）一書，則介紹被岳飛剿滅的洞庭湖盜匪楊么的事蹟。

七　南宋經學家與理學家

關於朱熹，錢穆《朱子新學案》（三民，1971 年）共五冊，詳細介紹朱子的各種理論、朱子從遊延平始末、朱子對二程及當時學者的評價、朱子與陸象山的關係、朱子論禪學與莊老之學、朱子讀書法，又討論朱子之經學、史學、文學、校勘學、辨偽學、考證學、格物遊藝

之學等，對朱熹作了全面而系統的討論。陳榮捷《朱熹》（東大，1990年）分四部份：一為朱子之思想，包括太極、理、氣、天、格物與修養；二為朱子之活動，如其授徒、著述、與行政；三為與張南軒、呂東萊、陸象山、陳亮等友輩之交遊；四為朱子之道統觀念，朱學後繼，與韓日歐美之朱子學。

其他傳記包括周予同《朱熹》（商務，1929年）、章衣萍《朱子》（兒童書局總店，1937年）、譚鳴《朱熹》（世界，1962年）、錢穆《朱子學提綱》（三民，1971年）、陸寶千《朱熹》（臺灣商務，1978年）等。

關於朱熹思想的研究方面，如祁致賢《朱熹教育學說》（復興書局，1954年）、范壽康《朱子及其哲學》（臺北開明，1964年）、郭振武《朱子哲學》（自印本，1970年）、楊筠如《朱子研究》（臺灣商務，1971年）、楊慧杰《朱熹倫理學》（臺北牧童出版社，1978年）、劉述先《朱子哲學思想的發展與完成》（臺灣學生，1982年）、曾春海《朱子易學探微》（輔大，1983年）、吳展良《朱子理學與史學研究》（臺大歷史所碩士論文，1985年）、陳榮捷《朱子新探索》（臺灣學生，1988年）、趙顯圭《朱熹人文教育思想研究》（文津，1998年）、張健《朱熹的文學批評研究》（臺灣商務，1969年）、申美子《朱熹詩中的思想研究》（文史哲，1988年）、江右瑜《朱熹對道家評論之研究》（暨大中文所碩士論文，2000年）。

關於陸九淵，陳郁夫《陸九淵》（臺灣商務，1978年）介紹陸九淵的生平與著作、學術思想、與朱子的關係。曾春海《陸象山》（東大，1988年）介紹陸象山繼承孟子心學的主要精神，再發展成「心即理」的理論，並吸收禪宗的開悟方法，將儒家思想直接訴諸道德的本心，在南宋建立了與朱熹對峙的心學典範。

其他關於陸九淵思想的作品，包括余家菊《陸象山教育學說》

（中華，1935年）、陳德仁《象山心學之比較研究》（臺灣學生，1974年）、陳正一《陸象山學術思想探微》（臺北廣東出版社，1983年）、林繼平《陸象山研究》（臺灣商務，1983年）等。

關於呂祖謙，姚榮松《呂祖謙》（臺灣商務，1978年）介紹呂祖謙的生平傳略、學術思想、與當代學者的關係、以對後世的影響。其他著作有吳春山《呂祖謙研究》（臺大中文所博士論文，1977年）、劉昭仁《呂東萊之文學與史學》（文史哲，1986年）。

關於陳亮，林耀曾《陳亮》（臺灣商務，1978年）介紹陳亮的生平事蹟、對中興大業的規劃、政治上的遠見、學術思想、政治軍事思想等。其他著作有有鄧廣銘《陳龍川傳》（獨立出版社，1944年）、吳春山《陳同甫的思想》（臺大，1971年）。

關於葉適，陳麗桂《葉適》（臺灣商務，1978年）介紹葉適的生平事蹟與時代環境、對當代時政的批判、對當代思想的批判、學術著作等。

關於真德秀，甲凱《真德秀》（臺灣商務，1978年）對真氏的傳略、政績、資治心性修養等思想、著作、師承講友門人等方面，作了詳細的介紹。

關於胡宏，王立新《胡宏》（東大，1996年）介紹胡宏的生平、著述和其學術傳承，並從他的學術基礎和思想創新窺探其思想全貌，尤其是「性本論」乃是理學的基本路線之一，並進而闡述他對當時及後世的影響。其他作品有王開府《胡五峰的心學》（臺灣學生，1978年）。

此外，關於王柏，相關著作有程元敏《王柏之生平與學術》（學海，1975年），介紹王柏的生平、著述，王柏在理學、四書學、尚書學、詩經學、的成就，以及王柏學說的淵源與流傳。關於王應麟，相關著作有莊謙一《王厚齋學術及其著述考略》（文史哲，1978年）介紹王應麟的生平，並按經、史、子、文學（集年）四方面分析其學術

思想與著作。其他著作有何澤恆《王應麟的經史學》（臺大中文所博士論文，1982 年）、陳仕華《王伯厚及其玉海藝文部研究》（臺灣商務，1993 年）。

八　南宋文學家

李清照與朱淑真為南宋知名的女詞人，相關著作亦多。南宮搏《南渡以後的李清照》（臺灣商務，1971，再版改名《李清照的後半生》年）敘述南渡以後的李清照，歷經流徙喪亂，及第二次婚姻凶終，仍勇於面對人生；但其再嫁，宋人不以為非，明清人則百計為之辯，其失甚遠。繆香珍《李清照與朱淑真評傳》（臺灣商務，1989 年）敘述李清照與朱淑真二人的生平，對二人加以比較，並介紹二人之詩詞。其他著作有傅東華《李清照》（商務，1931 年）、余雪曼《大詞人李清照》（文光圖書公司，1961 年）、張壽林《李清照評傳》（水牛，1972 年）、何廣棪《李清照研究》（九思，1977 年）、傅錫壬《李清照》（河洛，1979 年）、張點凡《易安居士李清照研究》（高雄前程出版社，1985 年）、若童《李清照傳》（國際文化，1991 年）、王丕震《李清照》（秋海棠，1996 年）、王雲亞《李清照》（昭文社，1997 年）、潘壽康《朱淑真別傳探原》（河洛，1980 年）、黃嫣梨《朱淑真及其作品》（新文豐，1991 年）。

陸游與辛棄疾為南宋著名的愛國詞人，相關著作有劉維崇《陸游評傳》（正中，1966 年），介紹陸游的生平小史、家世、生活、思想、養生之道，並對陸游的詩义進行探究。杜呈祥《辛棄疾評傳》（正中，1954 年）對辛棄疾的時代背景、家世與幼年生活、山東忠義軍時期的表現、南歸以後的事功、罷職後的二十年園林生活、交遊狀況、詩詞創作等方面，作了深入的介紹。其他著作包括王丕震《陸游》（秋海

棠，1996 年）、門翼華《愛國詩人陸游》（昭文社，1997 年）、胡懷琛
《陸放翁生活》（世界，1930 年）、郭銀田《陸放翁之思想與藝術》（獨
立出版社，1943 年）、徐嘉瑞《辛稼軒評傳》（重慶文通書局，1946
年）、李旭《辛棄疾》（青年出版社，1946 年）、姜林洙《辛棄疾傳》
（中國學術著作獎助基金會，1964 年）、張恕《辛稼軒研究》（臺中永
吉出版社，1977 年）、王豔第《辛棄疾傳》（臺北國際文化事業公司，
1985 年）、江誠《辛棄疾：慷慨豪放的愛國詞家》（幼獅，1990 年）、
王丕震《辛棄疾》（秋海棠，1994 年）等。

此外，與尤袤、楊萬里、陸游並稱南宋「中興四大詩人」的范成
大，研究成果有張劍霞《范成大研究》（臺灣學生，1985 年）。

九　南宋其他人物

蔣義斌《史浩研究——兼論南宋孝宗朝的政局及學術》（文化史研
所碩士論文，1981 年）介紹南宋孝宗時宰相史浩的家世及早年生平、
史浩與孝宗即位的關係、史浩與張浚的關係、史浩與孝宗朝諸臣的和
戰之爭、史浩晚年與孝宗朝政局、孝宗朝的學術背景及史氏與釋氏之
交往、史浩的交遊與學術等方面，作了深入探討；並對孝宗之「不久
相」、「任用近臣」，作了具體的分析。

周學武《唐說齋研究》（臺大，1973 年），介紹反對朱熹理學的唐
仲友之生平與著述、與朱熹的衝突、唐氏的基本學說、唐氏的經世思
想，並對唐氏學說進行評價。

黃俊彥《韓侂冑與南宋中期的政局變動》（臺灣師大歷史所碩士論
文，1975 年）介紹寧宗時權相韓侂冑的崛起、「慶元黨禁」與韓氏權
力結構的轉變、「開禧北伐」與韓氏的覆滅、四川吳曦的叛變對韓氏的
影響等。

關於南宋吳玠、吳挺、吳曦三代掌握四川兵權的軍人世家，陳家秀《吳氏世襲武將與南宋四川政局》（臺大歷史所碩士論文，1982 年）介紹吳氏武將勢力的確立與發展、吳氏對四川的統治與朝廷的對策、吳氏勢力的瓦解，作了詳細的介紹，最後並對吳氏家族的功過作一評論。

關於《通志》的作者鄭樵，無完整的傳記，相關著作有崔京玉《鄭樵通志之研究》（臺大歷史所碩士論文，1986 年）、鄭喜夫《鄭樵通志氏族略研究》（興大歷史所碩士論文，1994 年）、簡雪玲《鄭樵通志金石略研究》（興大歷史所碩士論文，1996 年）、丁國華《鄭樵六書略研究》（逢甲中文所碩士論文，2000 年）等。

關於以《直齋書錄解題》一書知名的南宋目錄學家陳振孫，有喬衍琯《陳振孫學記》（文史哲，1980 年）、何廣棪《陳振孫之生平及其著述研究》（文史哲，1993 年）。關於《黑韃事略》的作者彭大雅，有張政烺《宋故四川安撫制置副使知重慶府彭忠烈公事輯——黑韃事略的作者彭大雅》（昆明北京大學，1941 年）。關於南宋的畫家馬遠、夏珪，有高輝陽《馬遠繪畫研究》（文史哲，1978 年）、蔡秋來《夏珪繪畫藝術之探究》（中國文化大學，1982 年）。

十　南宋三傑與遺臣

文天祥是南宋末年抗元死難的民族英雄，在抗日抗俄的年代，相關著作亦多。如林逸《文信國公研究》（臺灣商務，1982 年），敘述文天祥受業於白鷺洲書院，於寶祐四年登狀元第，任官時抨擊奸臣董宋臣、賈似道；臨安淪陷後，奉恭帝、帝昺逃往東南，在五坡嶺被元兵所俘。天祥被押送北京後，寧死不屈，作〈正氣歌〉以明志，最後慷慨就義。其他著作包括孫毓修《文天祥》（商務，1925 年）、易君左《文

天祥》（上海新生命書局，1936 年）、教育部民眾讀物編審會編《不怕
死的文天祥》（正中，1939 年）、彭子儀《文天祥》（國民書店，1941
年）、劉國瑞《文信國公史略》（西安拔提書店，1941 年）、章衣萍《文
天祥》（上海兒童書店，1946 年）、王夢鷗《文天祥》（勝利出版社，
1946 年）、王德亮《文天祥》（中華，1947 年）、劉維崇《文山史話》
（中央文物供應社，1956 年）、文玉笙《文天祥評傳》（黎明，1987
年）、張公鑑《文天祥生平及其詩詞研究》（臺灣商務，1989 年）、李晃
生《南宋名將文天祥》（漢欣，1996 年）等。此外，與文天祥、張世傑
並稱南宋三傑的陸秀夫，則有劉寧《陸秀夫》（重慶正中，1943 年）。

　　南宋滅亡的過程中，又有王堅死守四川合州釣魚城，王以成《王堅
史蹟考》（自印本，1982 年）介紹王堅的生平，以及合州城抗戰的始
末，並討論王堅史蹟被湮沒的原因。

　　南宋滅亡後的遺民中，以「鐵函心史」知名的鄭思肖，有翟宗沛
《鄭所南》（勝利出版社，1946 年）。關於劉辰翁，有黃孝光《南宋遺民
詞人劉辰翁研究》（木鐸，1982 年）。

十一　合傳

　　惜秋《宋初風雲人物》（三民，1986 年）介紹趙普、石守信、王審
琦、范質、王溥、魏仁浦等四十三名宋初將相人物。李居取《蘇門四學
士研究》（文史哲，1973 年）介紹黃庭堅、秦觀、晁補之、張耒等四
位蘇軾門人。陳榮捷《朱子門人》（臺灣學生，1971 年）介紹朱門的特
色及其意義，並對朱子門下的學者，作了詳細的整理。徐紀芳《陸象山
弟子研究》（文津，1990 年）介紹陸象山的生平與思想、象山弟子的
傳略、以及「槐堂諸儒」與「甬上四學者」等人。

　　其他合傳著作包括黃雍博《宋代風流皇后》（新華書局，1923

年）、孫毓修《模範軍人第六冊：韓世忠、劉錡事略》（商務，1925
年）、譚慧生《宋代偉人傳記》（高雄百成書店，1965 年）等。

十二　年譜

　　年譜為傳記寫作的基礎，民國以來，為宋人編撰年譜之成書者，
數量亦夥，茲列舉於下，以備參考：

　　許聞淵《宋田樞密使況年譜》（臺灣商務，1988 年）、申時芳《范
仲淹年譜新編》（唯勤，1979 年）、楊希閔《宋韓琦年譜》（臺灣商
務，1981 年）、林逸《宋歐陽文忠公修年譜》（臺灣商務，1980 年）、
周明泰《曾子固（曾鞏）年譜編》（文嵐簃三曾年譜本，1930 年）、周
明泰《曾子宣（曾布）年譜稿》（文嵐簃三曾年譜本，1930 年）、周明
泰《曾子開（曾肇）年譜稿》（文嵐簃三曾年譜本，1930 年）、王煥鑣
《曾南豐（曾鞏）先生年譜》（重慶商務，1943 年）、許毓峰《宋周濂溪
先生敦頤年譜》（臺灣商務，1986 年）、劉守宣《梅堯臣詩之研究及其
年譜》（文史哲，1980 年）、姚名達《程伊川（程頤）年譜》（商務，
1937 年）、王保珍《增補蘇東坡年譜會證》（臺大，1969 年）、易蘇民
《三蘇年譜匯證》（臺大，1969 年）、王宗稷《東坡年譜》（臺灣商務，
1978 年）、楊希閔《宋黃庭堅年譜》（臺灣商務，1982 年）、鄭騫《陳
後山（師道）年譜》（聯經，1984 年）、陳思《清真居士（周邦彥）年
譜附校刊記》（遼海叢書本，1931-34 年）、陳思《白石道人（姜夔）年
譜》（遼海叢書本，1931-34 年）、羅清能《蔡襄年譜》（花蓮真義出
版社，1986 年）、趙效宣《宋李綱年譜》（臺灣商務，1980 年）、錢汝
雯《宋岳鄂王（岳飛）年譜》（盧永祥刊本，1924 年）、李漢魂《岳武
穆年譜附遺跡考》（商務，1947 年）、鄧廣銘《韓世忠年譜》（獨立出
版社，1944 年）、李冷衷《李易安（清照）年譜》（北平明社出版社，

1929 年）、于中航《李清照年譜》（臺灣商務，1995 年）、王德毅《洪邁年譜》（新文豐，2006 年）、王予中《朱子年譜》（白田書店，年代不詳）、胡宗楙《張宣公（張栻）年譜》（胡氏夢遠樓叢稿本，1932 年）、孫藥田《宋陳傅良年譜》（臺灣商務，1981 年）、楊希閔《宋陸九淵年譜》（臺灣商務，1982 年）、童振福《陳亮譜》（商務，1936 年）、顏虛心《陳龍川（陳亮）年譜》（重慶商務，1943 年）、周學武《葉水心（葉適）先生年譜》（大安，1988 年）、王德毅《李燾父子年譜》（中國學術獎助委員會，1963 年）、鄭鶴聲《袁樞年譜》（商務，1930 年）、歐小牧《陸游年譜》（木鐸，1982 年）、刁抱石《宋陸放翁先生游年譜》（臺灣商務，1990 年）、陳思《稼軒先生（辛棄疾）年譜》（遼海叢書本，1931-34 年）、梁啟超《辛稼軒先生年譜》（飲冰室合集本，1936 年）、鄧廣銘《辛稼軒先生年譜》（商務，1947 年）、鄭騫《辛稼軒先生年譜》（華世，1977 年）、許浩基《文文山（文天祥）年譜》（吳興許氏杏蔭堂本，1932 年）、楊德恩《文天祥年譜》（長沙商務，1939 年）、傅抱石《文天祥年述》（重慶青年書店，1940 年）、李安《宋文丞相天祥年譜》（臺灣商務，1980 年）、蔣逸雪《陸秀夫年譜》（商務，1936 年）。

十三　小結

以上略述民國以來關於宋代人物研究的成果，共收錄著作三一六種，按人物區分，以蘇軾最多，共四十四種；其次為王安石，共二十七種；第三為朱熹，共二十一種；第四為岳飛，共十九種；第五為文天祥，共十七種。蘇軾為中國最有名的文學家，一生經歷波折起伏，故相關傳記最多。王安石為北宋政治家兼思想家，且熙寧變法爭議甚多，故數量居於第二。朱熹為宋代儒家代表人物，影響東亞六百

年之儒學發展，故研究者甚多，居於第三。在對日抗戰、反共抗俄的時代，為宣傳愛國思想，故岳飛、文天祥的傳記亦多，居於四、五位。

按性質區分，以學術類最多，共九十六種；其次為政治類，共八十二種；文學類共七十八種，科技類一種，藝術類二種，逸事類十一種，年譜四十六種。可見論著偏重於學術、政治、文學三類。以上雖為不完全之統計，但大致可呈現民國以來人物傳記的寫作取向。

本文參考資料，主要依據宋晞編《宋史研究論文與書籍目錄》（中國文化大學出版部，1982 年增訂本）、韓桂華、王明蓀編著《戰後臺灣的歷史學研究（1945-2000 年）：第四冊宋遼金元史》（臺北：國科會，2004 年）、方建新編《二十世紀宋史研究論著目錄》（北京：北京圖書館，2006 年）等書，及本人考察而得。缺漏之處在所難免，僅供學界參考，並盼識者教正之。

（本文刪節稿刊登於《國文天地》第 27 卷第 7 期（總 319 期），2011 年 12 月，頁 15-20。現將全文登出，以完整呈現民國以來宋代人物研究的概況）

參考文獻

（本書目收錄本書正文及〈附錄一〉、〈附錄二〉所徵引之書籍、論文，
〈附錄三〉的內容原本為書目性質，故其列舉之書籍不列入本書目之
中）

一 古籍

不著編人 《皇宋中興兩朝聖政》 臺北市 文海出版社影印 1967 年

不著撰人 《宋史全文續資治通鑑》 影印元刻本 臺北市 文海出版
社 1969 年

不著撰人 《慶元條法事類》 北京市 中國書店 1990 年

不著撰人 汝企和點校《續編兩朝綱目備要》 北京市 中華書局
1995 年

王之望 《漢濱集》 影印文淵閣四庫全書本 臺北市 臺灣商務印
書館 1986 年

王明清 《揮麈錄》 增補津逮秘書本 京都 中文出版社 1980 年

王 昶 《金石萃編》 收入《石刻史料新編》輯一 臺北市 新文
豐出版公司 1978 年

王應麟 《玉海》 臺北市 大化書局影印舊刻本 1977 年

李心傳 《建炎以來繫年要錄》 北京市 中華書局 1988 年

李心傳 《建炎以來朝野雜記》 點校本 北京市 中華書局 2000 年

李曾伯 《可齋雜藁》 影印文淵閣四庫全書本 臺北市 臺灣商務
印書館 1986 年

李曾伯　《可齋續藁》　影印文淵閣四庫全書本　臺北市　臺灣商務
　　　　印書館　1986 年

李　燾　《續資治通鑑長編》　標點本　北京市　中華書局　2004 年

杜大珪　《名臣碑傳琬琰集》　臺北市　文海出版社　1969 年

沈　括　《夢溪筆談》　臺北市　臺灣商務印書館　1968 年

吳　泳　《鶴林集》　影印文淵閣四庫全書本　臺北市　臺灣商務印
　　　　書館　1986 年

吳　潛　《許國公奏議》　百部叢書集成影印十萬卷樓叢書本　臺北
　　　　市　藝文印書館

吳　潛　《履齋遺稿》　影印文淵閣四庫全書本　臺北市　臺灣商務
　　　　印書館　1986 年

周應合修纂　《景定建康志》　清嘉慶六年刊本　臺北市　成文出版
　　　　社影印　1983 年

岳珂撰　王曾瑜校注　《金佗粹編》　北京市　中華書局　1989 年

岳　珂　《愧郯錄》　《叢書集成新編》本　臺北市　新文豐出版公
　　　　司　1985 年

祝　淵　《新編古今事文類聚（遺集）》　明萬曆甲辰金谿唐富春校
　　　　補遺重刻本　京都　中文出版社　1982 年

洪　适　《盤洲文集》　文淵閣四庫全書本　臺北市　臺灣商務印書
　　　　館　1986 年

徐松（輯）《宋會要輯稿》　北京市　中華書局　1957 年

馬端臨　《文獻通考》　臺北市　臺灣商務印書館　1987 年

袁　甫　《蒙齋集》　影印文淵閣四庫全書本　臺北市　臺灣商務印
　　　　書館　1986 年

袁　燮　《絜齋集》　影印文淵閣四庫全書本　臺北市　臺灣商務印
　　　　書館　1986 年

真德秀　　《西山先生真文忠公文集》　四部叢刊正編本　臺北市　臺灣商務印書館　1979 年

孫逢吉　　《職官分紀》　影印文淵閣四庫全書本　臺北市　臺灣商務印書館　1986 年

孫　覿　　《鴻慶居士文集》　叢書集成續編本　臺北市　新文豐出版公司　1989 年

脫因修　　俞希魯纂　《至順鎮江志》　民國十二年丹徒冒廣生重刊本　臺北市　成文出版社影印　1975 年

脫　脫　　《宋史》　標點本　北京市　中華書局　1986 年

許月卿　　《百官箴》　影印文淵閣四庫全書本　臺北市　臺灣商務印書館　1986 年

章如愚　　《群書考索》　明正德戊辰年劉氏慎獨齋刻本　臺北市　新興書局影印　1971 年

章　穎　　《宋南渡十將傳》　《叢書集成續編》影印芋園叢書本　臺北市　新文豐出版公司　1989 年

程　珌　　《洺水集》　影印文淵閣四庫全書本　臺北市　臺灣商務印書館　1986 年

程敏政輯撰　《新安文獻志》　點校本　合肥市　黃山書社　2004 年

曾　鞏　　《曾鞏集》　北京市　中華書局　1984 年

黃宗羲　　《明夷待訪錄》　臺北市　育民出版社　1973 年

黃淮、楊士奇編　《歷代名臣奏議》　明永樂本　臺北市　臺灣學生書局　1964 年

黃　榦　　《勉齋先生黃文肅公文集》　北京圖書館古籍珍本叢刊影印元刻本　北京市　書目文獻出版社　1988 年

張　擴　　《東窗集》　文淵閣四庫全書本　臺北市　臺灣商務印書館影印　1986 年

葉夢得　　《石林燕語》　標點本　北京市　中華書局　1984 年

趙汝适　　《諸蕃志》　臺北市　臺灣商務印書館　1983 年

趙彥衛　　《雲麓漫鈔》　標點本　北京市　中華書局　1996 年

趙　鼎　　《忠正德文集》　影印文淵閣四庫全書本　臺北市　臺灣商
　　　　　　務印書館　1986 年

熊　克　　《中興小紀》　清光緒十七年廣雅書局刊本　臺北市　文海
　　　　　　出版社影印　1969 年

樓　鑰　　《攻媿集》　四部叢刊本　臺北市　臺灣商務印書館　1975 年

鄭剛中　　《北山文集》　《叢書集成新編》本　臺北市　新文豐出版
　　　　　　公司　1985 年

歐陽修、宋祁　《新唐書》　標點本　北京市　中華書局　1975 年

劉克莊　　《後村先生大全集》　四部叢刊本　臺北市　臺灣商務印書
　　　　　　館影印　1979 年

劉　宰　　《漫塘集》　影印文淵閣四庫全書本　臺北市　臺灣商務印
　　　　　　書館　1986 年

劉　昫　　《舊唐書》　標點本　北京市　中華書局　1975 年

黎靖德輯　《朱子語類》　影印宋刊本　京都　中文出版社　1979 年

謝維新　　《古今合璧事類備要》　明嘉靖丙辰年摹宋刻本　臺北市
　　　　　　新興書局影印　1971 年

薛居正　　《舊五代史》　標點本　北京市　中華書局　1976 年

錢大昕　　《十駕齋養新錄》　臺北市　台灣商務印書館　1978 年

盧　憲　　《嘉定鎮江志》　影印清道光壬寅年丹徒包氏刊本　臺北市
　　　　　　　成文出版社

魏了翁　　《鶴山先生大全文集》　四部叢刊正編本　臺北市　臺灣商
　　　　　　務印書館影印　1979 年

顧炎武　　《日知錄》　集釋本　臺北市　臺灣商務印書館　1978 年

二　近人論著（專書與論文集）

大英博物館編　周全譯　《金錢的歷史》　臺北市　博雅書屋　2009 年

王曾瑜　《宋朝軍制初探（增訂本）》　北京市　中華書局　2011 年

王曾瑜　《荒淫無道宋高宗》　石家莊市　河北人民出版社　1999 年

王曾瑜　《岳飛和南宋前期政治與軍事研究》　開封市　河南大學出版社　2002 年

王曾瑜　《盡忠報國：岳飛新傳》　石家莊市　河北人民出版社　2001 年

王智勇　《南宋吳氏家族的興亡》　成都市　巴蜀書社　1995 年

寺地遵著　劉靜貞、李今芸譯　《南宋初期政治史研究》　臺北市　稻禾出版社　1995 年

安部健夫　《元代史の研究》　東京　創文社　1972

全漢昇　《中國經濟史研究》　臺北市　稻鄉出版社　1991 年

汪聖鐸　《兩宋財政史》　北京市　中華書局　1995 年

汪聖鐸　《兩宋貨幣史》　北京市　社會科學文獻出版社　2003 年

李之亮　《宋代路分長官通考》　成都市　巴蜀書社　2003 年

李昌憲　《宋代安撫使考》　濟南市　齊魯書社　1997 年

李國庭　《劉克莊年譜簡編》　《宋人年譜叢刊》第 11 冊　成都市　四川大學出版社

吳廷燮　《唐方鎮年表》　北京市　中華書局　1980 年

吳廷燮　《北宋經撫年表・南宋制撫年表》　北京市　中華書局　1984 年

車迎新主編　《宋代貨幣研究》　北京市　中國金融出版社　1995 年

林天蔚　《宋代史事質疑》　臺北市　臺灣商務印書館　1987 年

姚建根　《宋朝制置使制度研究》　上海市　上海書店出版社　2010 年

桑原騭藏著　馮攸譯　《中國阿剌伯海上交通史》　臺北市　臺灣商務
　　　　印書館　1962 年台一版

陳世松　《余玠傳》　重慶市　重慶出版社　1982 年

陳家秀　《吳氏世襲武將與南宋四川政局的發展》　臺北市　國立臺
　　　　灣大學碩士論文　1980 年

梁庚堯　《宋代社會經濟史論集》　臺北市　允晨文化　1997 年

黃寬重　《南宋時代抗金的義軍》　臺北市　聯經出版事業公司
　　　　1988 年

黃寬重　《南宋軍政與文獻探索》　臺北市　新文豐出版公司　1990 年

黃寬重　《南宋地方武力—地方軍與民間自衛武力的探討》　臺北市
　　　　　東大圖書公司　2002 年

彭信威　《中國貨幣史》　上海市　上海人民出版社　1965 年

賈玉英　《宋代監察制度》　開封市　河南大學版社　1996 年

楊倩描　《吳家將——吳玠吳璘吳挺吳曦合傳》　保定市　河北大學
　　　　出版社　1996

雷家聖　《宋代監當官體系之研究》　臺北市　花木蘭文化出版社
　　　　2009 年

漆俠、喬幼梅　《遼夏金經濟史》　保定市　河北大學出版社　1998 年
　　　　2 版

趙冬梅　《文武之間：北宋武選官研究》　北京市　北京大學出版社
　　　　2010 年

趙雨樂　《唐宋變革期軍政制度史研究（一）—三班官制之演變》
　　　　臺北市　文史哲出版社　1993 年

趙雨樂　《唐宋變革期之軍政制度——官僚機構與等級之編成》　臺
　　　　北市　文史哲出版社　1994 年

劉子健　《兩宋史研究彙編》　臺北市　聯經出版事業公司　1987 年

劉　森　《宋金紙幣史》　北京市　中國金融出版社　1993 年

劉馨珺　《南宋荊湖南路的變亂之研究》　臺北市　國立臺灣大學文
史叢刊　1994 年

蔡東洲、胡寧　《安丙研究》　成都市　巴蜀書社　2004 年

錢　穆　《中國歷代政治得失》　臺北市　東大圖書公司　1977 年

錢　穆　《中國歷史精神》　錢賓四先生全集第 29 冊　臺北市　聯
經出版事業公司　1995 年

駱小民編　《崔與之研究文集》　廣州市　廣東高等教育出版社　1996 年

戴揚本　《北宋轉運使考述》　上海市　上海古籍出版社　2007 年

謝興周　《宋代轉運使研究》　香港　新亞研究所博士論文　1992 年

聶崇岐　《宋史叢考》　臺北市　華世出版社　1986 年

龔延明　《宋代官制辭典》　北京市　中華書局　1997 年

三　近人論著（期刊論文）

1　中文論著

王曾瑜　〈南宋的新鐵錢區及淮會與湖會〉　收入車迎新主編　《宋
代貨幣研究》　北京市　中國金融出版社　1995 年

王德毅　〈崔與之與晚宋的政局〉　《臺大歷史學報》　第 19 期
1996 年 6 月

全漢昇　〈略論宋代經濟的進步〉　《中國經濟史研究》　臺北市
稻鄉出版社　1991 年　下冊　頁 551-569

余　蔚　〈論南宋宣撫使和制置使制度〉　收入《中華文史論叢》
2007 年第 1 期　頁 129-179

何玉紅　〈試析南宋四川總領所的職能〉　《四川師範大學學報（社會

科學版）》　2008 年第 5 期　頁 121-125

何玉紅　〈南宋四川總領所制度與吳曦之變〉　《文史哲》　2011 年
　　　　第 6 期　頁 103-111

柳立言　〈「杯酒釋兵權」新說質疑〉　收入宋史座談會編　《宋史
　　　　研究集》第 22 輯　臺北市　國立編譯館　1992 年　頁 1-20

姚從吾　〈余玠評傳〉　收入宋史座談會編　《宋史研究集》第 4 輯
　　　　　臺北市　國立編譯館　1969 年　頁 95-158

胡　寧　〈論趙開總領四川財賦〉　《西華師範大學學報　哲社版》
　　　　2004 年 3 期　頁 131-134

袁一堂　〈南宋的供漕體制與總領所制度〉　收入《中州學刊》第 4
　　　　期　1995 年　頁 132-135

梁庚堯　〈南宋的市鎮〉　《宋代社會經濟史論集》　臺北市　允晨
　　　　文化　1997 年　下冊

梁庚堯　〈南宋四川的引鹽法〉　《臺大歷史學報》　第 20 期　1996
　　　　年 11 月

梁端文　〈崔與之傳〉　收入駱小民編　《崔與之研究文集》　廣州
　　　　市　廣東高等教育出版社　1996 年

許懷林　〈北宋轉運使制度略論〉　收入鄧廣銘主編　《宋史研究論
　　　　文集一九八二年年會編刊》　河南人民出版社　1984 年

郭正忠　〈南宋中央財政貨幣歲收考辨〉　收入《宋遼金史論叢》
　　　　第 一輯　1985 年　頁 168-191

黃寬重　〈南宋茶商賴文政之亂〉　《南宋軍政與文獻探索》　臺北
　　　　市　新文豐出版公司　1990 年

黃寬重　〈從害韓到殺岳──南宋收兵權的變奏〉　收入宋史座談會
　　　　編　《宋史研究集》第 22 輯　臺北市　國立編譯館　1992
　　　　年　頁 113-140

張星久　　〈關於南宋戶部與總領所的關係——宋代財政體制初探〉
　　　　　收入《中國史研究》　1987 年 4 期　頁 9-16

雷家聖　　〈南宋高宗收兵權與總領所的設置〉　《逢甲人文社會學
　　　　　報》　第 16 期　2008 年 6 月　頁 133-158

雷家聖　　〈南宋四川總領所地位的演變——以總領所與宣撫司、制置
　　　　　司的關係為中心〉　《臺灣師大歷史學報》　第 41 期　2009
　　　　　年 6 月　頁 27-68

雷家聖　　〈從轉運使到總領——兩宋理財官僚之比較〉　收入鄧小南
　　　　　主編《宋史研究論文集（2008）》　昆明市　雲南大學出版
　　　　　社　2009 年 12 月　頁 217-235

雷家聖　　〈南宋四總領所與供軍財賦的收支〉　收入鄧小南、楊果、
　　　　　羅家祥主編《宋史研究論文集（2010）》　武漢市　湖北人
　　　　　民出版社　2011 年 6 月　頁 208-226

雷家聖　　〈「熟券」、「生券」與南宋總領所的財政問題〉　《中國史
　　　　　研究》（韓國）　第 81 輯　2012 年 12 月

雷家聖　　〈總領所與南宋紙幣的發行及管理〉　《中國史研究》（韓
　　　　　國）　第 82 輯　2013 年 2 月

雷家聖　　〈姚建根著《宋朝制置使制度研究》〉　《漢學研究》　第
　　　　　28 卷第 4 期　2010 年 12 月　頁 351-358

雷家聖　　〈評介趙冬梅《文武之間：北宋武選官研究》〉　《中國史研
　　　　　究》（韓國）第 74 輯　2011 年 10 月　頁 381-388

雷家聖　　〈民國以來的宋代人物研究〉　《國文天地》　第 27 卷第 7
　　　　　期　總 319 期　2011 年 12 月　頁 15-20

鄭世剛　　〈北宋的轉運使〉　收入鄧廣銘主編《宋史研究論文集
　　　　　一九八二年年會編刊》　河南人民出版社　1984 年

劉　云　　〈南宋高宗時期的財政制度變遷〉　收入《中國社會經濟史

研究》 2007 年 2 期　頁 30-38

劉子健　〈略論南宋的重要性〉《大陸雜誌》　71 卷 2 期　1985 年 8 月　頁 13-15

劉子健　〈背海立國與半壁山河的長期穩定〉《兩宋史研究彙編》　臺北市　聯經出版事業公司　1987 年

劉子健　〈包容政治的特點〉《兩宋史研究彙編》　臺北市　聯經出版公司　1987 年

聶崇岐　〈論宋太祖之收兵權〉《宋史叢考》上冊　臺北市　華世出版社　1986 年　頁 263-282

2　日文論著

小岩井弘光　〈南宋大軍倉管見〉《集刊東洋學》第 31 號　1974 年 頁 133-156

小岩井弘光　〈南宋大軍兵士の給與錢米について——生券・熟券問題と關連して〉《東洋史研究》第 35 卷第 4 號　1977 年 頁 87-117

小岩井弘光　〈南宋の生券・熟券制管見〉《集刊東洋學》第 62 號 1989 年　頁 72-92

山內正博　〈南宋總領所設置に關する一考察〉《史學雜誌》64 卷 12 號　1955 年　頁 81-83

川上恭司　〈南宋の總領所について〉《待兼山論叢》第 12 號史學篇 1978 年　頁 1-29

內河久平　〈南宋總領所考　南宋政權と地方武將との勢力關係をめぐって〉《史潮》78・79 合併號　1962 年　頁 1-26

伊原弘　〈南宋總領所の任用官——「開禧用兵」前後の四川を中心に〉　磯部武雄編《アジアの教育と社會－多賀秋五郎博

　　　　　士古稀記念論文集》（東京　不昧堂　1983）　頁 126-138

長井千秋　〈淮東總領所の機能〉　《待兼山論叢》第 22 號史學篇
　　　　　1988 年　頁 41-64

長井千秋　〈淮東總領所の財政運營〉　《史學雜誌》101 編 7 號　東京
　　　　　東京大學文學院　1992 年　頁 1-32

金子泰晴　〈南宋初期の湖廣總領所と三合同關子〉　《史觀》第 123
　　　　　冊　1990 年 9 月　頁 34-46

金子泰晴　〈荊湖地方における岳飛の軍費調達──南宋湖廣總領所前
　　　　　史〉　收入宋代史研究會編　《宋代の規範と習俗》　東京
　　　　　汲古書院　1995 年　頁 155-190

樋口能成　〈南宋總領所體制下の長江經濟──湖廣總領所と四川との
　　　　　關係から〉　《早稻田大學大學院文學科紀要》第 51 輯　第
　　　　　4 分冊　2006 年 2 月　頁 77-86

史學研究叢書‧歷史文化叢刊 0602003

聚斂謀國——南宋總領所研究

作　　者	雷家聖
編　　輯	吳家嘉
	游依玲

發 行 人	林慶彰
總 經 理	梁錦興
總 編 輯	張晏瑞
編 輯 所	萬卷樓圖書股份有限公司
	臺北市羅斯福路二段 41 號 6 樓之 3
	電話 (02)23216565
	傳真 (02)23218698

發　　行	萬卷樓圖書股份有限公司
	臺北市羅斯福路二段 41 號 6 樓之 3
	電話 (02)23216565
	傳真 (02)23218698
	電郵 SERVICE@WANJUAN.COM.TW
香港經銷	香港聯合書刊物流有限公司
	電話 (852)21502100
	傳真 (852)23560735

ISBN 978-957-739-746-1

2020年10月初版四刷

2013年04月初版一刷

定價：新臺幣 340 元

如何購買本書：

1. 劃撥購書，請透過以下郵政劃撥帳號：

　帳號：15624015

　戶名：萬卷樓圖書股份有限公司

2. 轉帳購書，請透過以下帳戶

　合作金庫銀行 古亭分行

　戶名：萬卷樓圖書股份有限公司

　帳號：0877717092596

3. 網路購書，請透過萬卷樓網站

　網址 WWW.WANJUAN.COM.TW

大量購書，請直接聯繫我們，將有專人為您服務。客服：(02)23216565 分機 610

如有缺頁、破損或裝訂錯誤，請寄回更換

國家圖書館出版品預行編目資料

聚斂謀國：南宋總領所研究 / 雷家聖著. --

初版. -- 臺北市：萬卷樓, 2013.03

面； 公分

ISBN 978-957-739-797-3(平裝)

1.官制 2.南宋

573.4152　　　　　　　　　102005143